中央编译局文库编辑委员会

主　　任：贾高建
副 主 任：俞可平　魏海生　王学东　陈和平　杨金海
委　　员：贾高建　俞可平　魏海生　王学东　陈和平
　　　　　杨金海　柴方国　何增科　季正聚　郗卫东
　　　　　张文成　曹荣湘　卿学民　刘明清　薛晓源

中央编译出版社文库编辑中心编辑小组

刘明清　薛晓源　谭　洁　董　巍　贾宇琰
冯　章　苗永姝　邓　彤　侯天保　盛菊艳
李媛媛　王忠波　薛迎春　董　妍

马克思主义研究资料

第18卷

主　编　杨金海
副主编　冯　雷（常务）　薛晓源

马克思主义经济理论研究 II

本卷主编　李百玲

中央编译出版社

《马克思主义研究资料》顾问委员会

贾高建　俞可平　宋书声　殷叙彝　詹汝琮　张钟朴
李洙泗　冯文光　赵家祥　梁树发　郭建宁

《马克思主义研究资料》编辑委员会

主　编：杨金海

副主编：冯　雷（常务）　薛晓源

编　委（按姓名拼音排序）

陈喜贵　冯　章　黄晓武　江　洋　李百玲　李义天
李媛媛　林进平　刘仁胜　刘　英　刘元琪　吕增奎
马　瑞　苗永姝　盛菊艳　史清竹　武锡申　姚　颖
苑　洁　郑　锦　郑天喆　周艳辉

参加本卷编辑出版工作的有

苗永姝　贾宇琰　薛晓源

总　序

呈献给读者的这套《马克思主义研究资料》丛书，旨在服务于我国正在实施的马克思主义理论研究和建设工程，积极吸收和借鉴国外马克思主义研究成果，对改革开放以来中央编译局编译的有关国外学者研究马克思主义的成果，以及少量相关的国内学者的研究成果整理出版，为我国马克思主义研究提供基础性的参考资料。本丛书计划出版37卷，三年内陆续完成编辑和出版工作。

编译国外学者关于马克思主义的研究成果，并对相关问题展开深入探讨，是马克思主义经典著作编译研究的基础性工作。中央编译局作为马克思主义经典著作编译研究的专门机构，历来十分重视这项工作。20世纪50年代以来，特别是改革开放以来，中央编译局的同志们编译了大量国外学者关于马克思主义的研究文献，也发表了不少自己的相关研究成果。这些成果曾经在中央编译局编辑的《马列著作编译资料》、《马列主义研究资料》、《马克思主义与现实》等刊物公开发表，或在内部刊物《马克思恩格斯研究》、《列宁研究》等刊载。这些成果对于推进马克思主义经典著作的编译和研究工作发挥了重要作用，时至今日，一些学者仍然把它们当做研究马克思主义的珍贵资料。

然而，随着近年来中央实施马克思主义理论研究和建设工程的深入推进以及马克思主义学科建设的快速发展，这些研究资料的留存情况已经远远不能适应形势发展的需要了。《马列著作编译资料》和《马列主义研究资料》早已停止出版，很多人难以找到原有资料；《马克思恩格斯研究》等内部刊物刊载的文章没有公开面世，也难以为人们广泛使用；而新编译的文献资料又很零散。因而，希望中央编译局提供马克思主义研究资料的呼声越来越高。

为了继承前辈的事业，适应学界的需要，尽可能全面系统地收集整理中央编译局近几十年来编译的国外学者关于马克思主义的研究成果以及相关的国内学者的研究成果，中央编译局专门成立了《马克思主义研究资料》丛书课题组，并对该项工作提供了基金资助。课题组不仅在局内组织力量进行工作，而且争取到社会力量的支持。经过课题组同仁两年多努力，已经形成一批编辑成果，还将继续补充、完善并陆续推出。这套《马克思主义研究资料》丛书就是这些成果的集中体现。

本丛书力求体现如下四个特点，这也是丛书编辑工作所力求遵循的四条原则：第一，保证文献性。本丛书主要收集改革开放以来中央编译局刊物发表的有关马克思主义理论编译和研究方面的成果，这些刊物包括公开出版的《马列著作编译资料》、《马列主义研究资料》、《马克思主义与现实》、《当代世界与社会主义》、《经济社会体制比较》、《国外理论动态》等，也包括内部刊物《马克思恩格斯研究》、《列宁研究》、《斯大林研究》、《马克思恩格斯列宁斯大林研究》等；少量收集其他杂志发表的中央编译局学者编译或撰写的有关文章；个别收集与中央编译局长期合作的其他学者的相关文章；对所收商榷性文章涉及的其他学者的成果，也作为附文收入，以示对相关学者的尊重，也便于读者在阅读正文时参考。收集整理这些学术成果的目的主要是为学界研究马克思主义提供参考资料,同时帮助人们了解马克思主义研究的历史进程和思想脉络。因此,本丛书所收文献力求保持其历史原貌,包括其中的人名、地名、术语、引文等,都不作改动,以便读者进行文献考证之用,只对个别错漏文字等进行校正,对于文中可能产生歧义的地方,以"本丛书编者注"的方式加以说明。其中读者特别应当留意的是译名、术语的不统一问题,例如关于《马克思恩格斯全集》历史考证版,就有多种表达方式:原文版、国际版和MEGA版,其中,往往又以"老"、"新"、"MEGA^1"、"MEGA^2"、"MEGA1"、"MEGA2"等来区分历史考证版第1版和第2版。第二,突出编译性。本丛书所收文献中,以国外学者的成果为主,包括国外学者关于马克思主义经典作家的著作、思想、生平事业,乃至书信往来、工作生活等方面的研究文献,凡比较有资料价值的,均在收集之列。如上所述,国内学者的相关考证性成果,包括经典著作翻译、版本、传播、重要术语考据等文献,凡具有资料价值的,也一并收入,但这部分内容所占比例较小。第三,力求系统性。上述几十年来形成的这些编译研究资料繁茂芜杂,十分零散,使用起来很不方便,编辑整理就更为困难。为把这些宝贵文献整理面世,使之更好地发挥作用,编辑人员下了很大功夫。在收集整理中,我们力图分门别类,尽可能将同类资料按照一定逻辑顺序编排,使之呈现一定的系统性,以便读者全面掌握有关资料。第四,力争权威性。本丛书力争选编国内外在相关研究领域具有一定权威性的专家学者的具有代表性和影响力的文献。为保证文献的权威性和准确性,我们对文献的引文进行了校订,特别是对有关马克思主义经典著作的引文进行了原版原文核对,并对注释尽可能地作了规范化处理,以便读者更准确地了解引文及其出处。

基于上述考虑，本丛书的编排体系大体分四个部分。第一部分是经典著作研究，包括关于《共产党宣言》、《资本论》等手稿、创作、版本、传播诸方面的研究文献；第二部分是基本理论研究，包括哲学、政治经济学、科学社会主义以及政治学、法学等方面的研究文献；第三部分是版本和传播、编译以及生平事业研究；第四部分是国外马克思主义研究。每一部分包括若干卷。每一卷都有本卷编辑说明，对本卷编辑的思路、内容和有关技术问题作简要交代。各卷内容按照逻辑顺序进行编排，在此基础上再按照时间顺序编排。各卷内容一般要作分类，并加分类标题，以便读者阅读研究。

　　需要说明的是，由于本丛书是整理编辑已有的文献，而且主要限于整理编辑中央编译局学者编译和研究的部分成果，这就决定了本丛书不可避免地存在一些缺憾。一是这些文献中有的观点不一定正确。选编这些文献并不意味着编者赞同其中的观点，我们的目的仅仅在于为人们研究马克思主义提供参考资料，其中正确的思想成果可以作为我们研究借鉴的思想资源，而错误的观点可以作为我们研究批评的对象。例如，对有关马恩对立论的观点，我们是不赞成的，但为了让研究者了解、研究和批评这种观点，也收入了相关文章。所以，谨请读者在使用这些文献时注意辨别是非。二是这些文献存在质量参差不齐的情况。由于这些文章的作者、译者水平不同，写作时间、背景、针对的问题、产生的影响以及发表的刊物等不同，其质量也就有一定差别。例如，有的概念和译文在今天看来不一定科学、准确，有的文献曾经很有价值而在今天看来最多只有学术史的价值。在选编过程中，我们尽量收入那些分量较重、影响较大的文献，但为了比较全面地反映学术史的原貌并提供尽可能详细的研究参考资料，也收入了一些篇幅较短、影响不大但有一定资料或史料价值的文献。另外，有少量比较重要的文献，由于作者或译者不同意收入，也不得不忍痛割爱。三是这些文献的系统性、规范性不太强。尽管我们努力按照上述编辑原则工作，对这些文献进行了分类整理，力求全面系统地提供给读者相关方面的文献资料，但由于这些资料十分繁杂，彼此之间的关联性不强，有的方面资料较多，有的较少，且发表的刊物、时间等不同，体例也很不统一，整理起来难度极大，加之各位编者的研究角度不同，水平各异，所以，每一卷书的结构、篇章、内容、观点等都不尽相同，其规范程度也不尽一致。对本丛书存在的以上不足或缺憾，谨请读者鉴谅；对其中可能存在的疏漏和错误之处，谨请读者批评指正。

本丛书在编写和出版过程中，得到了各个方面的大力支持。中央编译局对此项工作高度重视，始终给予鼎力支持。国家出版基金将本丛书列入 2013 年度资助项目。中央编译出版社为本丛书申报国家出版基金项目并最终立项，以及为丛书出版做了大量工作。本丛书所收文献的译者、作者和出版者，凡已联系上的，均给予我们大力支持，同意使用这些文献；对尚未联系上的，我们将尽力联系，也请相关同仁主动联系我们。丛书顾问委员会的专家对丛书的编写工作给予热情指导，编委会成员和课题组同仁为丛书的编写付出了辛勤劳动。在此一并致以衷心的谢意！

《马克思主义研究资料》

编辑委员会

2013 年 12 月 10 日

编辑说明

本卷为"马克思主义经济理论研究"部分第 2 卷，主要收录了关于"货币及资本"、"所有制及分配理论"、"危机理论"、"帝国主义论及新帝国主义"等四个方面的研究资料。

"关于货币及资本"部分，包括马克思的货币理论与资本理论的概念、性质、演进、现实意义，以及股份资本、虚拟资本等相关问题的研究。"关于所有制及分配理论"部分，包括对所有制理论的历史演进的比较考察、社会主义条件下的公有制问题、消灭私有制以及按劳分配等理论问题的探讨。"关于危机理论"部分，收录了对马克思主义经典作家的市场与经济危机理论的相关研究文献。"帝国主义论及新帝国主义"部分包括对列宁"帝国主义论"的时代解读、资本主义发展新阶段的研究，以及在全球化条件下出现的"新帝国主义"的分析与研究。

为了保持文献性，本丛书的注释基本保持原貌，不作改动；但对原注释有错误或有遗漏的，我们尽可能查阅了有关文献，作了必要的规范和完善；对有些查找不到的，保留原来的内容和格式。

目 录

关于货币及资本 ... 1

马克思关于货币、信用和危机的理论

〔澳大利亚〕比尔·卢卡雷利 ... 3

马克思的货币理论和现时代

〔苏〕B. 邦金　A. 叶菲姆金 ... 22

马克思股份资本理论及其现实性

李其庆 ... 32

马克思论资本的弹力

〔日〕宫田和保 ... 40

恩格斯与虚拟资本理论

朱炳元 ... 63

关于所有制及分配理论 ... 73

马克思以前的所有制理论

〔苏〕B. П. 什克列多夫 ... 75

对几种所有权理论的比较考察
　　〔德〕赫尔穆特·莱波尔德 ················· 91
准确理解"消灭私有制"论
　　王学东 ································· 119
马克思关于公有经济的各种形式的基本概念
　　〔西德〕卡·屈内 ······················· 128
按劳分配与市场机制
　　冯文光 ································· 155
关于"按劳分配"的思考
　　冯文光 ································· 163

关于危机理论 ································· 171

马克思经济危机理论及其当代价值
　　李其庆 ································· 173
马克思视野中的市场与危机
　　〔加〕M.C.霍华德　〔澳〕J.E.金 ········ 188
马克思与列宁论危机、反抗与革命时机
　　〔意〕伊莱纳·韦帕莱利 ················· 216

帝国主义论及新帝国主义 ······················· 235

《帝国主义论》是把握现代世界经济的基本理论观点
　　〔日〕中川信义 ························· 237
关于列宁对超帝国主义论的批判等问题的再思考
　　〔日〕静田均 ··························· 252

列宁的帝国主义论：神话与现实

　　〔俄罗斯〕叶夫泽罗夫 ·················· 271

列宁《帝国主义论》的科学性

　　——关于当代该书理论的继承和发展问题

　　〔日〕一之濑秀文 ·················· 293

列宁、帝国主义与资本主义的发展阶段

　　〔美〕特伦斯·麦克多诺 ·················· 307

前苏联学术界对列宁的帝国主义理论的几个问题的看法

　　刘淑春 ·················· 321

美国学者布劳特撰文捍卫列宁的帝国主义理论

　　刘淑春 ·················· 329

重新发现帝国主义

　　〔美〕约翰·B. 福斯特 ·················· 337

新帝国主义与民族国家

　　〔美〕艾·M. 伍德 ·················· 347

解析帝国主义（上）

　　〔英〕克里斯·哈曼 ·················· 354

解析帝国主义（下）

　　〔英〕克里斯·哈曼 ·················· 362

关于货币及资本

马克思关于货币、信用和危机的理论

〔澳大利亚〕比尔·卢卡雷利

英刊《资本与阶级》第34卷第2期（2010年）刊登了澳大利亚学者比尔·卢卡雷利（Bill Lucarelli）题为《马克思关于货币、信用和危机的理论》的文章。作者对近年马克思主义文献中关于资本主义货币基本性质的解析进行了梳理，并认为，马克思原创的货币理论提供了一个系统连贯的分析框架，能够将货币内生理论与信用创造理论都吸收进来。文章区分了货币的各种形式和职能以及它们在历史中的演进，认为马克思的商品货币理论为解释金融资本的出现和信用的货币循环提供了可靠的基础。这些使根据资本积累的一般规律考察现代周期性发生的金融危机成为可能。文章内容如下。

一、引　言

可以说马克思的货币理论蕴含着非常现代的洞察力，它从各个方面预示了凯恩斯的理论。这在马克思对待信用和金融危机上面表现得最明显。然而，只有在一般的价值理论背景之中马克思的货币理论才能得到

---

* 本文选自《国外理论动态》2011年第2期。

充分的理解。也就是说，在作为交换价值的一般等价物的货币形式与职能间建立紧密联系是必要的。货币的衍生物成为独立的价值形式，成为了价值尺度。货币其自身是先于资本主义出现的，它在历史的演进中完成交换领域和一般流通领域中的各种职能。这些货币的各种形式与一般货币等价物所执行的职能是不可分离的。本文将要提出，特定的资本主义货币形式与货币循环理论相结合提供了更为系统连贯的分析框架，它加强了马克思最初的对信用货币的分析。与这些特定的资本主义货币形式对应的是现代银行和复杂信用创造工具的演进。

货币的形式和职能

在资本主义条件下，货币衍生物以价值采取它自主的形式为条件。商品交换价值的货币表现构成了可度量的"一般等价物"。商品的价格是商品与货币间的交换比例（例如扩大的价值形式），它是由在一般等价物中所包含的社会必要劳动时间的相对量所决定的。从这个方面来说，价值形式代表了商品的社会形式，以其内在的能力进入到交换过程和表现货币价格。对象化到使用价值中的劳动时间只能通过货币的形式被社会承认，作为交换价值通过市场实现。根据马克思，一般等价形式对象化为交换价值的货币表现。确实，货币系统本身能够作为一种延迟支付的手段或者信用循环的现代表现。但货币在资本主义以前是以商业资本或商人资本形式出现的。马克思认为社会习惯和规定会决定何种商品货币被选择，通过排除其他所有商品，而赋予某种特殊的商品一般等价物的角色。货币于是获得了商品购买力的垄断力量。一般等价物作为具有垄断力的购买手段是商品所有者的社会纽带，资本主义社会的神经（nexus rerum）。

只要抽象劳动需要社会承认，一般等价物就必然表现为自主的、独立的价值形式。在马克思那个时代，金是一般等价物，马克思将纸币作为金的"符号"。货币作为共同属性，作为价值的度量和作为商品价值量的社会表达的必要手段来起作用。流通中货币的数量遵循"回流定律"（law of reflux）来与价格总额相适应，方式为金融系统中的贮藏或抛售，或者流通速度的变化。流通过程创造了货币本身能使得商品可以通约的幻觉。但是在表面或者交换价值的"现象形式"之下，抽象劳动决定了价值的物质实质。用马克思自己的话说："因为一切商品作为价值都是对象化的人类劳动，从而本身可以通约，所以它们能共同用一个独特的商品来计量自己的价值，这样，这个独特的商品就转化为它们共同的价值尺度或货币。"[①] 在 $M-C-M'$ 的一般循环中，货币作为循环过程的中介，在这个过程中真实的社会生产特征被归入到了买卖中个体的行为之中。货币积极地将商品当作价值。这预先假定了在发达的资本主义关系中为卖而买（$M-C-M'$）是占统治地位的。在 $M-C-M'$ 中，货币不能看成是被动的，因为货币的增加是被设定为流通的目的。货币在经济中是最积极的东西，任何货币理论的一个重要目标就是解释这个现象。

与李嘉图不同，马克思认为货币不能仅限于作为交换和流通手段。确实，甚至在凯恩斯批判萨伊定律之前，马克思就反对古典的货币中性教条，后者认为货币仅仅是盖在物物交换上的"面纱"。在纯粹的商品经济中，货币作为被动的角色反映物物交换过程中商品间的交换比例。在这个物物交换的经济中，购买和出售同时进行，也就是说商品使用价值是主要目的。就是在这个基础上，萨伊定律——认为

---

① 《资本论》第2版第1卷第114页。

普遍的生产过剩是不存在的——能够被验证。肯定的，即使假设商品交换是通过货币作为流通手段，只要货币不被闲置贮藏起来或作为价值的储存，萨伊定律就会有效。古典体系混淆了纯粹的商品经济与资本主义货币经济，马克思的体系显然与之相反，他从货币的最初形式开始。就主要目的是以货币形式实现交换价值而言，以货币形式存在的一般等价物决定了市场经济的逻辑。最终驱动单个资本家的是以货币形式来创造和实现剩余价值。资本的货币形式与商品形式之间的矛盾预示了金融危机的可能性。

"信用货币的贬值（更不用说它的只是幻想的货币资格的丧失）会动摇一切现有的关系。因此，为了保证商品价值在货币上的幻想的、独立的存在，就要牺牲商品的价值。一般说来，只要货币有保证，商品价值作为货币价值就有保证。因此，为了几百万货币，必须牺牲许多百万商品。这种现象在资本主义生产中是不可避免的，并且是它的妙处之一。在以前的生产方式中没有这种现象，因为在它们借以运动的那种狭隘的基础上，信用和信用货币都还没有得到发展。一旦劳动的社会性质表现为商品的货币存在，从而表现为一个处于现实生产之外的东西，货币危机——与现实危机相独立的货币危机，或作为现实危机尖锐化表现的货币危机——就是不可避免的。另一方面很清楚，只要一个银行的信用没有动摇，这个银行在这样的情况下通过增加信用货币就会缓和恐慌，但通过收缩信用货币就会加剧恐慌。"①

马克思确认了货币的三种基本职能。首先，货币被当作计算单位，通过确定价格来作为价值尺度行使职能。马克思的商品货币理论使他将金作为价值尺度。金自身的价值由生产这种特殊商品所耗费的

---

① 《资本论》第2版第3卷第584—585页。

社会必要劳动时间决定。与其他所有商品不同，金具有一般交换价值，这是通过社会承认和作为价值尺度由国家认可的。第二，货币作为流通手段（例如现代的纸币），是由私人银行发行，并最终由中央银行通过其储备的高能货币来调节。第三项职能可以描述为价值的抽象代表或简单地说，"作为货币的货币"。在这个观点上，马克思区分了三种货币的功能：（1）以货币贮藏的形式储存价值："资本的一定部分，必须不断作为贮藏货币，作为可能的货币资本存在，这就是：购买手段的准备金，支付手段的准备金，一种在货币形式上等待使用的闲置的资本；而且资本的一部分不断以这种形式流回。"① 货币以潜在资本的面貌出现。作为价值的储存，货币取得了固有的购买力，并且通过 M－M′的循环，获得了自我扩大的价值；（2）作为支付手段或者以信用形式延迟支付；（3）作为世界货币、国际支付手段和储备资产。在马克思自己的时代，这个功能是由英国强权所支持的国际金本位来执行的。一旦货币被作为价值尺度和价格标准，货币就取得了作为流通手段的地位。作为流通手段，货币法定的清偿手段被国家承认并担保，被作为法币发行。也就是说，国家获得了占有铸币税的特权。货币作为价值尺度的职能是社会承认的。仅仅是在流通过程中货币才能以价格形式充当一般等价物。马克思的分析框架建立了一个因果联系，货币作为价值尺度和价格标准是以其作为流通手段的存在为前提条件的。

货币的各种职能也与其特定的历史形态相一致。银行业务的出现和信用创造与资本主义演进的高级阶段相一致。相反，法币和贵金属自发演进或金属货币形式出现在资本主义之前，其起源就如同文物一般古老。这些不同的货币形式深刻地影响着货币中介的决定。于是，货币作

---

① 《资本论》第 2 版第 3 卷第 352 页。

为价值的抽象表达与资本主义交换更发达的、更高级的货币中介形式一致。现代银行演变见证了支付和信用创造管理手段的融合。现代的信用创造工具和金融媒介，可以说是价值抽象表现的最近的形式。它们是信用的形成和调节发生的地方，处于资本家和工人以及资本家之间货币流通的中心。但是，必须强调不考虑货币形式，基本职能仍然是相同的。商品货币仅仅是一般等价物历史形式的一种。随着资本主义的发展，其他具体形式的资本主义货币如信用、不可兑换的法币、银行存款等等，逐渐成为了占统治地位的形式。

生息资本

"在生息资本上，资本关系取得了它的最表面和最富有拜物教性质的形式。在这里，我们看到的是 $G-G'$，是生产更多货币的货币，是没有在两极间起中介作用的过程而自行增殖的价值。……在 $G-G'$ 上，我们看到了资本的没有概念的形式，看到了生产关系的最高度的颠倒和物化：资本的生息形态，资本的这样一种简单形态，在这种形态中资本是它本身再生产过程的前提；货币或商品具有独立于再生产之外而增殖本身价值的能力，——资本的神秘化取得了最显眼的形式。"①

马克思早期的金融资本理论或者生息资本理论是通过作为资本的货币在 $M-M'$ 的循环中体现出来的。这些形式的金融资本被限制在流通领域，作为金融资本和产业资本间借贷的中介。这种高度流动形式的资本成为了马克思所描述的特别的商品（commodity sui generis），仅仅存在于流通领域。马克思认为生息资本是生产领域生产的剩余价值的一部

---

① 《资本论》第2版第3卷第440—442页。

分:"作为资本的货币或商品,其价值不是由它们作为货币或商品所具有的价值来决定,而是由它们为自己的占有者生产的剩余价值的量来决定。"① 于是利息的支付就表示生产出来的剩余价值的扣除。金融家能够占有一部分剩余价值的原因在于货币本身以商品的形式存在,被货币资本家所异化了。作为使用价值,货币是可能的资本。产业资本家从他们的利润中扣除这些利息支付,这使得生息资本形式的货币商品的交换价值具体化。

为了展示生息资本是如何成为一般资本循环的一部分,马克思使用了下面的图示:

$$M^* - M - C\{(MP, LP)\}\cdots(P)\cdots C' - M' - M^{*\prime}$$

这里 M^* 表示金融资本家借给产业资本家的生息资本,它在循环的末端最终转化为 $M^{*\prime}$。这是一种冲突的关系,因为产业资本通过借贷的资本所获得的不是总的利润(剩余价值)而是总利润减去他必须支付给货币资本家的利息。

当我们将现代信用体系加在动态资本积累之上的强大经济力量与马克思那个时代仅仅是初级的、有限的影响来比较,对比就极其明显。马克思对资本主义扩张的内在运动规律的分析揭示出信用的潜能和金融资本的发展都已经作为这些再生产的扩展因素的结果出现了。信用的演进展示了资本主义体制下最高级和最抽象的货币形式。银行系统获得了独特的将信用转化为交换、支付和流通手段的能力。确实,正是信用工具自身作为货币在执行职能。整个金融系统都是基于收入流的资本化,表现为证券、股票和其他形式的虚拟资本。这些信用的循环执行了货币的职能。在这个矛盾和辩证的过程中,生息资本作为强有力的手段扩张起

---

① 《资本论》第 2 版第 3 卷第 397—398 页。

来，通过它资本可以克服由储蓄（贮藏）所带来的限制。而正是这同一过程预示着潜在的过度积累的危机。

"在再生产过程的全部联系都是以信用为基础的生产制度中，只要信用突然停止，只有现金支付才有效，危机显然就会发生，对支付手段的激烈追求必然会出现。所以乍看起来，好像整个危机只表现为信用危机和货币危机。而且，事实上问题只是在于汇票能否兑换为货币。但是这种汇票多数是代表现实买卖的，而这种现实买卖的扩大远远超过社会需要的限度这一事实，归根到底是整个危机的基础。不过，除此以外，这种汇票中也有惊人巨大的数额，代表那种现在已经败露和垮台的纯粹投机营业；其次，代表利用别人的资本进行的已告失败的投机；最后，还代表已经跌价或根本卖不出去的商品资本，或者永远不会实现的资本回流。这种强行扩大再生产过程的全部人为体系，当然不会因为有一家像英格兰银行这样的银行，用它的纸券，给一切投机者以他们所缺少的资本，并把全部已经跌价的商品按原来的名义价值购买进来，就可以医治好。"①

马克思对信用体系和生息资本演变的分析是通过货币"贮藏"渗透和支配投资周期波动的过程体现出来的。这些贮藏通过纸币和存款的形式，它们由银行系统积累起来并转化为生息资本。尽管马克思区分了可兑换的指标和商品货币，这些信用工具自身是一种流通手段，由一般流通规律所支配。于是信用就成为了生产扩张中强有力的手段，资本家用这些资金建立新的生产循环。当这些资金回收时，资本主义再生产过程在规模上扩大，其资本更新的时间也缩短。这个积累的过程增加了货币贮藏的形成并开始进一步的货币信用扩张。这整个动态过程是内生

---

① 《资本论》第 2 版第 3 卷第 555 页。

的，直到扩张的信用超出由已存的国家货币基数所施加的约束。获得信用成为了资本家扩大生产的必要策略，特别是在经济的上升期，这加强了他们在市场上的竞争斗争。竞争的程度又使得这种竞争斗争加倍地需要信用并成为了调节利率的一个重要机制。的确，生息资本在扩张资本积累中所起的作用加速了资本的积聚和集中，预示着合股公司的兴起。在19世纪晚期，资本主义进入了以垄断竞争和金融资本统治经济为特征的阶段。这个过程见证了金融资本与产业资本不断增加的相互联系，产业资本积累逐渐被金融命令所统治。

"'现代'资本主义的特点是集中过程，这些过程一方面表现为由于卡特尔和托拉斯的形成而'扬弃自由竞争'，另一方面表现为银行资本和产业资本之间越来越密切的关系……由于这种关系，资本便采取自己最高和最抽象的表现形式，即金融资本形式。"①

银行货币的创造并不必然是以前储蓄的积累。金融家们被赋予独特的发行无限的银行货币的能力，他们将这些货币作为自己的负债。因为私人信用的发行仅仅是作为计算单位的货币的扩展，保证在未来的清算日支付，这种方式取代了货币约束所施加的限制。这种创造是无中生有，因为它并不需要可以支配的货币存在。相对于在流通中的纸币，它并不是直接的一般等价物的代表，而是一种信用符号，需要去证明其所具有的货币特征。在货币危机发生时，资本的突然贬值会导致金融体系与它的货币基础暂时分离。商业信用贯穿于货币和金融系统之间，同时导致货币作为支付手段和作为价值尺度的去物质化所具有的矛盾。作为价值尺度，未来私人合约暗含着商品被出售时价格的固定。在债务最终被个人承认的范围里，货币就去物质化了。确实，只要信用与债务能够

---

① 希法亭：《金融资本》，福民等译，北京：商务印书馆1994年版，第1页。

相互抵消，货币就不需要露面。

最终阻碍了私人信用无拘无束扩张的是由国家发行的国家货币形式的历史演进。由国家发行的并由中央银行储备调节的货币给在理论上可以无限扩张的私人信用加上了货币约束。在这个角度上说，中央银行的货币代替了货币的商品形成作为一般等价物。简而言之，国家成为了货币约束的持票人。作为最后借款人和发行官方储备的机构，中央银行成为了私人信用流通获得社会承认的方式。货币的国家形式意味着国家最终提供合法的和社会承认的国家法币。

信用系统起源于闲置货币资本的回流，这些货币资本是在正常的商业循环和社会资本更新中积累起来的。这种闲置资本的来源成为了"储备基金"并形成了用来投资的生息资本。马克思预示了凯恩斯的货币利息理论。即使在马克思的框架中，利息率在资本的动态积累中仅仅起到次要的作用，而凯恩斯认为利息率是独立于利润率的。在这一点上，马克思与银行学派在反对它那个时代的货币数量理论家上是接近的。在马克思与凯恩斯各自的关于信用和投资周期波动的供给和需求之间相互关系的理论中，两者有惊人的相似之处。用术语来说，对信用的需求在上升期会增加并使得利息率上涨。相反，下降期会因为对信用的需求减少而抑制利息率。确实，在金融危机期间，真实的社会生产者，之前他们被私人的借贷行为所掩盖，现在都由于货币显露出作为支付手段的社会职能而暴露出来。信用交易反映的是货币作为抽象的计算单位。当信用交易的链条被扰乱和破裂时，清算却要求货币执行支付手段的职能。危机也完全地揭示出货币作为价值储藏的职能。凯恩斯将货币描述为"购买力的无底洞"与马克思陈述的"贮藏货币的欲望按其本性是没有止境的"两者有很大的一致性。

对马克思来说，利息率的决定是基于社会习俗和制度规定。但是，利息支付的源泉必须来自资本循环和扩大再生产之中。很可能决定长期利息率的因素与短期利息率的因素是完全不同的。短期利率的决定基本上是货币市场的功能，由银行通过再贴现率调节。长期利率反映的是长期的债券回报和其他证券的回报。在马克思自己的时代，中央银行（1844年后是英格兰银行）可以决定短期的再贴现率，在严重的信用紧缩中扮演最后贷款人的角色，这是通过暂时终止金的兑换实现的。与新古典和货币数量论相反，马克思主义的利率理论并没有区分"真实"和"货币"的因素。而且，如我们已经说过的，利息率独立于利润率；确实，它在本质上与利润率是不同的。利润率代表来自生产领域所实现的剩余价值，利率纯粹就是货币现象，是由对货币资本的供给与需求以及制度因素决定的。马克思利率理论的基础是，存在一个零与一般利润率之间的平均利息率。围绕着平均利息率波动的市场利息率是与商业周期相联系的，最初缓慢上升，然后在商业周期的扩张段迅速上升，最后在衰退中下降。

马克思区分了平均利率与市场利率。在商业周期中，可以得到一个平均利率，它成为市场利率围绕波动的"重力中心"。利息和利润之间分割的前提基础是利息率不能为零，它也不能超过平均利润率。

在马克思的价值规律和资本主义社会关系再生产中所隐含的是货币循环的概念。为了购买必要的生产手段从而开始生产过程，资本家需要有获取信用的途径。工人被剥夺了生产资料的所有权，而且在 M－C－M′ 的循环完成后仅仅拿到货币工资。由于生产的唯一目标是以货币等价物的形式实现交换价值，资本家需要从银行筹措资金。如果剩余价值实现成为了利润，资本家就能通过向银行偿还最初的贷款而终止循环。资本主义货币经济的本质特征在于不顾生产而以一般等价物的形式实现交换价值。只要货币循环被引入，工人就抱着事后的真实工资能够充分地维持购买力的期望来对事前的工资讨价还价。剩余价值的原点只是在于生产过程中被侵占的剩余劳动超过了在真实工资中包含的必要劳动，这是工人所预期的，也是市场所承认的。

货币循环从购买劳动力的协议开始，这在逻辑上是先于真实工资支付的。支付的工资给予工人购买力。但是货币工资并不一定与以购买力表示的真实工资一致。确实，劳动过程开始的时刻意味着资本家拥有购买力而不是一定数量的商品货币。这种购买力是基于承诺在生产过程结束后的支付。于是工人们预先提供了自己劳动力的使用价值。劳动力交换了货币工资，而货币工资是规定的合约被资本家认可之后支付的。换言之，工人有效地以可能的价值的形式预支了信用给资本家。在生产过程结束后得到的货币工资在工人购买消费品的时候开始了它们自己的货币循环。货币工资的真实购买力在货币循环结束的时候实现了。

由于货币工资是在生产过程开始前商定的，工人们只有等到最终产品在市场上完成交换后才能计算他们的实际工资。价值量的多少由生产商品的社会必要劳动时间决定的，这就是马克思所说的"必要劳动"。劳动力可以抽象为一定的价值量并通过生产一篮子工资商品所需的购买力来衡量。剩余劳动的量就是工人生产出来的价值与再生产劳动力所必需的工资商品价值之差。这个剩余劳动具体化为可能的剩余价值。但是可能的剩余价值实现为现实的剩余价值只能作为抽象劳动得到社会的承认。在资本和劳动间开始的货币循环是独特的，因为不像其他所有商品，劳动力具有生产剩余价值的潜力。由于创造的价值仅仅是可能的或潜在的，无法在产品被交换为货币之前来计算剩余劳动的量和剩余价值率。结果就是，相对于李嘉图的劳动价值论，马克思的价值理论不能被称为"对象化劳动"理论。抽象劳动的概念提供了逻辑上解决这个两难的方式。因为货币不得不代表抽象价值，价值量就不能由生产过程中花费的具体劳动决定。

在货币资本流动上有两个关键的阶段：最初的开始阶段和最后的结束阶段。在最初阶段，资本家购买劳动力。在这个阶段，可以假定资本家从银行系统借来货币。在一个纯粹的信用经济中，这些信用手段可以用来购买劳动力。在第二个阶段，工人们收到货币工资，于是形成了购买力并开始了在消费品领域货币工资的循环的运动。随着利润的实现，对工人货币工资和食利者利息的支付，货币循环结束，信用也消失了。信用货币可以由银行系统无中生有地创造出来。私人货币或者银行货币的流通与国家货币流通不断地相互影响。因为货币并不必然是商品，它的购买力由其对劳动力的控制决定。

马克思的金融危机理论

马克思的信用循环理论是开创性的，他指出周期性的危机是服从于信用的过度扩张，这会成为接着发生的投资下降的催化剂。在资本家的扩张不受国家信用流通约束的范围内，信用系统有能力暂时地挣脱货币约束。信用货币能够超越由货币约束所施加的制约来形成一个扩张性的积累阶段，但这会产生投机狂热的风险。同时，这些周期性的危机在现存资本严重贬值后预示着向"货币系统"回归。当紧接着的信用危机加速破产，货币作为价值贮藏的功能重新开始。也就是说，货币的社会职能在交换价值的实现中被承认了。利息率的大幅增加会导致利润率急剧的下降，因为利息的支付减少了净利润所占的份额。这个事件链条也伴随着投资率的突然崩溃，预示着破产的爆发。金融积累以货币资本内生扩张的面目出现，这些资本完全是在膨胀了的资产价值基础上循环。

在衰退的过程中，当单个资本试图"自相残杀"而获得生存时，自我加强的债务紧缩过程就开始了,这就形成了一个下降的螺旋。这种竞争会在资本以兼并形成集中达到顶点,通过兼并,在总资本中占统治地位的部分资本预期并试图减弱利润率下降的影响。当资产价格下降,资本家面临剩余价值无法实现的问题时,都竞相地撤离以偿还所积累起来的债务。危机时正是资本变得迫切要求集中的时候。这个强制的集中(就是所谓的资本集中)使得抵抗危机成为了可能。但是历史上出现的寡头形式的竞争仅仅是加重了长期产能过剩和经济走向停滞的问题。

这整个过程会逐渐累积并自我加强。每个资本家越是争相出售自己的资产来偿还债务,整体的资产价格就降得更低。但是信用货币的收缩并不意味着这些将资产转化为更具流动性的支付形式的要求就能实现。只要信用的收缩是通过银行系统内在地被决定,整个金融循环就不是以货币基础为锚。马克思指出,信用系统无法使自身摆脱货币基础,后者代表决定货币的交换价值的锚。从这个角度来说,信用系统倾向于扭曲价格信号和引发投机狂热。这些投机的剩余额超过了在上一个高涨期所积累起来的商品总量。但是只要市场价格跌落,就会出现链式反应。在严重信用危机产生时,债权人要求偿还就会使得投机者面临巨大的损失和破产。结果,即将到来的金融系统和货币基础间的信用紧缩反映了货币的双重职能,一方面是作为价值的抽象表达和价值尺度,另一方面,作为流通手段和交换手段。当货币职能是交换手段时,它不再承担价值的抽象表达,市场价格与价值发生偏离。危机的实现就是市场价格向新的价值调整的机制。马克思带着一点讽刺地描述货币基础与信用系统的分离类似于基督教改革脱离天主教:"正如基督教没有从天主教的基础上解放出来一样,信用主义也没有从货币主义的基础上解放出来。"①

---

① 《资本论》第 2 版第 3 卷第 670 页。

随着股份公司的出现，股份的发行增加了来自外部的金融投资和间接的通过信用系统融资的趋势。股票市场在所有权上的交易，从最简单的形式上来说是代表了对以分红和资本增殖形式的未来利润流的要求。于是公司能够从外部筹资并提供金融投资所需的货币资本。马克思将股份的发行描述为"虚拟"资本，因为投资股份自身并不能增加剩余价值率，这只能从生产领域增加。股票市场的回报率将依赖未来的利润率、利息率和股票自身市场价值的波动。在商业周期的扩张期，预期未来回报率超出资产潜在的价值使得投机狂热产生。同时，投机交易筹资对信用的需求导致利率上涨的压力，利率是依赖债务资产比水平的。利率的上涨会阻碍投资，导致股票市场崩溃。马克思对这种新形式的金融欺骗的严厉批判与现代庞式骗局的出现是相洽的："它再生产出了一种新的金融贵族，一种新的寄生虫，——发起人、创业人和徒有其名的董事；并在创立公司、发行股票和进行股票交易方面再生产出了一整套投机和欺诈活动。这是一种没有私有财产控制的私人生产。"[①]

由于在固定资本上的投资依赖长期的回报率，而这不会由于短期贷款成本的增加而被承认，这样过剩生产能力的问题也会出现。在这些情况下，很难再重新启动资本积累过程，即使利率很低，因为在固定资本积累的投资或"沉没成本"会在很长一段时间内慢慢贬值。过剩的生产能力和降低的利润率就出现在停滞期。在《资本论》第三卷第十五章，马克思分析了由资本过度积累导致的剩余价值实现问题引起的利润率下降的影响。

"现有资本的周期贬值，这个为资本主义生产方式所固有的、阻碍利润率下降并通过新资本的形成来加速资本价值的积累的手段，会扰乱

---

① 《资本论》第 2 版第 3 卷第 497 页。

资本流通过程和再生产过程借以进行的现有关系,从而引起生产过程的突然停滞和危机。"①

这些危机同样反映了"群众受限的消费"与发展的生产力之间的矛盾,有效需求的问题阻碍了资本积累。在周期的谷底,工资和利润的下降作为过剩资本必然的产物加强了资本家间的竞争斗争,他们希望通过资本的重组和集中来恢复利润率。价格机制面临两个阻碍:第一,工人阶级的抵抗,他们抵御对实际工资水平的攻击;第二,剩余生产能力和固定资本的增大,这无法轻易被消灭。

消费相对不足在利润率下降中体现出来。马克思的理论与凯恩斯对有效需求的阐述类似。凯恩斯的分析中长期预期的形成和不确定性决定了投资,从而通过乘数效应决定了有效需求。相反,马克思强调收入分配和国内收入中工资/利润份额的变动是导致总需求不足最重要的因素。"一切现实的危机的最后原因,总是群众的贫穷和他们的消费受到限制,而与此相对比的是,资本主义生产竭力发展生产力,好像只有社会的绝对的消费能力才是生产力发展的界限。"②

不断发生的不变资本贬值是最有力的抵消利润率下降趋势的因素,这是通过由持续的生产力增长带来的剩余价值率的上升最终使得在生产手段不断贬值的趋势下利润率上升完成的。正是在这个时刻,作为从过去发展而来的资本价值自我毁灭的结果,金融危机出现了。或者如熊彼特所说的一系列"创造性毁灭"在新技术和新工艺的引入和散播中开始了。而且,这个技术上复原的过程也能伴随着债务紧缩,因为下降的资产价格导致了资本的逃离以偿还以前的债务。因为普遍的、同时的商

---

① 《资本论》第 2 版第 3 卷第 278 页。
② 《资本论》第 2 版第 3 卷第 548 页。

品贬值与某种包含社会价值的特定商品的贬值是一回事，任何生产资本的贬值等同于货币资本的重新估值。这个矛盾在资本主义危机中将自己表现出来，作为利润率恢复和资本积累过程恢复的机制。一场危机既是发泄也是惩罚，作为唯一的机制，整个经济只有在充分破坏之后才能重回均衡。

正是这种利润率下降的趋势形成了马克思危机理论的基础，在《资本论》出版后引起了很多的争论。资本相对的生产过剩源于剩余价值相对于社会总资本的不足。为了恢复利润率，剩余价值率既要相对地也要绝对地增加，而不是通过增加有效需求水平，后者是凯恩斯的理论所建议的。用马克思自己的话来说，"一般利润率日益下降的趋势，只是劳动的社会生产力的日益发展**在资本主义生产方式下所特有的表现**"①。无疑当每个资本家为了降低生产成本引进新技术和进行技术创新时，采用相同策略的资本家之间的竞争不可避免地会导致利润率在整体上的下降。引进新的节约劳动技术的资本家剩余价值的暂时增加，仅仅表示的是生产出来的总剩余价值的再分配。总的效果是通过增加工人的实际工资（或者生活用品价值的降低）改善了工人的生活标准，也减少了劳动力的价值。在两种情形下，资本价值构成的下降都会导致利润率下降。资本对更多价值和更高利润率的追求使得生产手段改善的同时也生产了相对剩余价值。于是商品的价值和利润率都下降。这样利润率的下降就必须被看作是劳动生产力普遍增加在资本主义经济中奇特的表现。

在扩张期，实际工资增加，失业率下降，劳动的社会生产率持续增加。但是这里存在一个滞后，因为实际工资的增长率低于利润率的增长率（当然，这依赖在劳动和资本间政治力量的相对平衡）。有效需求的

---

① 《资本论》第 2 版第 3 卷第 237 页。

水平也就有滞后的倾向。当对原材料的需求出现，它们的价格也就增加，这会给生产成本一个上涨的推力。当库存到达狂热阶段时，在战略原材料上的投机交易发展起来。这些投机的倾向不断地产生对信用的需求。当整个信用系统都被拉入到这种投机狂热中时，压力的早期信号开始出现。同时，工人因为劳动力市场的紧张要求更高的工资，这也会增加生产成本。当周期到达顶点，利率上升，这是对利润的进一步挤压。新的商业信用被取消，银行业限制贷款以保留自己的现金储备来应对不良贷款的堆积。这些因素的汇集抑制了资本家对未来利润的预期，导致投资的削减。

马克思发展了一个相对消费不足的理论，但是其逻辑是模糊不清的。一方面，存在生产能力的扩张，这增加了消费品的数量。迟早，当相对过剩的生产在消费品市场中出现时，市场会饱和。另一方面，会存在由于利润率下降和多余固定资本贬值带来的闲置资本，这种条件下，生产能力过剩通过经济停滞和强制的消费不足表现出来。确实，这种半永久性的过剩生产能力状态也反映了寡头条件下的状况。我们可以预期垄断资本时代的特征会是不正常的市场萧条和长期的需求不足：这个因素不仅会造成严重的衰退和恢复时期的紧缩，也会恶化长期的过剩生产能力和失业。

在这些情形下有效需求不足是源于持续过剩的生产能力，也意味着停滞的趋势。斯威齐说："消费不足和生产过剩是一个硬币的两面。如果我们有这样的认识，那么就不会惊讶'消费不足'的危机最初是在消费品生产领域爆发的。"

有效需求不足就是由于技术创新激发的劳动生产率的上升（资本技术构成的上升），这使得利润率有下降的趋势。与此同时，资本积累率超出了实际工资的增长率，这表示在经济中利润份额相对工资份额的上升导致了有效需求不足。寡头资本的投资要依赖有效需求水平和利润水平。而产能有效需求水平决定了它们的生产资本的利用程度。只要产能利用率提高，资本积累的过程中就会面临有效需求不足。

结　论

我们可以认为马克思最初的货币理论是开创性的，因为他是基于生产的货币理论。这与古典理论将货币看作简单商品经济中"掩盖在物物交易上的薄纱"截然相反。而且，马克思的分析反对萨伊定律和李嘉图学派所持的货币数量论。在货币循环中信用货币替代了商品货币意味着商品货币已经不再是必要的。然而，商品货币仅仅代表一种形式的一般等价物，不可兑换的纸币也可以作为价值尺度。马克思对信用和货币内生的分析给构建一个更完善的金融和货币危机理论提供了基础。未来研究的方向应当是在马克思的动态信用循环理论上吸收最近的信用创造循环理论，发展出一个金融不稳定和危机理论。马克思对金融系统和货币基础间矛盾的分析揭示了在资本突然贬值的时刻货币作为价值贮藏的基本功能。在"实现"危机和凯恩斯有效需求理论间有惊人的相似性。而且，关于自由竞争资本主义的假设需要修改，以便能分析资本的积聚和集中，以及与之相伴随的长期的产能过剩和经济停滞。

（周亚霆　译）

马克思的货币理论和现时代[*]

〔苏〕B. 邦金　A. 叶菲姆金[①]

多年以来,苏联经济学家研究了现代资本主义条件下的金和货币命运的变化。可是,他们根据现实生活的同样一些因素得出了不同的结论。显而易见分为两派。一派认为,金仍是唯一的货币商品。而他们的反对者则认为,货币完全丧失了同贵金属的联系。人们在作出这一结论时援引了一些无可争议的事实。须知,早在上一世纪金在流通中已开始被货币符号所代替。而第二次世界大战以后,所有国家都停止铸造金币了。货币流通领域已被与金没有明显联系的纸币和信用货币所占领了。这最终导致国家拒绝用金兑换银行券。结果,毫无疑问,30年代的古典的金本位的机制彻底垮台了。

诚然,这里均指的是国内流通。而在国际结算中,金仍起世界货币的作用。可是,第二次世界大战结束时在这方面发生了很大变化。根据布雷顿森林会议的协议,作为货币商品的金开始被排挤出世界流通之外,因为该协议规定:美国的美元和金同等地被当作外汇的基础。同时,其他国家的外汇机构所拥有的美元能根据固定的官价兑换黄金。结果,金在世界货币流通中不再起原先的作用,实际上被美元完全代

---

[*] 本文选自《马列主义研究资料》1987年第3辑。
[①] 前者是副教授,经济学副博士,后者是经济学副博士。——译者注

替了。

在60年代，布雷顿森林体系已处于危机状态。为了摆脱危机，一些资本主义国家的政府曾采取措施割断金和货币体系之间的正式联系。1976年牙买加协定明显地最后决定了金在世界流通中的命运，根据这个协定废除黄金的官价，国际货币基金组织参加国不再承担向黄金组织交纳必须有25%黄金限额的会费的义务。金随后不再起《特别提款权》单位价值和国家外汇兑换率基础的作用。

金停止流通（直接含义上的理解）已是无可争议的事实。但是众所周知，现实生活中事实的无可争议性，并不总能把这种事实变成可以证实这种或那种理论见解的科学事实。而且，广为人知的是，只浮在表面现象上，经常会歪曲过程的真实本质。

苏联经济学家研究现代资本主义货币流通领域的新现象时，自然是以马克思的经济学说为出发点的。但是正如上述，在确定现代货币的本质时存在着两派。一派认为，现实生活的事实同马克思的货币学说完全一致，根据马克思的货币学说能够解释资本主义国家的现代货币流通。持**这种观点**的人主张，**真正的货币**永远是商品，而在发达的资本主义国家，金执行这个商品的职能。纸币和信用货币——这只是金的符号。另一派认为，流通中的信用货币是现代资本主义的真正货币，而金失去了货币商品的作用。在他们看来，这个结论也是和马克思的学说直接相一致的。

可见，实际上存在两种不同的分析前提，在这种前提下，不可能取得有说服力的一致的结果。因此，关键问题在于，要重新回到作为出发点的方法论基础上来，从而得出统一的研究角度，使之成为共同解决问题的前提。

我们认为，马克思的货币理论是一种复杂的体系，它反映了认识具体的、现实存在的货币关系的**三个不同的层次**。大家知道,感性具体的关系体系是由人的思维借助于抽象范畴以思维具体的体系形式再现出来的。而且,随着对研究客体的深入思考,抽象范畴的程度上升到在概念中反映客体的最深刻本质的水平。这一水平是回归运动(从抽象到具体)的第一阶段。如果谈到货币关系的体系,那么它在这里就以最抽象的形式表现出来,这种形式没有反映出自己的全部丰富性和多样性,但包括一种共同的东西,这种共同东西在体系的任何水平上都显露出来,并且是体系的深刻本质。这时人们就是同一般等价物发生关系。这种共同的东西是由"货币"范畴反映的,这时货币是从它本身来看的,例如就像《资本论》开篇中的商品一样。

这个关系包含着自己存在的即运动的全部未来和现在的形式,但处于未展开的萌芽状态。货币关系的本质在这个阶段是极为抽象的或者像黑格尔所说"空泛的"。在由抽象上升到具体的第二阶段,本质被充实了一定的内容:货币关系表现为生产关系主体之间的现实物质的运动。如果说在第一阶段,思维确认货币是人们之间的关系,是作为价值形式发展的合乎规律的结果,那么在第二阶段被确定下来的则是它们的运动。但是,在认识的第二阶段,我们抽象掉了货币进行流通、执行自己职能的各种各样的具体形式。

而只有在第三阶段,货币才全面地成为理论的对象,把它作为更高层次的、更接近经济生活表层的本质来研究。货币体系是货币运动的具体形式,货币体系的产生、生存和消失,既是由生产关系内部产生的深远过程所决定,也是政治、思想以及其他上层因素作用的结果。

马克思的货币理论反映了对现实存在的货币关系的三个认识阶段,由于上述原因,在这一理论中可以找到深度不同和抽象程度不同的三个层次:货币作为人们之间的关系;货币作为完成一定的运动、执行一定职能的物；货币运动或货币体系的具体形式。如果说在第一个层次上，物（货币）是本质（生产关系）的表现形式，那么在第二个层次上，物本身就成为本质，而这种本质的现象形式在第三个层次上则表现为相对独立的本质。三个层次处于辩证统一之中，构成统一的严整理论，它们在实际上彼此难以分开。

但是，在理论中这种划分是必要的。它防止把一个层次上的规律性机械地搬到另一个层次上去，防止把反映各种不同层次本质的、性质上不同的现象混淆在一起。例如，在纸币流通中，**直接**表现出来的只是货币体系的本质。货币关系的深处本质只是间接地表现出来，通过许多中间环节，包括通过第二阶段的本质表现出来。如果不考虑到这一点，纸币对于研究者来说就是第一层次本质的直接表达者了，这就歪曲了事物的实际状态。

货币理论层次的划分，使人们能解释上层建筑，包括法律关系，对于货币体系的发展和执行职能所起的作用。如果说深入研究货币本质时不需要考虑法律因素，那么它们在具体的货币体系的层次上则充分地表现自己。那时它们发生作用就要先有一定的经济条件，去建立那个"畅行无阻的走廊"，国家在客观上不能超越它的范围。

经济和法律因素在具体货币体系中的相互作用，也就是经济和政治力量的相互作用。这种相互作用从国家消极批准作为完全符合经济内容（真正的货币）的法律形式的货币体系，变成对货币关系的积极干预。无疑，这里存在由经济规律确定的客观极限。但是，政治力量的影响可能是相当大的。生产关系体系的各个不同阶层的稳定性是不一样的。越是接近经济生活的表面，不稳定性越是胜过稳定性。由于这个原因，每个具体货币体系的理论，要比货币是完成一定具体运动的物的理论更早地过时。而后者又比货币作为生产关系的理论更早地过时。

马克思的研究方法不允许机械地把在较为表面的水平上看是正确的结论,搬到更有深度的本质的结论上来。越是接近现象的表面,这些结论的共同性越少。如果说生产关系体系核心中的全部变化必然表现在各个领域,改造这些领域,那么远不是表层的全部变化都反映在核心中。

例如,离开马克思通过分析揭示出货币本质的那种货币体系的舞台,并不意味着货币作为完成一定运动,作为生产关系的物的消失。

我们认为,只要存在商品生产,马克思的货币理论就将反映不以货币流通和货币体系中所发生和表现的变化为转移的现实。其实,现在否定货币同贵金属有任何联系的那派人,企图推翻的正是同这一理论核心有关的论点。他们怀疑的是:第一,货币的商品存在;第二,货币按本性来说是金和银,货币的产生意味着一般等价物的社会职能同贵金属(最后变态是金)天然形式的结合;第三,货币价值形式是交换价值的最终的高级形式,如果遵循马克思的逻辑,在这种形式之后再也不会有任何新的形式(第五种形式)。

货币是商品,尽管是特殊商品。马克思断言:"只要理解了货币的根源在于商品本身,货币分析上的主要困难就克服了。"① 作为生产关系的货币除了商品、物的形式以外,不可能以任何其他形式出现,因为在商品生产条件下人们之间的所有关系都物化了。

按照马克思的理论,只有具有物体上"可以捉摸的"物的形式的现实商品,才是真正的货币。上述这一派在推翻马克思的这一论点时,实际上或是直接否定上述形式的必要性(例如,把以电脉冲或电子计算机显示的凭据形式而存在的"电子货币",称作真正的货币),或是提出用信用货币和纸币(把这些东西叫作商品)的自然形式来取代上述

---

① 《马克思恩格斯全集》第1版第13卷第54页。

形式。某些企图论证信用货币变为真正货币的可能性，采取的方式是把前一种形式看作后一种形式中的一种。他们断言，后面这种形式在马克思时代就已存在。所以，用信用货币代替金是合乎情理的过程，似乎和马克思主义的理论并不矛盾。①

日常的纸币通过本身的数量反映商品的价值，人们往往把这种纸币称为真正的货币。而且，在价格标准中，金的因素"并未占据更多的位置"。②

可是在我们看来，这样的结论是建筑在偷换概念的基础上的。在这种情况下人们看到的是货币的**形式**。纸币和信用货币，这是同一内容（真正的货币）的执行职能的形式。与此不同，金币不是执行职能的形式，而是货币商品的两种类型之一，用马克思的说法，它们用自己的"实体"起着一般等价物的作用。真正的货币没有也不可能有其他的实体形式（另一类型的货币——银币也如此）。信用纸币表现为真正货币的代替者。它们起这种作用时，是**真正货币的执行职能的形式**。

"废除黄金"的拥护者把货币在流通领域中的代替者宣布为真正的货币时，也就企图否定货币是起一般等价物作用的特殊商品。既然金现在不直接执行流通手段、支付手段和世界货币的职能，于是他们得出结论：它不再执行价值尺度和贮藏手段的职能，也就意味着失去货币商品的内容。"随着金作为流通手段和支付手段的废除，它的价值尺度的最重要的职能也就被消灭了。"③

---

① 见 B. H. 舍纳耶夫：《现代资本主义条件下的货币本质和职能》，载《货币和信用》1982 年第 4 期第 34 页。

② C. M. 博利索夫：《现代资本主义的经济学中的黄金》1984 年莫斯科版第 429 页。

③ 《政治经济学。高等学校论文集》1982 年明斯克版第 10 辑第 104 页。

为了论证这个观点,他们引用了马克思的一些说法,包括下述的话:"……货币,首先是作为价值尺度和流通手段的统一,换句话说,价值尺度和流通手段的统一是货币"。可是,我们觉得,这句引文应根据整个货币理论的逻辑和意思加以解释,否则引文本身可能被理解错了。马克思论述货币学说时依次讲的是它们执行价值尺度、流通手段的职能,后来作出结论说,货币是它们的统一。但是,在这一点上论述并未终结。在下一节谈货币贮藏时又写道:"金银本身只在不是流通手段时才固定为货币。**作为非流通手段,它们变成了货币。**"① 对比马克思的两种说法之后不难发现,不看上下文,这些说法本身是彼此矛盾的。但是,它们实际上表述了同一现象的不同方面的特点。前一种说法指的是,执行价值尺度职能的货币能作为流通手段出现,后一种说法指的是,不流通的货币变成贮藏手段。

对马克思的遗产不加深思熟虑,还表现在可以从明确的、不容有不同解释的表述中作出不符合原意的结论来。例如,许多学者考察货币单位时引用马克思下述的话,似乎可以用来证实没有商品金也可以计量商品的价值:"商品并不是由于有了货币才可以通约。恰恰相反。因为一切商品作为价值都是物化的人类劳动,它们本身就可以通约,所以它们能共同用一个特殊的商品来计量自己的价值……"②

这些话论证的是,用一种特殊商品——货币来计量商品的价值是可能的。但是,Γ. 索留斯却作出了相反的结论:货币(金)是不需要的。③

---

① 《马克思恩格斯全集》第 1 版第 13 卷第 113、118 页。
② 《马克思恩格斯全集》第 1 版第 23 卷第 112 页。
③ 见 Γ. 索留斯:《资本主义中的通货膨胀和现代货币的本质》,载《世界经济和国际关系》1980 年第 7 期第 112 页。

商品和金的价格之间缺乏明显的联系，被视为金丧失了货币商品作用的证明。金的价格发生上下跳跃式的变动，而商品价格的变化则比较平稳，主要只是向上变化。在否定金的一派人看来，商品价格的上涨不取决于黄金的开采及其价格，完全是由商品的生产费用造成的。

这些论断是以现实的因素为依据的，因为在资本主义国家的经济生活中可以找到商品价格和金价格独立运动的不少场合。但是，根据这些因素也完全能作出另外的结论：金和商品之间的联系变复杂了。当金和商品没有进行交换时，当交换是由纸币和信用货币作中介时，完全可能出现价格向不同的方向变动的时期。在这种场合，中介者也就大大改变了过程的原意，因为中介者执行的职能相对独立地受自己规律的支配。纸币所表现的金价上涨，可以或是由于金的价值提高造成，或是由于纸币贬值造成，或者还可以由于这两个过程同时发生作用造成。在第一种场合，商品价格不会上涨，在第二种场合，它们同样上涨，在第三种场合，商品价格的上涨必将落后于金价的上涨。

此外，供求规律也影响这一过程。它对各种商品的作用在不同的时期是不一样的。在经济生活正常或行情好转的情况下，对黄金的需求可能落后于对日用品的需求。在危机阶段，对金的需求会猛增，于是导致它的价格突然提高。"……一当信用发生动摇，——而这个阶段总是必然地在现代产业周期中出现，——一切现实的财富就都会要求现实地、突然地转化为货币，转化为金和银。这是一种荒谬的要求，但是它必然会由这个制度本身产生出来。"①

可见，用现代资本主义条件下商品价格和金价格方向不同的变动并不能证明，金不再执行价值尺度的职能，从而不再起货币商品的作用。

---

① 《马克思恩格斯全集》第 1 版第 25 卷第 649 页。

至于上述论断,它们实际上意味着在现代资本主义条件下对货币价值形式的否定。众所周知,货币价值形式是由一般等价物同贵金属的天然形式相结合的结果。马克思赞成这样的说法:如果说金和银按其本性来说不是货币,那么货币按其本性来说是金和银。

众所周知,马克思得出:货币价值形式是交换价值在自己的发展中能获得并已获得的最终形式,即最高形式。但是,如果说简单的、扩大的和一般的价值形式包含着该具体形式本身的辩证否定的开端,于是导致它们中一种不太完善的形式被另一种更为完善的形式所代替,那么货币的价值形式含有取消交换价值本身所必需的一切东西。然而,这是未来的事情,属于商品货币关系之外的事情。

把货币形式的实际否定用到现代资产阶级的现实中,就意味着实际上承认在资本主义下就已不存在价值关系了。由于这一结论明显地不符合现实,"废除黄金"的拥护者就企图论证关于用价值的新形式(第五种价值形式)代替货币形式的主张。这种形式被称作扩大的、一般的、信用—货币的形式,或货币—信用的形式。但是,它们后面隐藏的仍是**那个货币形式**,尽管丧失了实际的金的内容。在这一点上表现了"反金"派观点的形式逻辑的矛盾。"反金"派在实际上否定价值的货币形式时,同时也不能离开这种形式。他们企图越出货币形式的界限时,过分地夸大了货币的多种形式之一的信用货币,却忘记了一个事实:"货币——贵金属形式的货币——仍然是基础,信用制度按其本性来说永远不能脱离这个基础"。①

社会的发展归根到底会取消交换价值,也就是说取消价值。但是,在资本主义生产方式的范围内,在私有制统治的条件下,这是不可能

---

① 《马克思恩格斯全集》第 1 版第 25 卷第 685 页。

的。因为在这时,除了价值机制以外,不可能有任何其他调节社会生产及解决劳动的社会性和私人性之间的矛盾的机制。

可见,企图修改马克思货币理论的基本论点,必然导致曲解帝国主义的本质。因此,解释现代资本主义货币流通中的新现象时,只能根据马克思货币理论的观点,这个理论的核心是不应修改的。

(原载《经济科学》1986年第11期第78—82页)
(林沂 译)

马克思股份资本理论及其现实性[*]

李其庆

一、马克思股份资本理论的内容

马克思股份资本理论在马克思政治经济学体系中占有重要地位,它包含了深刻而丰富的内容:

1. 对股份资本的历史考察。股份企业的出现是商品经济发展的结果,资本主义股份公司几乎是与资本主义经济同时产生的。马克思对股份资本、股份制、股份公司的产生和发展的历史过程作了科学分析,得出两点结论:(1)股份公司随着资本主义社会化程度的提高而发展。他在《资本论》第3卷中讲到股份公司成立时指出,生产力发展了,生产社会化程度提高了,以个别资本家所有为特征的资本主义企业形式已不适合生产力发展的要求,于是以社会资本形式出现的股份公司便产生了,在股份制中,资本"直接取得了社会资本(即那些直接联合起来的个人的资本)的形式,而与私人资本相对立"。[①](2)股份制是通向新的生产形式的"过渡点"。马克思分析了资本主义股份公司在历史发展中的地位,他指出,"资本主义生产极度发展的这个结果,是资本

---

[*] 本文选自《马克思主义与现实》1998年第1期。作者为中央编译局副局长、研究员。

[①] 《马克思恩格斯全集》第1版第25卷第493页。

再转化为生产者的财产所必需的过渡点"。① 马克思对股份公司的历史进步作用作了充分肯定。他认为，股份公司已不是原来意义上的"私人生产"和"私人企业"，这是他对资本主义向社会主义转变条件越来越成熟的一种肯定。他认为，股份公司进而垄断的发展，标志着资本主义生产已出现了向社会主义生产转变的"过渡点"，"为将来由整个社会即全民族来实行剥夺做好了准备"。②

2. 股份资本的基础。股份资本以信用制度的充分发展和大量生息资本积累为前提。股份公司是信用关系的进一步发展，是个别资本在外部联系日益紧密的基础之上建立起来的存在着内在联系的一种联合资本的形式。此外，商品货币交换的发展和信用的扩张所形成的信用网络推动了各种商业期票、汇票、银行券、债券等的广泛流通，繁荣了金融市场，方便了股票的发行和转让，从而为股份资本的发展提供了技术条件。

3. 股份制公司的特点。股份资本是资本的最适当的组织形式。马克思曾指出，股份资本是单个资本表面独立性扬弃的"最适当的形式"，股份公司是"资产阶级社会的最新形式之一"。③ 相对独资和合伙企业形式而言，股份公司作为一种企业的组织形式，它有以下特点：（1）资本积累迅速而广泛。正如马克思所说："假如必须等待积累去使某些单个资本增长到能够修建铁路的程度，那么恐怕直到今天世界上还没有铁路。但是，集中通过股份公司转瞬之间就把这件事完成了。"④ 把分散的、已经形成的中小资本和社会闲散资金等通过股份制的形式联

---

① 《马克思恩格斯全集》第 1 版第 25 卷第 494 页。
② 《马克思恩格斯全集》第 1 版第 25 卷第 495 页。
③ 《马克思恩格斯全集》第 1 版第 46 卷上册第 46 页。
④ 《马克思恩格斯全集》第 1 版第 23 卷第 688 页。

合起来形成巨额资本,就能迅速地兴建大型企业,以适应社会化大生产的需要。所以股份公司有利于加速资本集中,扩大生产规模和资本增殖。(2)股份资本具有稳定性。股份公司筹集资本和获得信用比较容易,抵御危机的能力较强,因此具有稳定性,此外,由于股票具有不兑现的特点,不能像银行存款那样随时可取回,只要公司不破产,股票投资就具有永久性。因而不会像独资和合伙企业那样,往往因企业主死亡或合伙人撤资等原因导致企业关闭或影响生产。(3)股份资本筹资成本较低。企业以股票形式筹资,属于直接融资,其融资成本低于间接融资即借贷资本的成本,从而降低了企业的生产成本,提高了利润。(4)股份资本具有流动性。股份公司筹集资本是以发行股票的形式在货币市场上进行的,股票可以自由买卖,这种流动性有利于资本流向社会经济效益较高的企业,这符合资本追求高额利润的要求。(5)股份公司的管理制度更趋合理。股份资本和信用的发展,造成了管理劳动或管理职能同资本所有权的分离。所有权与经营权的分离对企业的经营产生重大影响。这种管理制度一方面遏制资本所有者在短期内攫取最大利润的欲望,另一方面也使管理人员能够充分施展自己的专业技能和管理才干,并真正按照科学技术的要求经营。

4. 股份资本的性质。股份资本虽然使资本取得了社会资本的形式,但这仅仅是形式,就它的性质来说,股份资本依然是资本,股份公司依然是资本主义性质企业。股份公司并没有消除资本与劳动的对立,因此,马克思说,股份公司作为社会资本、社会企业,只是对"作为私人财产的资本在资本主义生产方式本身范围内的扬弃",因而是"消极地扬弃",因为它"并没有克服财富作为社会财富的性质和作为私人财富的性质之间的对立",股份公司的生产不过是"一种没有私有财产控制的私人生产"。①

5. 其他与股份资本有关的问题。马克思主要是在"资本一般"的范围内研究股份资本的,但也涉及了其他有关问题,如股票、股息、股票价格、创业利润、虚拟资本等等。在谈到虚拟资本问题时,他指出,股票是实体资本的"纸制复制品"。它的真正的资木已转移到股份公司那里去了,作为虚拟资木,它自身并没有价值,而只具有实体资本本质的标志的一面,即具有被视为带来剩余价值的特性。"股票只是对这个资本所实现的剩余价值的相应部分的所有权证书。"② 股份资本具有虚拟资本固有的投机性。马克思把投机行为称为赌博,指出,"在这种赌博中,小鱼为鲨鱼所吞掉,羊为交易所的狼所吞掉。"③ "这里决不排除股票也只是一种欺诈的东西"。④

二、马克思股份资本理论与当代资本主义股份制

一百多年来,发达资本主义国家的股份制有很大发展,特别是战后,在国家垄断资本主义和新科技革命的推动下,西方国家股份制的发展更为迅速,出现了许多新情况和新特点。但从本质上说,这种发展同马克思的科学分析和预见是完全一致的。

1. 股份制公司加速了资本的集中,造成了规模巨大的资本主义的企业。一百多年来,股份公司和托拉斯组织已由单个的发展成集团的,由一国的发展成跨国的、全球的,由个别行业的发展成综合性的、跨行

---

① 《马克思恩格斯全集》第 1 版第 25 卷第 493、498、497、496 页。
② 《马克思恩格斯全集》第 1 版第 25 卷第 529 页。
③ 《马克思恩格斯全集》第 1 版第 25 卷第 497 页。
④ 《马克思恩格斯全集》第 1 版第 25 卷第 529 页。

业的。目前，世界20家跨国电脑公司几乎控制了全球的计算机市场；三大航空公司、十大跨国化学公司、十大跨国半导体公司、二十大跨国汽车公司所占有的国际市场份额均在90%以上。在美国，占企业总数16%的股份公司，其资产、销售额和纯收入却分别占85%、89%和80%。日本资本额在100亿日元以上的大型股份公司有2000多家，占股份公司总数的0.13%，却掌握着股票资本总额的42%。

2. 股份制公司的发展推动了资本的社会化。股份制的形成与发展，使得企业大规模向社会筹资变得容易了，集中的大规模生产与技术创新因而成为可能，并反过来创造新的投资需求。同时，由于股份公司完全是合资公司，通过资本联合、控股、参股，可以形成巨型公司和多级法人的母子公司，使不同的企业更易于协调和形成大规模优势等等。近年来，企业兼并成风，出现了"强强联合"的趋势，生产和资本的社会化达到空前规模，同时，股份公司也成为最适应现代市场经济发展的企业制度。

3. 股份制公司的发展造成了资本所有权和经营权的进一步分离。资本主义进入国家垄断资本主义阶段以后，股份制度又发展到几家垄断组织联合控制其他垄断公司或企业。随着生产社会化的进一步发展，资本本身也趋向社会化。在扩大的社会资本基础上发展起来的垄断资本集体所有制造成的结果是，法人所有权和股东自然人所有权进一步分离。垄断资本家的联合持股并不是占有生产资料的个别垄断资本家的集合，而是他们任命的经理代表本企业的利益与其他垄断企业在所有制上的结合。法人联合持股以加强经理控制权的方式，使私人资本家的存在更为多余了。

4. 股票分散化并没有改变股份公司的资本主义性质。大量小额股票的发行和机构持股比率增加是现代股份公司制度的一个引人注目的变化，但是这种变化并没有改变大资本控制和操纵社会资本的现实，因为股票的分散并没有带来股权的分散，从而也没有带来生产资料所有权的分散。有人估计，美国最富有的5%的人口控制着美国所有股票的83%，最富有的1%的人口控制着全部财富的31%、全部股票的63%和国债的60%。此外，由于股票的分散，确定公司控制权的股份额划线大大降低了，这就是说，大垄断资本可以用自己的少量资本去控制、操纵和推动巨额的社会资本，为自己增殖垄断利润。所以在当代资本主义国家，股份公司的企业组织形式的变化并没有改变资本主义生产资料的私有性质。

5. 股份制公司的发展在一定程度上缓和了资本主义基本矛盾。股份公司本身是一种企业组织形式。发达国家股份制的发展适应了社会化大生产的需要和资本主义私有制条件下大规模社会集资的需要。资本主义的根本矛盾是生产资料的私人占有与生产的社会化的矛盾，而股份公司的占有形式是社会占有形式，它部分地改变了私人占有形式。这是私人资本在资本主义生产方式范围内的自我扬弃，而且是最适当、最高形式的扬弃。这种扬弃加强了资本主义经济结构的自我调节能力，使资本主义生产方式能够容纳更多的生产力，从而缓和了资本主义的基本矛盾。

三、马克思的股份资本理论与社会主义股份制经济

股份资本是财产的组织形式，股份制则是现代企业制度的基本形式，这种制度资本主义可以利用，社会主义也可以利用。马克思对这一制度的基本点作了深刻的分析，这些分析对于我们建立现代企业制度和社会主义市场经济具有启发和指导意义。

1. 现代股份制度是资本集中的最迅速、最适合的形式。这是因为股份制易于实现资产的组合和重组,其融资成本较低,可以在仅仅支付股息的条件下得到使用,即可以在低于平均利润的条件下得到使用。股份制不仅可以扩大企业资本的增量,从而使集中的大规模生产与技术创新成为可能,同时还可以通过股票的买卖盘活企业资本的存量。股份的流动性有利于实现资源的优化配置。社会主义市场经济完全可以利用股份制度的优越性。这些优越性证明,马克思关于股份制度是"发展现代社会生产力的强大杠杆",它"对国民经济的迅速增长的影响恐怕估价再高也不为过"[①] 的论述是完全正确的。

2. 股份制度的建立和发展必须有一定的基础。首先,股份制度是商品经济、货币交换,即市场经济发育到一定阶段的产物;其次,股份制度必须以信用制度和金融市场、债券市场、证券市场的发展为基础。因此,我们在建立和发展股份制度时,必须考虑这些前提条件。

3. 股份制具有不同的形式。马克思特别强调股份公司在资本主义生产方式发展不同阶段的不同地位。他说:"还有一个例子,说明同一些范畴在不同的社会阶段有不同的地位,这就是资产阶级社会的最新形式之一:股份公司。但是,它还在资产阶级社会初期就曾以拥有特权和垄断权的大商业公司的形式出现。"[②] 在 19 世纪 50 年代以前,股份公司的主要形式是无限责任公司,而后来则让位于有限责任公司。一百多年来,股份公司的形式不断变化。目前西方现代股份公司有四种基本形式:股份有限公司、有限责任公司、股份无限公司和股份两合公司。从所有制(股份制可视为混合所有制)角度看,股份制又区分为国家控

---

① 《马克思恩格斯全集》第 1 版第 12 卷第 609—610 页。
② 《马克思恩格斯全集》第 1 版第 46 卷上册第 46 页。

股、国家参股和民营等多种经营和组织形式。不同国家、不同历史阶段的股份制形式不尽相同,因此,我们国家的股份制形式,也应根据生产力发展水平和具体国情来确定。

4. 资本所有权和经营权的完全分离是各种形式股份公司的共同特征。因此,我们不管采取哪一种股份制度都必须实行政企分开,让公司真正独立自主地按市场经济规律去运作。

5. 股票市场具有投机性,因为股票属于虚拟资本,它有投资和投机两种功能。股票的投机功能有它积极的一面,它是激发人们投资的利益驱动因素,可以加速资本的积累,但是过度投机也会给经济的稳定发展带来严重危害。因此我们在建立股份制经济、发展股票市场时,一定要注意这个问题。

马克思论资本的弹力*

〔日〕官田和保①

序　论

作为生产关系的资本价值，由于把形成财富的两个原始要素劳动力和土地（自然力）同科学结合为一体，进而通过流通过程的可变性的协助，在其所发挥作用的强度、效率和范围内，获得了有伸缩性的能力（elastische Potenzen）即资本的弹力（Elastizität des Kapitals）②。因此，资本价值并不表现为"不变的、以划一方式起作用的生产力"。③ 资本价值在作为价值和产品形成者发挥作用的范围内是有弹力的即可变的。不仅如此，资本价值还把它不断获得的这种弹力看作是它的本性，它的属性。可见，资本所具有的这种弹力是贯穿整个《资本论》的一个重要概念。

本文将要说明，资本的弹力是一个极为广泛的概念，这样，我们在

---

* 本文选自《马列主义研究资料》1984年第6辑。"弹力"一词在《马克思恩格斯全集》中文第2版中译为"弹性"，特此说明。

① 官田和保是北海道大学政治经济学系大学院博士研究生。——译者注

② 在《资本论》中，经常把 elastische Potenzen 和 Elastizität 译成有伸缩性的能力、扩张能力和弹力。——译者注

③ 法文版《资本论》中国社会科学出版社1983年版第1卷第643页。

研究马克思的这一概念时，就只能从一定的角度进行考察了。

我们先来看一看马克思在《政治经济学批判大纲》中是怎样说明的。如果我们把资本的弹力作为资本一般的形式规定来把握，那么资产阶级经济的种种现象——涉及经济循环各个时期的现象，新的需求对一般生产的影响，以及有关资本积累等等——都不言自明了。如果谈到古典经济学家李嘉图，实际上他没有注意到资本的这种弹性，或者说，他只是在狭义上把握这种弹性的，因此陷入种种矛盾之中。如果我们的这种看法成立的话，那么，对写作《政治经济学批判大纲》时的马克思来说，资本弹力的概念就是通过对古典政治经济学的批判而产生的。特别应当指出的是，资本的弹力成了说明"洪水"即危机的一个基本概念。

关于资本弹力的观点由《资本论》继承下来，并在体系上得到了发展。马克思在《资本论》中多处指出了资本的弹力。如果我们把握不住资本的弹力，我们就不能理解资本的常见现象，例如，不靠资本积累，资本就可以突然膨胀或突然收缩。还不仅如此，直到马克思的晚年，他还一再提出资本的弹力问题，并对这一问题进行考察。当他在1880—1881年撰写《资本论》第二卷的最后遗稿即第 VIII 稿时，在他的脑海里还一再出现这一问题。可见，马克思在写完《政治经济学批判大纲》之后二十年间，还一直有意识地关心这一问题。

由此可见，马克思认为，资本的弹力的概念主要是一个同资本的膨胀和收缩，进而同资本积累有关的问题。我们认为，他也正是这样考察这一问题的。

我在本文中就是从这一角度出发，并考虑到马克思所处的时代背景，来研究资本的弹力的概念。我接着进一步从这一角度出发，一方面认定了古典政治经济学（以李嘉图为中心）论述资本的弹力的地位和意义，另一方面通过马克思形成和丰富这一概念，再一次认定这一概念的意义。

在转入正文之前，我还要指出以下几点：

在以前的研究史上，从来没有人自觉地提出和考察资本的弹力，实际上这是一个被人忽视的概念。但是也有个别人曾研究过，其中已故的久留间鲛造先生所留下的成果最为宝贵。

我们知道，久留间经过多年努力，编辑出版了一部《马克思政治经济学辞典》（1968—1982年大月书店版）。他在这部辞典中说，就危机理论来看，资本的弹力在于：资本按其本性来说具有这样一种倾向，它一方面会为生产确立种种界限，另一方面，一般地说，又会驱使生产超出任何界限，使自身得以前进。因此，"资本是一个活生生的矛盾"①。久留间在辞典中说："生产一旦克服资本的界限，便扩张起来，而且商业资本和信用制度还会助长这种扩张。这就是生产过程的弹力。"也就是说，这就是作为"把危机的可能性转化为现实性的各种要素"的"资本主义生产过程的弹力"。

其次，关于从中等活跃开始的产业循环，他说，危机之后必然导致景气上升的过程，而这种过程同时就是资本突破其内在的界限的过程。他在说明中等活跃向生产冲击和生产突然膨胀的原因之后说："在什么样的条件下才能产生突然的膨胀呢？"他回答说，这种突然的膨胀在"资本的弹力"这个条件下就可以产生。

第一章 关于资本的弹力的概念

在马克思的《资本论》的体系中，直接考察资本的弹力概念的有

---

① 《马克思恩格斯全集》第1版第46卷上册第408页。

《资本论》第一卷第二十二章第四节和第五节，以及第二卷第十八章第二节，其次，有《资本论》第二卷第Ⅰ稿（1864—1865年）第三章第四节。① 现在我们就以这些章节为中心，研究一下资本的弹力的概念。

第一节　生产过程中的资本的弹力

关于资本的弹力的概念，马克思指出："我们知道，即使执行职能的资本的量已定，资本所合并的劳动力、科学和土地（经济学上所说的土地是指未经人的协助而自然存在的一切劳动对象），也会成为资本的有伸缩性的能力，这种能力在一定的限度内使资本具有一个不依赖于它本身的量的作用范围。"②

形成这个"有伸缩性的能力"的本质要素就是"劳动力具有伸缩性"③。所谓劳动力具有伸缩性，就是指由于肉体的和精神的界限有一定的伸缩性，工作日可以延长，劳动强度可以提高。

其次，同量劳动资料（机器）即同量固定资本通过延长其使用时间和强化其作用，就可以在不增加预付资本的情况下，在强度、效率和范围方面提高原有资本的作用。例如马克思指出："应用机器，不仅仅是使与单独个人的劳动不同的社会劳动的生产力发挥作用，而且把单纯的自然力——如水、风、蒸汽、电等——变成社会劳动的力量。"④ 因此，固定资本通过近代工业本身所创造的再生产过程，无论在外延方面还是在内含方面，都使自身成为可变的东西。

---

① 《马克思恩格斯全集》第1版第49卷第505—507页。
② 《马克思恩格斯全集》第1版第23卷第668—669页。
③ 《马克思恩格斯全集》第1版第23卷第662页。
④ 《马克思恩格斯全集》第1版第47卷第363页。

再次,"生产上利用的自然物质,如土地、海洋、矿山、森林等等,不是资本的价值要素。只要提高原有劳动力的紧张程度,不增加预付货币资本,就可以从外延方面或内含方面,加强对这种自然物质的利用。"① 例如,在采掘工业中,"劳动对象……是由自然无偿赠予的"②,自然力由于同资本合为一体,形成了资本的弹力的一个要素。

最后,"正象只要提高劳动力的紧张程度就能加强对自然财富的利用一样,科学和技术使执行职能的资本具有一种不以它的一定量为转移的扩张能力"即资本的弹力。例如,"化学的每一个进步不仅增加有用物质的数量和已知物质的用途,从而随着资本的增长扩大投资领域。同时,它还教人们把生产过程和消费过程中的废料投回到再生产过程的循环中去,从而无需预先支出资本,就能创造新的资本材料。"③

到现在为止,我们通过引证和分析考察了生产过程中的资本的弹力。其次,如果我们把焦点集中在意味着高次方的"力"的上面,那么我们就会看到,资本主义生产中的劳动生产力表现为资本的生产力。主体和客体颠倒了。马克思指出:"他(资本家——作者)支付的是100个独立的劳动力的价值,而不是100个结合劳动力的价值。……他们的协作是在劳动过程中才开始的,但是在劳动过程中他们已经不再属于自己了。他们一进入劳动过程,便并入资本。作为协作的人,作为一个工作机体的肢体,他们本身只不过是资本的一种特殊存在方式。因此,工人作为社会工人所发挥的生产力,是资本的生产力。……因为劳动的社会生产力不费资本分文,另一方面,又因为工人在他的劳动本身属于资本以前不能发挥这种生产力,所以劳动的社会生产力好象是资本

---

① 《马克思恩格斯全集》第 1 版第 24 卷第 394 页。
② 《马克思恩格斯全集》第 1 版第 23 卷第 662 页。
③ 《马克思恩格斯全集》第 1 版第 23 卷第 664 页。

天然具有的生产力,是资本内在的生产力。"① 他又指出:"同历史地发展起来的社会劳动生产力一样,受自然制约的劳动生产力也表现为合并劳动的资本的生产力。"② 因此,劳动力的弹力和使用机器所表现出来的弹力都表现为资本的弹力即资本的高次方。

如前所述,资本家由于应用机器得到了不同于单个人劳动的社会劳动生产力,而且还受益于劳动的自然条件即肥沃的土地和丰富的矿山以及作为独立力量的科学。他们把纯自然界转化为社会劳动能力。因此,马克思说:"机器体系具有极大的弹力"(Elastizität)。③ 这一点可以说具有决定性的意义。资本把社会劳动能力转化为资本的弹力了。

第二节 流通过程中的资本的弹力

现在,当我们考察资本的弹力时,"我们不能忘记,各种不同程度的流通速度也会极大地改变现有资本的作用"。④

"在考察简单流通时,流通速度被看作其**原因**不可能从简单货币流通本身产生的要素。"⑤ 也就是说,商品形态变化的速度,从而货币的流通速度"又依赖于生产方式的总的性质、人口数、城乡关系、运输工具的发展,依赖于分工的粗细、信用等等,——简言之,依赖于一切处于简单货币流通**之外**而只反映在简单货币流通中的情况"⑥。

---

① 《马克思恩格斯全集》第 1 版第 23 卷第 370 页。
② 《马克思恩格斯全集》第 1 版第 23 卷第 563 页。
③ 《马克思恩格斯全集》第 1 版第 23 卷第 474 页。
④ 法文版《资本论》第 1 卷第 643 页。
⑤ 《马克思恩格斯全集》第 1 版第 49 卷第 325 页。
⑥ 《马克思恩格斯全集》第 1 版第 13 卷第 95 页。

主体一旦从商品和货币向资本转化,就表明,"流通速度的先决条件是资本形态变化的速度和资本整个再生产过程的速度。"① 上面谈到的那些处于简单商品流通"之外"(背后)的因素("生产方式的总的性质、人口数……")都被包括在"资本整个再生产过程的速度"即资本周转时间之中了。在这里,我们可以把货币的流通速度的抽象规定理解为具体的内容规定。

因为成为资本的前提的上述各因素是对资本的限制,所以资本的周转时间(流通速度)的缩短就是在变革这些因素,从而在克服资本的这些限制。"通过周转期间的缩短,能用较少的货币资本推动同一的生产资本,或者能用同一的货币资本推动较多的生产资本。"② 这也就是资本的弹力。

如上所述,一旦把生产过程中的资本的弹力和流通过程中的资本的弹力合并在一起,就会在再生产过程中形成巨大的弹力。这一点马克思早就看到了。例如他说:"一旦与大工业相适应的一般生产条件形成起来,这种生产方式就获得一种弹力,一种突然地跳跃式地扩展的能力"③,一种"巨大的跳跃式的扩展能力"④。

第二章 资本弹力的意义之一
——关于资本的扩张和收缩

马克思指出:"古典经济学从来就喜欢把社会资本看成一个有固定

---

① 《马克思恩格斯全集》第 1 版第 49 卷第 325 页。
② 《马克思恩格斯全集》第 1 版第 24 卷第 395 页。
③ 《马克思恩格斯全集》第 1 版第 23 卷第 494 页。
④ 《马克思恩格斯全集》第 1 版第 23 卷第 497 页。

作用程度的固定量。"因此,对古典经济学来说——不过这种偏见只是在边沁那里才确立为教条——"生产过程的最普通的现象,如生产过程的突然扩张和收缩,甚至积累本身,都是完全不可理解的。"①

在这里,马克思通过对古典经济学的批判,直截了当地把资本的弹力表现为资本的"突然扩张和收缩"、"积累"等现实的理论概念。因此,我们在这一章中准备研究一下资本的弹力的概念的意义。在第一节中,我们准备通过马克思的论述研究一下资本的弹力在古典经济学中究竟占据什么地位,这里的研究将以李嘉图的观点为中心。在第二节中,我们准备研究一下马克思通过对古典经济学的观点的批判,是如何丰富资本的弹力概念的。在第三节中,我们准备研究一下马克思在当时历史条件下是如何发现资本的弹力的。

第一节 古典经济学中的资本的弹力——以李嘉图的观点为中心

在古典经济学家中间,李嘉图是一个把社会资本解释成固定不变的、具有一定量的人。因此,我们首先研究一下李嘉图,看看他为什么会有这种看法,他又如何陷入"矛盾"之中。同时研究一下赛米尔·贝利和约翰·斯图亚特·穆勒,因为他们正确地指出了李嘉图是怎样陷入"矛盾"的。

马克思对李嘉图《政治经济学和赋税原理》曾作过如下评价:"理论部分(前六章)的错误结构并不是偶然的,而是由李嘉图的研究方法本身和他给自己的研究提出的特定任务决定的。这种结构表现了这种

---

① 《马克思恩格斯全集》第1版第23卷第669—670页。

研究方法本身在科学上的缺陷。"① 这种评价同样适用于李嘉图对资本的弹力的理解。

那么，李嘉图"在科学上的缺陷"的"研究方法"指的是什么呢？

由于李嘉图等人"不顾最惹人注目的事实，把工作日的不变量当作他们全部研究的基础"②，"这无论如何说明了他的考察方法的片面性，而且也符合他的整个研究方法——从由商品中包含的劳动时间决定的商品**价值**出发，然后研究工资、利润等在什么程度上影响这个价值"③。

那么，他为什么把工作日的不变量当作他的研究的整个基础呢？

"在李嘉图看来，产品的价值大于工资的价值，这是事实……整个工作日**大于**工作日中生产工资所需要的部分。为什么呢？李嘉图仍旧没有说明。因此，李嘉图错误地假定**总工作日的量是固定的**，并从这里直接得出了错误的结论。因此，李嘉图只能用生产必要生活资料的社会劳动的生产率的提高或降低来说明剩余价值的增加或减少……为此，必须事先**强迫**工人进行超过上述限度的劳动，而强迫工人这样做的就是资本。这一切在李嘉图著作中都没有谈到"④。

由于李嘉图没有明确抓住剩余价值的源泉和性质，工作日便成了固定的东西。"李嘉图自以为考察了利润率，实际上只是考察了剩余价值率，而且只是考察了在工作日的内含和外延都是不变量这个前提下的剩余价值率。"⑤ 这说明，他还没有把握住作为资本弹力的一个要素的劳

---

① 《马克思恩格斯全集》第1版第26卷第2册第184—185页。
② 《马克思恩格斯全集》第1版第23卷第578页。
③ 《马克思恩格斯全集》第1版第26卷第2册第467页。
④ 《马克思恩格斯全集》第1版第26卷第2册第461—462页。
⑤ 《马克思恩格斯全集》第1版第25卷第269页。

动力这种弹力。在这里还隐藏着李嘉图对了解资本弹力的能量的无能，以及他还没有自觉地认识到资本弹力的能量。

资本家通过货币获得的一次幂（Potenz）的价值转化为货币资本，加强了对劳动能力（Vermögen = Potenz）的强制，同时，"价值作为资本应当好象是二次幂的价值，是自乘的价值"①。马克思在这里初步提出了资本弹力的能量。由于李嘉图不理解这一点，所以他把工作日看作是不变的东西，并把工作日不变当作他的一切工作日研究的基础。

那么，什么是李嘉图的研究课题呢？马克思说："古典学派把工作日看作不变量的方法，由于公式 $\mathrm{II}\left(\dfrac{剩余劳动}{工作日}=\dfrac{剩余价值}{产品价值}=\dfrac{剩余产品}{总产品}\right.$

——作者$\bigg)$ 的应用而固定化了，因为人们在这里总是把剩余劳动同一定长度的工作日进行比较。如果只着眼于价值产品的分配，也会得到同样的结果……把剩余价值和劳动力价值表现为价值产品的两部分……掩盖了资本关系的特殊性质，即掩盖了可变资本与活劳动力的交换，以及与此相适应的工人与产品的分离。代替的是一种协作关系的假象，仿佛工人和资本家在这种协作关系中是按照产品的不同的形成要素的比例来分配产品的。"②

李嘉图以这种"假象"为前提，把"价值产品的分配"看作是自己的课题。也就是说，他把年价值产品分为工资和利润，确定了分配比例，通过价值规律，再把剩余产品即利润的一部分再分配给非生产阶级（地主）。

由于受到上述的研究方法和课题的限制，李嘉图的经济学很难直截

---

① 《马克思恩格斯全集》第 1 版第 47 卷第 32 页。
② 《马克思恩格斯全集》第 1 版第 23 卷第 582 页。

了当地考察资本的弹力和生产的突然的膨胀等等。也就是说，一切改良（分工、机器的改进、运输工具的改进、对外贸易等等），对李嘉图来说，由于受到他的研究方法和课题的限制，都被收缩在假定工作日不变，只有工资下降相对剩余价值才能提高，从而分配比例发生变化这样一个问题上。李嘉图在《政治经济学和赋税原理》第七章论述对外贸易时就是如此。因此，关于对外贸易的影响，他在这里作了非常片面的解释。也就是说，"**李嘉图**在考察对外贸易时，没有注意到所使用的资本的生产力由于市场的扩大而提高。"①

或者说，李嘉图面对资本的弹力，没有认识到"所使用的资本的生产力由于市场的扩大而提高"即资本的突然的膨胀。

李嘉图在《原理》一书中把分配比例作为该书的宗旨。这是他的理论的必然的结果。马克思在《大纲》中指出，如果不理解流动资本和固定资本的弹力，"就无法理解资产阶级经济的许多现象，如与资本的一次周转时间有本质区别的经济周期的各时期；新的需求的影响；甚至新生产金银的国家对一般生产的影响。"②

首先，对李嘉图的这种体系即分配理论来说，萨伊的"销路"理论（对生产过剩危机的否定）很容易被接受；或者说，通过这种接受加强了这一体系本身。

赛米尔·贝利指出了在李嘉图的见解中包含有矛盾的一面。马克思说："贝利在自己的著作《**货币及其价值的变动**》（**1837年伦敦版**）中，谈到了**闲置资本**，认为通过加速的流通（按他的说法，是通过通货量的增加；他应该说通过**货币量**的增加），闲置资本可以投到周转中去。贝

---

① 《马克思恩格斯全集》第1版第49卷第352页。
② 《马克思恩格斯全集》第1版第46卷下册第126页。

利力图证明，如果在一个国家里，资本总是被充分利用，那么，需求的增长决不会引起生产的增长。"① 贝利说："经济学家们过于喜欢把一定量的资本和一定数目的工人看作具有划一力量的和以划一的程度发生作用的生产工具。"

换句话说，"经济学家们"无视资本的弹力，使资本自身的量在一定限度内脱离它所能够发挥作用的强度、效率和范围。或者说，他们以为资本始终是全部被使用，并以此为前提。贝利接着说："有些人断言，货币的流入不可能促进其他商品的生产，因为这些商品是生产的唯一因素。这就证明，生产根本不能扩大，因为要扩大生产就必须预先增加食物、原料和工具；实际上这就等于说，没有生产的预先增长，就不可能有生产的增长，或者换句话说，生产的增长是不可能的。"贝利正确地指出了李嘉图陷入矛盾之中。

约·斯·穆勒在考察有关生产消费的影响时，看到了资本受分工的限制，大部分资本没有不断被使用。他在《略论政治经济学的某些有待解决的问题》一书中说："在任何时候，一个国家的资本都有很大一部分闲置着。一个国家的年产品绝对达不到这样的数额，即假定一切资源都用于再生产，一句话，假定一国的全部资本都充分利用起来时所能达到的那一数额。如果每件商品未能卖出去而存留下来的时间长度平均等于生产它所需要的时间长度，那么很明显，在任何时候，一个国家的生产资本中实际执行资本职能的就不会超过一半……一大部分资本这样经常不使用，就是我们为分工所付出的代价。"

人们不难看破穆勒所说的，也是众所周知的由于货币不足造成商品过剩的理论。我们暂且不谈这一点。但是实际上，穆勒在这里也同样陷

---

① 《马克思恩格斯全集》第1版第46卷下册第80页。

进了"经济学家们"的矛盾,因为他也认为如贝利所指出的资本始终是全部被利用的,并且以此为前提。

那么,马克思是怎样根据李嘉图、贝利和穆勒的见解,以及通过怎样的过程,确定和丰富了资本的弹力的概念呢?下面我们就来研究这个问题。

第二节 马克思是如何确定和丰富资本的弹力的概念的

马克思在《大纲》中一开始就把资本可能突然膨胀和收缩以及进行积累的这种弹力理解成流动资本和固定资本所具有的"资本一般的形式规定"。现在我们就来研究一下马克思在《大纲》中是如何分析流动资本和固定资本所具有的资本的弹力的,又是如何评价这一意义的。

什么是作为"资本一般的形式规定"的流动资本和固定资本呢?大家知道,资本作为通过一切阶段的主体,作为流通和生产的运动着的统一体,作为处在过程中的统一体,它是流动资本,资本作为被束缚在每个这样阶段上的它自身,作为具有自身差别的资本,是固定资本,被束缚的资本。马克思指出:"作为流动着的资本,它把自身固定起来,而作为固定起来的资本,它在流动。"① 因此,流动资本和固定资本的区别,首先表现为资本的形式规定,这要看资本是表现为过程的统一体,还是表现为过程的特定环节。它们是同一资本的不同形式规定,都是"过程中的资本"。

马克思认为,由于固定资本是对作为价值增殖的主体的流动资本的"否定",所以同价值增殖相对立的价值丧失就成为一个限制。也就是

---

① 《马克思恩格斯全集》第1版第46卷下册第124页。

说，对作为主体的流动资本的否定即固定资本，总要有一部分"丧失价值，不生产，那么，任何刺激都不能驱使它更多地生产"①，因此，作为价值增殖的主体的流动资本设法扬弃固定资本的限制。也就是说，资本想方设法来缩短固定状态的阶段，以此完成扬弃。资本由于在流通和生产两个阶段被束缚住，所以它就在这两方面想方设法摆脱出来。第一，在流通阶段采取的措施有，缩短流通时间，发展交通运输工具，以及发展商人资本和信用制度（流通时间的流通）。第二，在生产阶段采取的措施有，缩短生产（劳动）时间等，其中包括生产力的发展，自然力的应用，机器的应用，工人的密集，劳动的结合和分工，社会劳动的自然力的应用等等。

可见，作为主体的流动资本想方设法克服"否定"和"限制"。也就是说，流动资本想方设法把价值丧失和非生产转化为价值增殖和生产。因此，它设法使过程成为"流动中的"过程，同时获得我们在前一章中所考察的资本的弹力，即"再生产过程中的弹力"。

马克思指出，流动资本和固定资本由于是同时并存的，所以在时间上也就相互交替。他说："在一个时期，过程表现为全是流动的（流动资本——作者），这是资本最大限度的价值增殖时期；另一个时期，是对前一个时期的反作用，在这个时期内，另一个要素（固定性——作者）更加强制地表现出来，这是资本最大限度的丧失价值和生产过程停滞的时期。"② 也就是说，我们考察的是具有流动资本和固定资本的产业循环的时期。马克思认为，流动资本增殖价值，固定资本丧失价值；资本的急剧"流动"是最大的价值增殖，是资本的膨胀期，繁荣期，

---

① 《马克思恩格斯全集》第 1 版第 46 卷下册第 126—127 页。
② 《马克思恩格斯全集》第 1 版第 46 卷下册第 126 页。

对这一时期的"反作用",是最大的价值丧失,是资本的收缩期,危机期。"把流动资本和固定资本这两个规定(可以把这两个规定理解为资本的弹力——作者)理解为资本一般的**形式规定**,是非常重要的,因为,否则就无法理解资产阶级经济的许多现象,如与资本的一次周转时间有本质区别的经济周期的各时期;新的需求的影响;甚至新生产金银的国家对一般生产的影响。谈论澳大利亚金矿或新发现的市场[对资本主义生产]的刺激,是没有用的。如果不是资本的本性决定了它决不能全部被使用,即总要有一部分资本**固定起来**,丧失价值,不生产,那么,任何刺激都不能驱使它更多地生产。另一方面,经济学家们(甚至包括李嘉图在内)陷入了荒谬的矛盾之中,他们假定,资本始终是全部被使用的,因而他们仅仅用新资本的创造来解释生产的增大。这样的话,生产的任何增大都要以生产的先行增大或生产力的增大为前提。"①

马克思在《大纲》中提出了作为"一般的规定"的流动资本和固定资本,解决了曾使"经济学家们"(甚至包括李嘉图在内)所陷入的矛盾。作为"一般的规定"的流动资本和固定资本是一个开端的概念,这个开端的概念使资本"克服"了自身的"限制",使价值丧失和不生产转变为价值增殖和生产,使资本获得弹力,从而使资本获得弹力的过程成为使资本克服各种限制的过程。如以上我们的考察所阐述的,这就是从对古典经济学的批判中所产生的概念。

其次,贝利提出的产业资本量在不变的情况下有无扩大的可能性的问题,换句话说,从简单再生产向扩大再生产过渡的问题,在《资本论》第二卷第Ⅰ稿(1864—1865)第三章第四节以及第一卷(1867年)第二十二章第四节中,通过它们的具体内容的规定,由作为"积累的自

---

① 《马克思恩格斯全集》第1版第46卷下册第126—127页。

然基础"的资本的弹力解决了。

但是我们还要作如下一些补充。这是因为,马克思在写完《资本论》第一卷以后,一直在努力解决产业资本量在不变的情况下有无扩大的可能性的问题,而且是从完全不同的角度进行考察的。

马克思在《资本论》第二卷的最后遗稿即第Ⅷ稿(1880—1881年)中,通过作为"规模扩大的再生产所需要的物质前提"的"产品的各种要素已经有了不同的组合,或不同的职能规定"①,解决了在产业资本的一定量下扩大其作用的可能性即"从简单再生产向扩大再生产过渡"的问题。也就是说是这样:

公式(a)　Ⅰ. $4000c + 1000v + 1000m = 6000$　$\Big\}$ 合计 = 8252
　　　　　Ⅱ. $1500c + 376v + 376m = 2252$

公式(b)　Ⅰ. $4000c + 875v + 875m = 5750$　$\Big\}$ 合计 = 8252
　　　　　Ⅱ. $1750c + 376v + 376m = 2502$

无论公式(a)或者公式(b),在这两种场合,年产品的价值量都是一样的,但是,在公式(b)的场合,年产品的各要素是以相同的规模重新开始再生产,在公式(a)的场合,年产品的各要素是以扩大的规模准备再生产的物质基础的。

以上就是"在产业资本量不变的情况下产业资本的作用有无扩大的可能"的问题②。

---

① 《马克思恩格斯全集》第 1 版第 24 卷第 571 页。
② 《马克思恩格斯全集》第 1 版第 24 卷第 571 页。

第三节　关于资本的弹力的发现，特别是在中等活跃的情况下

如我们在本章第一和第二节中所看到的，马克思在《大纲》中，由于提出了作为一般规定的流动资本和固定资本即"过程中的资本"的概念与李嘉图的概念相对立，从而也就部分地批判了李嘉图的经济学。当然，马克思的这种批判是以资本主义生产力顺利发展（黄金的五十年代）为其背景的。

马克思和恩格斯极大地注意到加利福尼亚金矿的发现（1848年）和澳大利亚金矿的发现（1851年），把这两处金矿的发现看作是新的巨大市场的开辟，是在世界市场上对资本的刺激。加利福尼亚和澳大利亚金矿的发现（发现本身不过是非常偶然的、外在的事情）为创造新的市场提供了一个机会，使1847年的危机得以迅速摆脱。正如马克思所指出的，随着加利福尼亚和澳大利亚金矿的发现，资产阶级社会似乎踏进了新的发展阶段。

这种有可能使生产突然膨胀起来的东西正是《大纲》中作为"一般的规定"的流动资本和固定资本。因此，马克思在《大纲》中说，不把握住流动资本和固定资本，就无法理解"新的需求的影响；甚至新生产金银的国家对一般生产的影响"，无法理解"澳大利亚金矿或新发现的市场（对资本主义生产——作者）的刺激"。但是，李嘉图的分配理论完全不考虑正在使用的资本的生产力随着市场的扩大而扩大。在这里暴露了李嘉图理论的片面性，并暴露了它无力面对现实。

到现在为止，我们在考察资本的弹力时有一点作了保留。有可能使生产突然膨胀的东西正是资本的弹力。但是，引起推动和引起突然膨胀的是什么东西呢？这个问题我们还尚未研究。换句话说，使资本有可能

突然膨胀的资本的弹力究竟是什么？我们虽然已经从这个角度进行了考察，但是现在要说明资本的弹力，就必须通过作为产业循环之一的"中等活跃"去考察。因为只有这样才能丰富资本的弹力的概念。

危机之后是停滞，接着是好转，再接着是生产急剧地扩大。从停滞走向活跃，然后生产突然扩大，其开端是"推动"。马克思指出："这种产业周期的情况是，同样的循环一旦受到最初的推动，它就必然会周期地再现出来。"① 具体地说，这种"推动"就是新的市场的发现、由于新的生产方法的发现造成旧的生产资料的无形损耗、新的使用价值的发现等等。这种"推动"基本上是由期望得到价值增殖的资本的努力创造出来的。这就是久留间鲛造所取得的理论成就之一。

第三章 资本弹力的意义之二
——关于同危机理论的关系

资本由于它的弹力使它能够"突然的跳跃式的膨胀"② 起来。这种"突然的跳跃式的膨胀"，也就是资本突破它的内在的限制的过程。我们在本章中是把资本的弹力作为突破资本主义的限制的一个因素，从而作为把危机的可能性转化为现实性的一个因素去考察的。

第一节 原料和销售市场的限制与资本的弹力

关于这个问题，马克思指出："一旦工厂制度达到一定的广度和一

---

① 《马克思恩格斯全集》第 1 版第 25 卷第 553—554 页。
② 《马克思恩格斯全集》第 1 版第 23 卷第 694 页。

定的成熟程度，特别是一旦它自己的技术基础即机器本身也用机器来生产，一旦煤和铁的采掘、金属加工以及交通运输业都发生革命，总之，一旦与大工业相适应的一般生产条件形成起来，这种生产方式就获得一种弹力，一种突然地跳跃式地扩展的能力，只有原料和销售市场才是它的限制。"①

固定资本量以及价值是随着劳动生产力的提高而增大的，但是不同劳动生产力的提高以同一比率增大。劳动生产率的增长表现为一个小时内转化成产品即加工成商品的原料量的不断增加。而所谓突然地跳跃式地扩展的能力，其中一点就是通过对这种再生产的最重要要素之一的原料需求的增大表现出来的。"由固定资本即机器等等组成的不变资本部分的生产和增加，可能会并且在发达的资本主义生产中甚至不可避免地会比由有机原料组成的不变资本部分快得多，结果对有机原料的需求会比它的供给增长得快，因此，它的价格会提高。"② 如果这样，那么一部分机器就会停止运转，固定资本就会相对地过剩，原料危机就会发生。也就是说，由于原料的相对不足和原料价格的变动引起了资本的收缩。马克思从原料危机中看出了生产过剩正在形成。原料需求增加和市场商品充斥，二者自然是齐头并进的。

引起这一点的正是那种"突然地跳跃式地扩展的能力"即资本的弹力。换句话说，正是资本的弹力成为使危机的可能性——生产过程和流通过程的分裂的可能性，即一方面打乱了 G 转化为 W，另一方面打乱了 W 转化为 G 的可能性——转化为现实性的原因。

---

① 《马克思恩格斯全集》第 1 版第 23 卷第 493—494 页。
② 《马克思恩格斯全集》第 1 版第 25 卷第 135—136 页。

第二节 产业循环周期的缩短和资本的弹力

我们在前一节谈到了资本弹力的一种意义，以及它是突破限制销售市场的一个因素。同这一点有关的是，马克思在探索资本的弹力是缩短产业循环周期的一个原因。也就是说，资本的弹力急剧地突破了资本对销售市场的限制，相应地加速了生产向市场的扩张，在一定程度上影响到产业循环周期的缩短。关于资本的弹力和产业循环周期的逐渐缩短的关系，马克思在法文版《资本论》中指出："直到现在，这种周期的延续时间是十年或十一年，但绝不应该把这个数字看作是固定不变的。相反，根据我们以上阐述的资本主义生产的各个规律，必须得出这样的结论：这个数字是可变的，而且周期的时间将逐渐缩短。"① 这里所说的"我们以上阐述的资本主义生产的各个规律"，按照此处的上下文来看，应指："如果说这个制度使社会资本具有突然膨胀的力量，令人惊异的伸缩性，那么，这是因为，在有利情况的刺激下，信用使大量不断增长着的社会财富涌入生产，使新资本涌入生产……另一方面，这是因为，大工业的技术手段使得有可能把大量增长的产品非常迅速地变成追加的生产资料，并且更加迅速地把商品从世界的一端运到世界的另一端。"② 因此，这里所说的"资本主义生产的各个规律"就是指大工业制度中的社会资本的"突然的膨胀力量，令人惊异的伸缩性"。

1875年马克思再一次指出，由于"突然的膨胀的力量，令人惊异的伸缩性"，使循环的周期缩短了。他说："真正值得注意的现象是，

---

① 法文版《资本论》第1卷第675—676页。
② 法文版《资本论》第1卷第674页。

总危机周期的时间在缩短。我一直认为这种时间不是不变的,而是逐渐缩短的;但特别可喜的是,这种时间的缩短正在露出如此明显的迹象;这是资产阶级世界的寿命的不祥之兆。"① 营业情况好转,但是随着机器的增加,旺季到淡季的周期缩短了。这样一来,虽然对原料的需求增加了,但对营业状况的波动也更为频繁了。

结束语

我们在考察资本的弹力时,应从三个方面进行研究。第一,从它在古典经济学(特别是李嘉图)中所占据的地位方面,第二,从马克思形成和丰富资本弹力的概念的过程方面,第三,从1840—1870年马克思当时所处的历史背景方面去研究。

我们通过马克思的论述研究了在古典经济学中资本弹力所占的地位,在这个过程中,我们接触到了马克思的主要著作之一《剩余价值理论》(1861—1863年)。这部著作虽然具有伟大的意义,但我们在这部著作中对资本弹力的研究则是极不充分的。进一步研究这部著作中的这一问题,是我们今后的一个课题。

其次,我们准备提示一下今后准备研究的两个课题,以此来结束本文。

马克思对危机的一般理解,大家知道,表现在这样一个命题上:"世界市场危机必须看作资产阶级经济一切矛盾的现实综合和强制平衡。"② 我们必须把这种"一切矛盾"的发展过程看作是"内部不独立

---

① 《马克思恩格斯全集》第1版第34卷第139页。
② 《马克思恩格斯全集》第1版第26卷第2册第582页。

（因为互相补充）的过程的外部独立化"① 的过程。因此，危机就是强制地使已经独立的因素恢复统一，并且强制地使实质上统一的因素变为独立的东西。强制地使这些因素独立化本身的基础，是通过再生产过程的弹力表现出来的。与此同时，再生产过程的弹力由于这些因素独立化而扩大了。例如，商人资本如果离开产业资本的运动，它就什么也不是。在再生产过程有着巨大的伸缩性，能够不断突破每一次遇到的限制时，商人在生产本身中不会发现任何限制，或者只会发现有很大伸缩性的限制。因此我们认为，商人资本的独立化的基础就在于再生产过程的这种弹力。由于商人资本的独立化，它的运动在一定界限内就不受再生产过程的限制，因此，甚至还会驱使再生产过程越出它的各种限制。内部的依赖性和外部的独立性会使商人资本达到这样一点，这时，内部联系要通过暴力即通过一次危机来恢复。因此，再生产过程的弹力通过这些因素的独立化本身扩大了，有可能越过资本主义的限制。

当我们在考察再生产过程的弹力有可能突然地飞速地扩大能力的时候，不必彻底研究资本主义生产的因素的独立化，但是要研究再生产过程的弹力。因此，这种研究就成了我们今后的课题。

当马克思在研究资本的弹力时，如本稿所指出的，主要是研究资本的膨胀和收缩，其次是研究同积累的关系。与这一点有关的是，马克思同时还看到了资本对劳动力和自然力的彻底使用即对它们的剥削。"资本一旦合并了形成财富的两个原始要素——劳动力和土地，它便获得了一种扩张的能力"②。另一方面，资本虽然"发展了社会生产过程的技术和结合，只是由于它同时破坏了一切财富的源泉——土地（自然

---

① 《马克思恩格斯全集》第 1 版第 23 卷第 133 页。
② 《马克思恩格斯全集》第 1 版第 23 卷第 663 页。

力——作者）和工人"①。

  由于财富的两个原始要素即劳动力和自然力转化为资本力，资本便获得了"膨胀力"，与此同时，也破坏了劳动力和自然力。在这里，马克思彻底看出了资产阶级社会中的财富的社会形式与物质财富之间的矛盾。对这一问题的研究也是我们今后的研究课题之一。

（原载日本北海道大学《经济学研究》

1983年12月第33卷第3期）

（刘焱 译）

---

① 《马克思恩格斯全集》第1版第23卷第553页。

恩格斯与虚拟资本理论*

朱炳元

[摘　要] 恩格斯大约用了10年时间整理、编辑包含虚拟资本理论在内的《资本论》第3卷，为《资本论》第3卷的成功出版作出了不可磨灭的贡献。在编辑和整理虚拟资本理论部分时，恩格斯在很多地方对它进行了改写、补充和完善。根据资本主义的新发展和新变化，恩格斯还在多个地方对虚拟资本理论作出了修正、充实和发展。可以说，集中地体现在《资本论》第3卷中的虚拟资本理论，是马克思和恩格斯两人共同研究的理论结晶。

[关键词] 虚拟资本　恩格斯　《资本论》

马克思在《资本论》第3卷第5篇分析生息资本时，不仅提出了虚拟资本这一概念，而且对这一概念的内涵和外延、运行特点和规律、在资本主义市场经济中的作用和影响等作了深入、具体和系统的论述。众所周知，马克思去世时，《资本论》只出版了第1卷。《资本论》的第2卷和第3卷是由恩格斯整理和出版的。在马克思去世以后，全力以赴地编辑和出版《资本论》续卷，是恩格斯晚年的主要工作。

---

* 本文选自《马克思主义与现实》2010年第6期。本文是国家社科基金重点项目"马克思虚拟资本理论与金融危机"的阶段性成果，项目编号：09AKS002。作者为苏州大学马克思主义研究院院长、教授。

一、恩格斯对《资本论》第3卷和虚拟资本理论的总体评价

在整理《资本论》第2卷的时候,恩格斯就开始阅读第3卷的手稿。到1885年初,他已经完全掌握了第3卷的内容。他认为这是一部在理论上无与伦比的伟大著作,将对整个经济学学科的变革和无产阶级的革命斗争产生巨大的影响:"我正在搞第三册。它是卓越的,出色的。这对整个旧经济学确实是一场闻所未闻的变革。只是由于这一点,我们的理论才具有不可摧毁的基础,我们才能在各条战线上胜利地发动起来。只要书一出来,党内的庸人习气也会再次受到久久不会忘记的打击。"① 在口授第3卷的过程中,恩格斯进一步指出:"第三卷则又如雷鸣电闪,因为它第一次从总的联系中考察了全部资本主义生产,完全驳倒了全部官方的资产阶级经济学。"② 在第3卷的手稿基本定稿后,恩格斯又说:"书是光彩夺目的,它将给人以雷鸣电闪般的印象。"③

恩格斯整理《资本论》的过程,也是深入研究经济学的过程。为此,恩格斯翻阅了大量的经济文献,有些著作和资料甚至需要全文阅读,而且还要进行深入的研究。例如,为了对图克、富拉顿的观点作一些注释性的说明,就必须阅读他们的有关著作。为了补写一些章节,就必须收集大量的资料进行深入的研究。"我钻研得越深,就越觉得《资

---

① 《马克思恩格斯〈资本论〉书信集》,北京:人民出版社1976年版,第458页。

② 《马克思恩格斯〈资本论〉书信集》,北京:人民出版社1976年版,第461页。

③ 《马克思恩格斯〈资本论〉书信集》,北京:人民出版社1976年版,第462页。

本论》第三册伟大……一个人有了这么巨大的发现,实行了这么完全和彻底的科学革命,竟会把它们在自己身边搁置二十年之久,这几乎是不可想象的。"①

由于在《工人报》上发表了一系列批评奥地利政府的文章,该报编辑维·阿德勒于 1895 年 3 月被判处 7 个星期的监禁。恩格斯听说阿德勒想在监狱学习《资本论》第 2 卷和第 3 卷,就给他写信说:"为了使你省些劲,我向你提供几点意见。"② 恩格斯给他指出了阅读的重点和难点,需要精读和通读、粗略地读过去的地方,嘱咐他先按照这个办法把主要的东西弄通,对全书先有一个概貌,然后再回过头来钻研被忽略的东西,这样就比较容易了。在讲到论述虚拟资本理论的第 5 篇时,他说:"第二十一至二十七章非常重要。第二十八章不那么重要。第二十九章重要。第三十至三十二章总的说来对于你的目的是不重要的,第三十三和第三十四章谈的是纸币等等,也重要;第三十五章关于国际汇兑率,重要,第三十六章**你会感到**非常**有趣**,也好懂。"③ 恩格斯认为,第二十一章至二十七章"非常重要",因为正是在这几章中,马克思集中地论述了他的虚拟资本理论。由此可见,从总体上说,包含了马克思虚拟资本理论全部内容的《资本论》第 3 卷第 5 篇,在恩格斯的心目中具有非常重要的地位。

---

① 《马克思恩格斯〈资本论〉书信集》,北京:人民出版社 1976 年版,第 456—457 页。

② 《马克思恩格斯〈资本论〉书信集》,北京:人民出版社 1976 年版,第 581 页。

③ 《马克思恩格斯〈资本论〉书信集》,北京:人民出版社 1976 年版,第 582 页。

二、恩格斯对虚拟资本理论的增补和完善

恩格斯在整理和编辑马克思集中阐述虚拟资本理论的第 5 篇时，遇到了真正的困难。这一篇不仅讨论的是全卷"最复杂的问题"，而且也是马克思在重病复发过程中写下的。这一情况决定了在整理这一部分时，恩格斯不仅要对信用和虚拟资本理论进行深入的了解，而且还要加入自己的思想和观点。因此，这一部分更集中地反映了马克思和恩格斯两人的共同研究成果。恩格斯主要从以下几个方面对虚拟资本理论进行了增补、充实和完善。

1. 文字上的增补和章节上的调整

在这一篇中，第 21 章至 24 章大体上已经完成，第 25 章和 26 章需要对引证的材料加以取舍，并且在别处把发现的材料补充进去，第 27 章和 29 章几乎完全是按照原稿加以付印的，第 28 章有些地方进行了重新组织。"但真正的困难是从第三十章开始。从这章起，不仅要整理引证的材料，而且要整理思路，因为思路不时为插入的句子、离题的论述等等所打断，然后再在别处展开，而且往往是完全附带地展开的。"① 因此，从第 30 章至第 35 章，是经过挪动和删节编成的。例如，在这一部分手稿中，有一篇题为《混乱》的长东西，摘录了英国议会关于 1848 年和 1858 年的报告，汇聚了 23 个企业家和经济学家关于货币和资本、金的流出、过度投机等方面的证词，马克思在有些地方加入了简短而诙谐的评注。几乎当时流行的所有关于货币和资本关系的见解，都在这里用问答的方式表达出来了。马克思打算批判地评论关于货币市场上

---

① 《马克思恩格斯全集》第 2 版第 46 卷第 9 页。

什么是货币、什么是资本这个问题上的"混乱"。但是这一章在内容上也是极度地"混乱"。恩格斯对这一部分进行了挪动和删节,并且插入了一些必要的连接,一部分编成第 31 章,其余部分编成第 33—35 章。经过这番精心的整理和编辑,不仅使文章条理更加清晰、逻辑更加严密、内容更加连贯,而且大量的摘录资料成了论述信用制度和货币流通、银行在资本集中中的作用、国际汇兑和汇兑率以及批判资产阶级通货学派的宝贵材料。

2. 对一些概念的界定和阐释以及对漏字缺字的补充

马克思在讲到金和银作为社会财富和别的财富形式的区别时指出,区别不在于它们的价值量,而"在于它们是财富的社会性质的独立体现和表现"①。恩格斯补充说:"社会的财富,只是作为私有者的个人的财富存在的。它之所以表现为社会的财富,只是因为这些个人为了满足自己的需要,而互相交换不同质的使用价值。在资本主义生产中,他们只有用货币作中介,才能做到这点。所以,只是由于用货币作中介,个人的财富才实现为社会的财富。这个财富的社会性质,就体现在货币这个东西上。"② 经过恩格斯的这一解释,在商品经济社会中,私人财富和社会财富之间的关系、货币之所以成为社会的财富的代表以及货币的本质和特征这些经济学上的基本问题,就用非常简洁的话语表达出来了。

在"汇兑率"一节中,本来只有几段 1857 年英国下院委员会对皮尔银行法提供的证词,恩格斯在标题下面加了两段话,解释了汇兑率这一概念的内涵,它的功能、特点及其对国际贸易的影响③,从而使原文更加完整,意义更加明确。

---

① 《马克思恩格斯全集》第 2 版第 46 卷第 649 页。
② 《马克思恩格斯全集》第 2 版第 46 卷第 649 页。
③ 《马克思恩格斯全集》第 2 版第 46 卷第 651—652 页。

在马克思讲到"金的流出"的地方,恩格斯补充说:"这里所说的金的流出显然是指,至少有一部分金流到国外去。"① 这样就把马克思所要表达的意思进一步进行了界定。

3. 对虚拟资本理论在内容上的充实

首先,恩格斯对虚拟资本的基本内容和特点进行了充实。在信用和虚拟资本一章中,马克思应用《通货论》中的话说:"今天存在 A 处的 1000 镑,明天会被支付出来,形成 B 处的存款。后天它又可能由 B 处再支付出来,形成 C 处的存款,依此类推,以至无穷。因此,这 1000 镑货币,通过一系列的转移,可以成倍地增长为一个绝对无法确定的存款总额。"② 正是这样导致了虚拟资本的形成和虚拟经济泡沫的产生。恩格斯在后面加上了一大段话,总的意思是,由于 1843 年的鸦片战争为英国商业打开了中国的门户,新市场的开辟和铁路的发展给英国经济以巨大的推动,因此投机盛行,信用繁荣,虚拟资本泛滥。"于是就产生了为换取贷款而对印度和中国实行大量委托销售的制度。这种制度……很快就发展成为一种专门为获得贷款而实行委托销售的制度。结果就必然造成市场商品大量过剩和崩溃。"③ 恩格斯的补充深刻地阐明了虚拟资本的基本特点:"在 50 年代先是导致了前所未有的工业繁荣,然后又引起了 1857 年的崩溃。"④

其次,恩格斯对当时产生虚拟资本的原因进行了补充说明。马克思分析了由于交通和信息不发达等原因产生的制造虚拟资本的现象:"伦敦的 A 托 B 向曼彻斯特工厂主 C 购买货物,准备运往东印度 D 那里去。

---

① 《马克思恩格斯全集》第 2 版第 46 卷第 518 页。
② 《马克思恩格斯全集》第 2 版第 46 卷第 457 页。
③ 《马克思恩格斯全集》第 2 版第 46 卷第 459 页。
④ 《马克思恩格斯全集》第 2 版第 46 卷第 460 页。

B凭C向B签发的以6个月为期的汇票向C支付。B也用向A签发的以6个月为期的汇票使自己得到补偿。货物一经起运,A又凭提单向D签发6个月为期的汇票。"① 这种人为制造虚拟资本的办法,实际上是一种欺诈行为,是以交通和信息的不发达为前提的。恩格斯补充说:"在来往印度的商品必须绕过好望角用帆船运送的时候,这种欺诈办法一直流行着。但自从商品通过苏伊士运河并用汽船运送以来,这种制造虚拟资本的方法就丧失了基础:漫长的商品运输时间。而自从英国商人对印度市场的状况,印度商人对英国市场的状况能够在当日由电报得知以来,这个办法就完全行不通了。"② 今天,在互联网高速发展的情况下,虚拟资本产生和发展的原因就更加复杂了,但是,欺诈行为却仍然存在,并且还有新的发展。

第三,恩格斯补充了危机时期虚拟资本的贬值和人们对货币的追逐。在过度扩张和过度投机时期,货币的数量将达到最高点,"这时危机突然爆发了,昨天还是如此充足的银行券,一夜之间就从市场上消失了;随着银行券的消失,汇票贴现者,要有价证券作担保的贷款人,商品购买者,也消失了"③。危机一旦爆发,虚拟资本将全面贬值,将会发生对货币的全面追逐,这样会引起支付链条的断裂,从而进一步引发强烈的危机。恩格斯的这一补充,对于我们认识和理解由美国次级贷款引发的银行危机和金融危机,具有现实的针对性。

第四,恩格斯补充说明了市场监管与虚拟资本产生之间的内在联系。由于1844年英国银行法的暂停执行,使英格兰银行可以不顾自己手里有没有准备金和有多少准备金而发行任何数量的银行券。"这样,

---

① 《马克思恩格斯全集》第2版第46卷第461页。
② 《马克思恩格斯全集》第2版第46卷第461—462页。
③ 《马克思恩格斯全集》第2版第46卷第597页。

使它可以创造任何数量的纸票形式的虚拟货币资本，从而用来贷给各个银行和各个票据经纪人，并通过他们，贷给商业界。"① 今天，美国在新自由主义思想指导下，放松了对金融机构的监管，致使虚拟资本恶性泛滥，终于酿成了世界性的金融危机。恩格斯的这一补充具有直接的现实性。

三、恩格斯对虚拟资本理论的创新和发展

恩格斯在整理出版马克思《资本论》第 3 卷的时候，马克思已经去世 10 多年了。恩格斯认真研究了资本主义发展过程中出现的新情况和新问题，吸收了别人研究的新成果，对马克思虚拟资本理论的某些观点和结论进行了适当的修正、补充和发展。

1. 敏锐地指出了资本主义的新变化

马克思去世以后，资本主义国家工业迅速发展，争夺世界市场的竞争大大加剧，竞争逐渐为垄断所代替，卡特尔、托拉斯等垄断组织形式已经开始出现。恩格斯写道："竞争自由已经日暮途穷，必然要自行宣告明显的可耻破产。这种破产表现在：在每个国家里，一定部门的大工业家会联合成一个卡特尔，以便调节生产。"② 当然，这些形式同样也不能解决资本主义生产的无政府状态。因为以调节生产为目的的卡特尔和托拉斯仍然是资本主义生产方式发展特定阶段的特定组织形式，仍然没有改变社会发展阶段的资本属性，但是却为解决资本主义生产方式的对抗性矛盾创造了形式上的手段。恩格斯从这些新的组织形式中看到了

---

① 《马克思恩格斯全集》第 2 版第 46 卷第 537 页。
② 《马克思恩格斯全集》第 2 版第 46 卷第 496 页。

新社会的曙光:"竞争已经为垄断所代替,并且已经最令人鼓舞地为将来由整个社会即全民族来实行剥夺做好了准备。"①

2. 对危机周期的新阐释

由于交通的迅猛发展,世界市场的开辟,垄断的产生,以及保护关税等等政策的出现,对经济周期产生了影响,危机的周期有时缩短有时延长了。"周期过程的急性形式和迄今10年一次的周期,看来让位给比较短暂的营业稍许好转和比较持久的含混不振这二者之间比较慢性的和拖延时日的互相交替现象。"② 但是,周期的变化不是表明危机消除,只要资本主义制度存在,就不能消灭危机,要消灭危机,必须消灭资本主义制度。"每一个对旧危机的重演有抵消作用的要素,都包含着更猛烈得多的未来危机的萌芽。"③ 一百多年来,资本主义世界不断出现的经济危机和金融危机,一次又一次地证明了恩格斯论断的深刻性和正确性。

3. 对交易所的增补

恩格斯在《资本论》第3卷后面作了一个增补,这个增补只讲了两个问题,一个是"价值规律和利润率",另一个是"交易所"。恩格斯指出了交易所这种资本主义的新的组织形式在当时起到的作用。交易所作为各种股票和证券买卖的场所,是虚拟资本赖以存在和发展的重要载体。恩格斯说,自从1865年《资本论》第3卷写成以来,"情况已经发生了变化,这种变化使今天交易所的作用大大增加了,并且还在不断增加。这种变化在其进一步的发展中有一种趋势,要把全部生产,工业生产和农业生产,以及全部交往,交通工具和交换职能,都集中在交

---

① 《马克思恩格斯全集》第2版第46卷第497页。
② 《马克思恩格斯全集》第2版第46卷第554页。
③ 《马克思恩格斯全集》第2版第46卷第554页。

易所经纪人手里,这样,交易所就成为资本主义生产本身的最突出的代表"①。随着交易所的产生和发展,虚拟资本的数量大大增加,投机行为逐渐普遍化,食利者的人数也增加了,"这种人对营业上经常出现的紧张已感到厌烦,只想悠闲自在,或者只揽一点像公司董事或监事之类的闲差事"②。恩格斯的这些论述沿着马克思的方向和道路,紧跟时代的脚步,不断丰富和发展着马克思主义。

---

① 《马克思恩格斯全集》第2版第46卷第1028页。
② 《马克思恩格斯全集》第2版第46卷第1029页。

关于所有制及分配理论

马克思以前的所有制理论[*]

〔苏〕В.П.什克列多夫

马克思的前辈们所提供的关于所有制的基本思想,是理解马克思有关这个问题的论述的必要前提。在我们知道的观点方面,这首先涉及到资产阶级古典政治经济学的代表和黑格尔,因为马克思主义学说的形成和他们有直接联系。

1. 私有制的"天然性"

要阐述斯密和李嘉图的经济学说和确定它们在科学的政治经济学史上的真正地位,需要写好几本书。至于这些伟大的经济学家对所有制的观点,可以用一句话来说明:亚·斯密和大·李嘉图从土地的自由私有制、资本的私有制和工人对劳动的所有权这种现实中确定不移的事实出

---

[*] 本文选自《马列著作编译资料》1981年第18辑。

原题注:本文是《马克思〈资本论〉中研究所有制的方法》(1973年莫斯科大学出版社版)一书的第一章,原标题是《在〈资本论〉中规定所有制的实际形式所使用的方法的理论》。"所有制"一词,俄文为собственность,德文为eigentum,英文为porperty,确有多种含义,有时指占有的物质(财产),有时指占有的权利(所有权),有时指经济范畴(所有制)。本文中根据我国传统译法,按上下文分别采用上述三种译法,但往往不能表示出原文的多种含义,特此说明。

发,他们认为这样的所有制结构是完全适合人的本性的,是繁荣生产和增长国民财富的天然的和最有利的条件。

在亚·斯密和大·李嘉图的著作中,资产阶级所有制的古典理论得到了反映和经济上的论证,这种资产阶级所有制的古典理论首先由他们的哲学先驱约·洛克明确地表达出来。马克思指出,"因为洛克是同封建社会相对立的资产阶级社会的法权观念的经典表达者;此外,洛克哲学成了以后整个英国政治经济学的一切观念的基础,所以他的观点就更加重要"①。

资产阶级关于所有制的这种古典的法权观点的实质是什么呢?

洛克认为,私有制在人本身的本质中,在人的天生平等和在人们同样利用由自然界本身所决定的维持人本身生存的规律方面有其自然法权的基础。他由此出发,断定:"虽然自然界的物体被赋予一切人,但是人,无论是自己的主人,还是自己人身、人身活动和人身劳动的占有者,作为这样的人,在自己本身中包含着所有权的伟大的基础"②。因为人生来是自己人身的所有者,因为"他的手的劳动"也属于他,所以他通过自己劳动得到的一切都应当成为他的私人财产。"人将他从自然界创造的和赋予他的物体中取得的东西,和自己的劳动融合在一起,和某种不可分离的属于他的东西融合在一起,从而使这种东西成为自己的财产。当他从自然界赋予他的那种共同占有的财富中取得某种东西的时候,那么,由于他自己的劳动,他就把某种东西加在这一对象上,这就排除了其他人的共同权利"③。这就是洛克的所有制理论观点的出发点。

---

① 《马克思恩格斯全集》第1版第26卷第1册第393页。
② 约·洛克:《哲学著作选集》1960年莫斯科俄文版第2卷第28页。
③ 约·洛克:《哲学著作选集》1960年莫斯科俄文版第2卷第19页。

在这里,劳动完全明显地被确定为私有制的最初基础。依据这一点,劳动也就成了所有权的天然"尺度":私人土地所有权仅限于每个个人能够用自己的劳动耕种的地块。至于土地的果实,那么,"人们有权在这种物体遭到破坏以前,通过自己的劳动把他可以用于自己生活的某种需要的那个范围的东西变成自己的财产"。① 就在这种完全自由和平等的天然状况中,一切权利都是相互的,"谁也不会比其他人多",也就是说,存在着一切人的财产平等。洛克认为,假如没有"发明"货币,这种所有权将会永存。

虽然个人劳动依然是所有权的一个界线("尺度"),而它的另一个界线——即积累受个人消费范围的限制——却由于把非耐久产品交换成货币而扩大起来。由于这种私有财产的范围扩大而产生的在货币和土地分配上的不平等,使得有可能把"作为一个人的劳动报酬的利润"以利息和地租的形式"转到另一个人的腰包里"。这样,私人劳动"自然"就不再是私有财产的必然"尺度"了。建立在占有他人劳动基础上的所有权成为同样自然的东西。事情就是如此证明的!

这就是约翰·洛克在《治国论》(1690年)一书中表述的资产阶级对所有制的古典观点的主要方面。虽然他提出的私有制的"天然性"的论证缺乏真正的历史主义,但它具有十分明确的反封建的倾向性和对他的时代来说的进步价值。在洛克的这本著作里,私有制是和公有制相反的,并被规定为排除"其他人"的单个个人的所有权。同时,这就是作为除自然规律和几家法律之外不受任何其他权力约束的自由人的那种人的所有权。

应当注意,洛克不是把天然的所有"权"理解为立法机关制定的

---

① 约·洛克:《哲学著作选集》1960年莫斯科俄文版第2卷第24页。

法律规范，而是理解为财产的现实事实（在这种意义上"法权"这个用语后来也被其他思想家，包括黑格尔和马克思广泛运用）。至于调整相应的实际关系的法律规范，当时它们通常被称为"实在"法或"现实"法。在洛克看来，根据这一点，国家绝对不需要人为地建立私有制，而只是通过"现实的宪法"来调节自然发展的自由的私有制，并保护它不受一切侵犯。因此，从自然状态中成长起来的所有权变成了市民社会法，即不是由每一单个的人，而是由国家利用法律和司法机关来支持和保卫的法。在市民社会里，人的自由只受国家立法机关规定的那些例外的限制。因此，天然的所有权在市民社会里也依然是**自由**的私有权。这种法权对洛克来说正是现时代的象征。

亚·斯密和大·李嘉图在接受了洛克关于自由私有制的天然性的资产阶级的法权思想以后，提出了对于他们那个时代是进步的、关于这种所有制形式的必要性所作的经济上的论证。在自由私有制在生活现实中已经"自然地"确立起来的情况下，他们把自己的兴趣集中到保护私有制的自由免受国家的过分干预。他们承认经济规律是"自然的"，并且断定国家的干预只会歪曲这些规律的作用。根据这一点，国家的立法和税收政策应当建立在企业活动的自由和私有财产的自然权利不受侵犯的原则之上。

私有制及其自由的神圣不可侵犯的原则，根据古典资产阶级政治经济学的看法，最符合下述经济职能：使资本获得迅速的积累，在不同部门之间最有效地分配生产资料和劳动，取消对国民财富增长的一切限制。

同时，在资产阶级政治经济学的古典作家的著作中描绘了一定的经济范畴和私有制之间的联系。亚·斯密根据自己的经济观点提出一个论点，"世界的一切财富"最初并不是靠金银来占有的，而只是靠劳动来占有的。在还没有土地私有制和资本积累的时候，劳动产品完全属于生产它的人。他接着写道，"但劳动者独享全部劳动生产物的这种原始状态，一到土地私有和资本积累，就宣告终结了"。① 这样，实际上亚·斯密开始划分两种私有制：一种的特征是占有自己的全部劳动产品，第二种私有制是从劳动产品中实行"扣除"，交给"土地占有者"和"劳动原料的主人"即生产资料所有者或资本所有者作为收益。随着资本在私人手里的积累，正像亚·斯密所说的，"劳动者对原材料增加的价值，在这种情况下，就分为两部分，其中一部分支付劳动者的工资，另一部分支付雇主的利润，来报酬他垫付原材料和工资的那全部资本"。② 与此相类似，从土地变为私有财产时起，土地所有者就以地租的形式获得一部分劳动产品。如果用现在常用的话来说，那就可以讲，亚·斯密认为，生产资料私有制是取得利润和地租的"基础"。

亚·斯密根据这种理由，把资产阶级社会分为三个主要阶级：第一，土地所有者阶级，即"靠地租生活的人"阶级，第二，工人阶级，即"靠工资生活的人"阶级，第三，商人和工业家，"资本占有者"，即"靠资本利润生活的人"阶级。可以看出，亚·斯密把社会划分为阶级是根据两种标志：根据他们所攫取的收入的形式（地租，工资，利润），根据占有的是这种或那种财产客体（土地，劳动，资本即他所理解的生产资料）。这就是各阶级的"经济解剖学"，根据马克思个人的看法，这种解剖学的叙述不是属于他的，而是属于资产阶级经济学家的。亚·斯密在其研究的过程中涉及到阶级经济利益的差别，把私有财

---

① 亚·斯密：《国民财富的性质和原因的研究》北京：商务印书馆1972年版，第59页。

② 亚·斯密：《国民财富的性质和原因的研究》北京：商务印书馆1972年版，第43页。

产的自由描绘成神圣不可侵犯的权利。

大卫·李嘉图更少注意直接研究所有制,在这方面,是从亚·斯密建立的理论前提出发的。自然,他不忽视私有制的存在。例如,他把地租的形成和土地变为私有财产联系起来。大·李嘉图写道:"既然存在着大量还没有变为被占有的土地,因此谁想耕种谁就可以使用,谁也不会为利用土地而支付报酬"。① 但是整个说来,亚·斯密和大·李嘉图的经济理论是建立在现成的前提上的,即建立在存在私有制这一事实上的。同时他们决不指责私有制关系,而是相反,千方百计地把它们夸为进步的和正义的。这种情况总的来说符合新兴资产阶级的思想家亚·斯密和大·李嘉图的共同立场,他们把资本主义制度看成绝对的生产方式。

2. 私有制是"合理的和现实的"

亚·斯密和大·李嘉图为代表的资产阶级政治经济学把注意力集中在规定物质的、经济的规律上(这一点首先表现在劳动价值理论和在劳动价值理论的基础上规定利润、地租、工资范畴上)并以这种办法证明了自由私有制在经济上的必然性。对资产阶级政治经济学来说,所有制本身并不是研究的对象。相反,在黑格尔的哲学体系中所有制得到了专门的研究。黑格尔从社会要素具有决定意义而不是自然要素具有决定意义出发,论证私有权和法权本身的"合理性和必要性"。他着重指出"法是人们相互之间的关系……"② 按照这一点,黑格尔不是在自然界

---

① 《大·李嘉图全集》1955 年莫斯科俄文版第 1 卷第 66 页。
② 《黑格尔不同年代的著作》1971 年莫斯科俄文版第 2 卷第 199 页。

中也不是在自然权利中寻找私有制的根据。他在自己的法理论中把注意力集中到人格的精神因素和社会因素上，而洛克实际上是从"作为人的人"的性质，而不是从作为一定社会成员的人的性质得出私有制的。

黑格尔在人的"第二"本性中，即在他的精神的和社会的本质中找到私有制的基础。同时，与直接从单个人的本性中得出私有制的洛克不同，在黑格尔的哲学中，单个的自由人只是间接地构成私有制的出发点，即作为"客观精神"发展所决定的"合理的"、真正自由意志的传导者构成这种出发点。"为了不再是抽象的，自由意志开始时必须使自己具有某种定在，这种定在的第一个感觉得到的材料就是物，即外在物"。① 人表现自己对物的意志，从而使它成为自己的物，人便成了所有者。黑格尔规定所有制的最简单的出发的因素：第一，是人，自由人，第二，是成了该人意志表现的对象领域的物。人们会觉得，黑格尔在这里规定的只是人对物的意志关系形式上的所有制。但是表现在物的占有上的单个人的意志行为，为了确立私有权，必须被其他人所承认，也就是说，从一开始就是和社会关系相联系的。

但是，黑格尔在自己体系的出发点中规定，人作为所有者是抽象的，而不管作为具体个人的人们之间在现实生活中存在的某种个人的和社会的差别如何。同样，作为所有权的对象出现的是物一般，而不是某种一定的使用价值。可见，这是抽象的所有权。它现在还只是"单纯的可能性"，一方面，存在着成为所有者的可能性，有权把物变为自己的，把它占为己有。另一方面，一切物（不论其使用价值的性质如何）都能够成为任何人的财产。不难看出，黑格尔在规定所有制时是从那些随着资本主义的发展而产生的最简单的关系出发的。在封建制度下，大家

---

① 《黑格尔全集》1934年莫斯科俄文版第7卷第59页。

知道，不是任何人都能具有成为所有者的即便是形式上的可能性的，何况是对于一定的客体，首先是土地呢。黑格尔的理论抽象实际上反映了前进的资产者的口号：每个人都是自由的，每一个人都有权成为任何物的所有者。黑格尔最初把所有权描述为"占有一切物的绝对权利"，人的意志向物的"注入"①，他并且把所有制看做是人与人之间的社会关系，而不单纯是鲁滨逊和自然界的物品的关系。没有人的意志向物的"注入"，便没有这种关系，然而这种注入是在社会环境里实现的。同时，自由意志无论是在对物的关系中，还是在同其他人的关系中，在"一些个别人的意志对另一些个别人的意志"的关系中得到实现，即获得了"定在的外部物质"。在黑格尔看来，由于自由人格，单个的个人是所有权出发的基础，所以，所有权必然具有**私人**的性质。他写道，在所有权中，"我的意志是个人的"，所有权是"这一意志的个人的东西"。只有一个人独有的意志能够占有一物并只根据自己个人的决定处理它。黑格尔着重指出，"这便是**私有制**的必然性的重要学说"②。

同时，私有制必须是自由的，也就是不受其他人的意志的限制。黑格尔认为，消费（实际利用整个范围的物）同占有分离，即同他人的所有权分离，是不真实的关系，是"单纯的统治关系"，是一种"个人的疯狂"。因为在这种情况下，同一客体（例如，地块）就同时处于一个人的独有的意志和"另一单个的独有的意志"之下，这是绝对矛盾的关系，因为**唯一**占有和利用同一物的只能是一个人。因此，黑格尔认为，所有制按其实质来说是**自由的、完全的**私有制。

---

① 根据从黑格尔用以揭示所有制内容的各个范畴的整个体系中任意抽出来的这种说法，下述观点流行起来，根据这些观点，黑格尔似乎把所有制归结为人和物之间的关系。

② 《黑格尔全集》1934年莫斯科俄文版第7卷第73页。

因为物是自由意志的对象，私人所有者有权只根据他个人的决定把它**让渡**。这就是把私有制说成自由的东西的必要因素。

洛克的私有制具有天然性的理论是从必须满足每个人的需要出发的。而在黑格尔的哲学中，私有制的"合理性"表现为个人自由的实现，这种个人的内在意志在变为他的财产的物上获得了外部范围。黑格尔指出，"所有制的合理性不在于满足需求，而在于去掉了个人的单纯的主观性。只有在所有制中个人才作为理性而存在"①。

黑格尔和洛克相反，是从人天生是不一样的这一点出发的。人的平等只可能存在于自由人的抽象里。一个人占有的财产有多大这个问题"超出了"作为自由人的人的平等"范围"。黑格尔指出了作为自由人的人的平等的同时，也论证了在分配土地和其他财产时的必然的不平等。他指出，占有是"不平等的基础"，建立平等的一切企图一定会失败。

"**平等**要求同包含在理念中的客观的精神**特性的权利**（这种权利在市民社会中不仅不消除自然界建立的人的不平等——这种不平等的自发现象——，而且从精神中产生出不平等，把这种不平等提高到技能、财产甚至精神和道德文明的不平等）之间的对立，——这种**平等**要求的对立是单纯的悟性的特点，这种单纯的悟性把自己的抽象和自己的**必然性**当做是现实的和合理的东西"②。与此相似，证明了私有制的消失和未来过渡到公有制和财产平等的制度在客观上是不可能的。

黑格尔按照自己所说的"哲学的任务在于理解现有的东西"这一原则，根本不容许有消灭私有制的科学思想的可能性。黑格尔指出了私

---

① 《黑格尔全集》1934 年莫斯科俄文版第 7 卷第 69 页。
② 《黑格尔全集》1934 年莫斯科俄文版第 7 卷第 223—224 页。

有制和资产阶级社会的"需求体系"所引起的矛盾和冲突,不过他没有给哲学提出改造现实的革命批判任务。他的理论不可能成为通过公有制取代私有制的途径来为改造社会世界而斗争的思想武器。黑格尔指出,自由私有制是国家"显赫的主要条件"。至于"财产公有的人们间的兄弟般联盟"以及"废除私有制"的概念,那么根据黑格尔的看法,只有不理解"精神和法自由的本性"的人才可以接受这种概念。在"法哲学"体系中得到充分发挥的黑格尔的所有制理论可以叫做资产阶级私有制的颂歌,更确切地说,可以叫做资产阶级私有制的雄壮交响乐。

3. 私有制——这是"盗窃"

大家知道,黑格尔的哲学在历史上是青年马克思由以出发开始科学地了解社会世界的第一个理论前提。但是黑格尔的哲学是论证私有制的合理性的体系,并没有提出必须消灭私有制的问题。后来马克思在着手研究政治经济学以后,不可能不察觉政治经济学也是把私有制描绘成自然条件,描绘成最有利于财富生产的体系。马克思是1843年在巴黎第一次转而研究政治经济学的,他在巴黎亲自认识了蒲鲁东,读了他的著作《什么是财产?》。为了具体地评价蒲鲁东的这本书以及马克思起初对它的态度,我们必须从研究英国和德国的事情转到研究法国的情况。

在法国,关于私有制和财产不平等具有正义性的思想在十八世纪期间已经作为统治思想充分发展和牢固地确立起来。市民社会的产生和存在本身和私有制以及从社会方面保护私有制的必要性有机地联系在一起。例如卢梭设想,第一个把地块围起来以后说"这是我的"的人是市民社会的真正创始人。霍尔巴赫最概括地反映了法国关于所有制的启蒙观点。私有制的必要性的一般论证实际上并没有给和洛克的名字联系在一起的东西增添任何新的内容。关于私有制天然性的思想的发展,在法国启蒙的内部特别表现在企图找出更广泛的理由来为财产的不平等和侵犯的非正义性作辩护,尤其为剥夺私有财产的非正义性作辩护。

人的天然不平等使人的财产不可能平等——这就是霍尔巴赫的基本原则。他写道,"所有权在人的本性中有其基础,但是所有权是不同的,因为自然界创造了不同的人。所有权必然是不一样的,因为每一个人都和另一个人不同,这就是我们叫做你的东西和我的东西的那种情况的真正来源"①。伏尔泰这样写道:"所需要的是只有两只手的并且有善良意志的人。命运不好的这些人将分享他人的财物。他们将把自己的劳动自由地出卖给能支付较优厚报酬的人。这种自由代替了他们的所有权"②。所以法国的启蒙学者把保护私有制看做社会的使命本身,而决不是把消灭私有制看做社会的使命本身。

当时法国占统治地位的启蒙思想体系究竟是怎样的,这可以由圣西门主义者们的下述看法得到说明:"本来可以预料的是,在阅读《百科全书》这一批判哲学的巨大杠杆的时候,我们会在其中找到关于所有制的某些革命思想,即找到破坏它的过去组织的原则。实际上我们看到的是另外一种情况:在这个问题上写文章的法学家热烈坚持所有制;但是反对谁呢?反对主张财产公有的人……这个法学家嘲笑柏拉图,托马

---

① 《霍尔巴赫选集》1963年莫斯科俄文版第120页。
② 《世界哲学文选》1970年莫斯科俄文版第2卷第556页。

斯·莫尔，康帕内拉"①。

关于私有制具有天然性和自由的思想，重农学派也发挥过。例如，弗·魁奈的出发点是，"社会的形式取决于每个人占有或可能占有、并且想要保持和拥有所有权的那种财产种类的程度的大小"②。弗·魁奈竭力证明，个人自由和所有权是由自然规律保障给人们的，在这种自然规律的基础上建立起完备的社会制度。因此，国家的政策应当致力于维护自由和私有制的稳定性。"**无论是不动产或动产的所有权都应保障给予它们的法定所有者，因为所有权得到保障是社会经济制度的主要基础**"③。

1789年资产阶级革命以后，关于私有制具有天然性和正义性的思想体系传播得更加广泛，并且显得牢固（关于"未来的所有制"的空想观点，不可能有重大意义），特别是在英国政治经济学的影响下尤其如此，让·巴·萨伊就是英国政治经济学的思想在法国土地上的传播者之一。当时享有很大声誉的萨伊的《论政治经济学》（1803年该书第一版问世，而到1826年就已出了第五版），成了对私有制的自由和不可侵犯性的经济上的论证。

十八至十九世纪国外关于私有制的牢固性和自由的思想，在法国得到了国家立法的官方承认。1793年的宣言宣布，所有权是每个人"自然的和不可转让的"权利，而拿破仑的民法典（1804年）这一资产阶级的经典法律则确认公民有最绝对的利用和支配物的私人权利。总之，

---

① 《圣西门学说释义》1957年莫斯科—列宁格勒俄文版第306页。
② 《弗·魁奈经济著作文选》1960年莫斯科俄文版第341页。
③ 《弗·魁奈经济著作文选》1960年莫斯科俄文版第433页。我们看到，有更多的理由可以说明：在发现所有权是"社会经济制度的基础"方面，魁奈比这种思想的现代代表者们优先。

无论在理论上还是在实践上，这都是资产阶级所有制的青春繁荣时期，资产阶级所有制被宣布为人的最重要的权利。

因此，马克思把蒲鲁东反对私有制的激烈演说叫做"法国无产阶级的宣言"就没有什么奇怪了。至于蒲鲁东的著作《什么是财产？》的科学理论方面，马克思开始时对它给予了高度的评价，过了二十年，即1865年，马克思的态度彻底改变了，在谈到这本书时他说："在政治经济学的严格科学的历史中，这本书几乎是不值得一提的"。① 这反映了马克思自己在理论上论述所有制问题上的变化。马克思当时对这本书给予高度评价，首先是和马克思本人当时接近蒲鲁东的思想，甚至受这种思想的某些影响有联系的②。

马克思究竟为什么称赞蒲鲁东呢？

首先，由于他对所有制问题的立场和亚·斯密、让·巴·萨伊和大·李嘉图比较起来有原则的不同。"政治经济学的一切论断都以**私有制**为前提。这个基本前提被政治经济学当做确定不移的事实，而不加以任何进一步的研究，并且正如**萨伊**所坦率承认的，甚至被当做只是'偶然'为政治经济学所涉及的事实。蒲鲁东则对政治经济学的基础即**私有制**做了批判的考察，而且是第一次带有决定性的、严峻而又科学的考察"。③ 正是在这方面，马克思首先看到了"蒲鲁东在科学上所完成的巨大进步"。

第二，按照马克思的说法，政治经济学"把私有制关系当做合乎人

---

① 《马克思恩格斯全集》第 1 版第 16 卷第 29 页。

② "……蒲鲁东死后，马克思心悦诚服地承认，蒲鲁东的初次登场是一个强大的推动力，而他本人无疑就亲自感受到这种推动力"。（弗·梅林：《马克思传》，北京：人民出版社1965年版，第 102 页）

③ 《马克思恩格斯全集》第 1 版第 2 卷第 38—39 页。

性的和合理的"，是"从这些关系同人性显然有**区别**的方面，从严格的经济意义上"①来考察这些关系的。和这种情况相反，"**蒲鲁东**永远结束了这种不自觉的状态。他认真地对待经济关系的**合乎人性的外观**，并把它和经济关系的**违反人性的现实**尖锐地对立起来"②。

第三，经济学家只考察私有制的一定**形式**（工商业家的所有制，土地所有制，工人对自己劳动的所有权）。至于蒲鲁东，"他不同于其余的经济学家，他不是把私有制的这种或那种个别形式、而是把整个私有制"③来进行描述。（但是，实际上正如马克思后来指出的，对所有制的这种考察堵塞了在同社会生产方式的特点取得有机联系中来历史地规定私有制的道路。）

最后，第四，政治经济学有时"攻击"某些形式的私有制，例如李嘉图攻击土地所有制，但是整个说来，是"从私有制的运动似乎使**人民富有**这个事实出发，得出了替私有制辩护的结论。蒲鲁东从政治经济学中被诡辩所掩盖的相反的事实出发，即从私有制的运动造成贫穷这个事实出发，得出了否定私有制的结论"。④

马克思当时认为，所有这一切使得"把**私有制的实质**问题看做政治经济学和法学的根本问题"⑤这一事实成为蒲鲁东著作的一个显著的特点。同时，马克思还认为，蒲鲁东这本书的主要意义不在它的法学部分，而正是在"政治经济学的批判"上。

---

① 《马克思恩格斯全集》第1版第2卷第39、40页。在这一点上马克思便看出了亚·斯密和大·李嘉图的"厚颜无耻"。后来他的观点发生了原则的变化。

② 《马克思恩格斯全集》第1版第2卷第40页。

③ 《马克思恩格斯全集》第1版第2卷第40页。

④ 《马克思恩格斯全集》第1版第2卷第42页。

⑤ 《马克思恩格斯全集》第1版第2卷第40—41页。

蒲鲁东怎样"批判"政治经济学呢？

他直接抓住政治经济学的主要结论，首先是抓住劳动作为财富源泉的原则，并从这一现成的理论前提出发，竭力证明私有制是祸害和不能容忍的不公平。蒲鲁东批判的"可靠"方法，是把一切对所有制有利的论据都认为是"正确的"以后，从其中引出私有制不可能的结论。蒲鲁东写道，"用这种研究的方法，我们很快就会相信，为捍卫所有制而臆造的任何论断，都总是得出而且必然得出平等的结果，即否定所有制的结果"①。

既然政治经济学已经证明，劳动成为财富的源泉，那么存在所有权和产业的不平等就没有任何根据。"所有权是取得收入的权利，即没有劳动而进行生产的权力，可是没有劳动而进行生产就意味着从无中生有……"② 这实质上是蒲鲁东反对私有制的唯一"经济上的"论据，更确切地说是和生产相联系的论据。他对所有制的其余方面的否定，建立在所有制和"永恒正义"的道德原则相矛盾上。财产简单地被宣布为"盗窃"。蒲鲁东完全不懂得私有制同历史上一定的社会生产形式即资本主义生产方式的必然联系，因而他把私有制视为与生产的性质**无关的**法律关系，即私人对某些物如土地、产品、货币、票据等的垄断即独占权。由于不懂得这种联系，蒲鲁东就得出了可能存在"没有所有制的社会"的结论，即只存在一切人的平等"占有"的社会的结论。因此，否定资产阶级所有制对他来说就是否定任何所有制。

马克思恰好把蒲鲁东的这本和政治经济学的真正科学原理没有任何

---

① 蒲鲁东：《什么是财产？》1907年圣彼得堡俄文版第37页。
② 蒲鲁东：《什么是财产？》1907年圣彼得堡俄文版第145页。

共同之处的书评价为"革命化的"经济科学,怎么会出现这种情况呢?如果只限于问题的专门理论方面,那么主要是因为马克思本人还需要有一个研究制定科学的所有制理论的过程。

(孙开焕 节译)

对几种所有权①理论的比较考察*

〔德〕赫尔穆特·莱波尔德

编者按：本文作者系德国马堡大学教师，他在文中对历史上的几种所有权理论作出自己的比较分析，现作为一家之言译出供读者探讨问题时参考，本文摘自作者《所有权和经济与技术进步》（1983年科隆版）一书，标题是编者加的。

一、所有权理论的分类

在众多的所有权理论中，本文只探讨各种论述生产条件的所有权同革新动力或经济与技术发展之间的联系的理论，至于那些从法哲学和国家哲学角度建立的、主要以论私有制度为宗旨的理论（它们构成所有权理论的主要部分）则不是我们所关心的对象。这些理论虽然偶尔也谈及所有权对发展和福利的影响，但主要是试图把私有制度归结为"这种制度必然由以产生的至高原则"②，以这种方式提出权利证明。论证私有

---

① "所有权"一词原文为 Eigentum，在不同场合又译"财产"或"所有制"。——译者注

* 本文选自《马克思恩格斯研究》1992年总第8期。

② 参看阿·瓦格纳：《政治经济学基础》下册《国民经济和法，特别是财产法》1894年莱比锡第3版第210页。

财产的理论可以分为以下几类①:

第一类所有权理论把私有财产归结为一种内在的、存在于人的本质之中的根据。这一类理论也可称之为自然法的所有权理论。

第二类所有权理论把获取财产的原则当作权利根据。

第三类所有权理论认为私有财产是实在法的结果。从而认为可间接依据社会经济的目的性加以论证,这类理论又称作合法论。

自然法理论认为对物的所有权是对人类个体的所有权的必然的和自然的补充。人要求保护其生命的权利应有保护属于他的物的权利与之相适应。只有所有权才能保障人的某种界限分明而又和平共处。阿伦斯在表述这一基本思想时写道:"所有权是个体的、原初的、自然的权利。因为它直接来自人的本性,来自于只有通过各种物质的和精神的条件与手段的总体才能使人体和精神得到发展这样一种必然性。所有权本身应用于个体的特殊方面——这就是权利本身的实现。"②

在以获取财产的原则为出发点的所有权理论中,占有理论和劳动理论是有所区别的。以格劳修斯为主要代表的占有理论把对某物的最初占有看成是拥有财产的权利原则。这种首先对于地产来说具有典型意义的获取财产的方式,是以公平和经济目的性这些根据为自身合法

---

① 参看阿·瓦格纳:《政治经济学基础》下册《国民经济和法,特别是财产法》1894年莱比锡第3版210页及以下各页;K. 迪尔《理论国民经济学》第2卷《生产的学说》1924年耶拿版第225页及以下各页。此外,R. 施拉特尔《私有财产和私有观念的历史》1951年伦敦版,R. 勃兰特《从格劳修斯到康德的所有权理论》1974年斯图加特—巴特坎施塔特版以及 H. 维尔格罗特《财产制度(包括土地制度)》(载于《经济科学袖珍词典》1980年斯图加特—纽约—蒂宾根—格丁根—苏黎世版第2卷)都介绍了最重要的所有权理论的梗概。

② H. 阿伦斯:《自然法》1846年不伦瑞克版第265页。

存在的理由的。这种论证同自然法的论证方法相通：最初的占有被假定为具有法律约束力的获取原则，用以解释以自然法形式固定下来的财产权利。

劳动理论也是以自然法学说为基础，并从所有者耗费在物上的劳动中引申出财产的获取原则和权利原则。按照约·洛克的观点，劳动是"劳动者的无可争辩的财产，对于同他本人的劳动密不可分的任何东西，除他本人以外，任何人都没有权力"。①

无论对于私有财产还是共同财产的论证来说，劳动理论都表现为一种具有吸引力的权利理论。所以亚·斯密认为，人对自身劳动的所有权是"最为神圣的，不可侵犯的。因为它从起源上为一切其他财产提出根据"②。斯密，乃至洛克都被公认为私有财产的支持者。而劳动理论的灵活性和可塑性又使大多数具有社会主义倾向的理论家利用劳动理论的假定，也就是根据唯有劳动才享有财产权利这一原则来为共同财产进行辩护。

按照合法论，财产只有当作法制的产物来理解和论证才有意义。同自然法理论的解释相反，财产不是来自于自然的和必然的事实，而是来自于经济的和社会的目的性。在这里，效用范畴取代了自然法。因此，合法论除了法律的和国家政治的组成部分以外，通常还对私有财产的经济上的优越方面作出论证。由此可见，财产的存在，与其说是以现存的无可争辩的原则为根据，倒不如说，财产的存在权利只应根据目的性原则来判定。

以下有关各种不同的所有权理论的概述，将不采用上述分类法，在

---

① 约·洛克：《论政府（关于政府的第二篇论文）》1974年斯图加特版第22页。

② 亚·斯密：《国富论》，莱克腾瓦尔德译，1974年慕尼黑版第106页。

选择和区分这些理论时，我们注重的不是从国家法或伦理学的角度对财产作出的论证，我们注重的是对经济作用的分析。我们所选择的所有权理论将依它们强调私有财产的经济优越性还是强调共同财产的经济优越性而作最简单的分类。经过粗略的划分，这些理论依照上述原则分为自由主义的所有权理论和社会主义的所有权理论。事实上，有关所有权理论的争论主要是在这两个派别之间进行的。各种论证财产同革新动力之间的联系的理论，必定也已由这两个派别作出了阐述，关键是要在各个理论中找出分析经济作用的方法论的特点，以便通过这种方式为补充和进一步发展所有权的经济学理论确立出发点。

二、自由主义的经典著作家的所有权理论

1. 引子

根据上述所有权理论的分类，下面探讨的自由主义的所有权理论在很大程度上属于合法理论的范围，尽管其中也包含有自然法因素。这一类理论的目的是要证明私有财产在原则上比其他财产制度具有优越性和更为符合愿望。同时，所有权不是被看作一成不变的和预先确定的东西，而是看作通过立法可以制定和改变的东西。人们把所有权理解为法定的制度，而按照自由主义的理解，法又只能用认识、认同和普遍目的性来加以说明和维护，所以，人们在论证所有权的时候不能不揭示优越之处或效用，因此，自由主义的所有权理论同时还包含有关于财产对于人的经济行为的影响的论述。

诚然，对于经济与技术进步的这种影响只是偶尔有人进行过专门的研究，例如詹·斯·穆勒就进行过这样的研究，不过，进步的各种成分

也默默地包含在福利概念之中。由于自由主义理论家们注重所有权的优越之处,所以他们反对他们认为具有神秘主义和幻想色彩的自然法学说。他们认为,私有财产不能看作是自然的、仿佛神授的制度,而只能以其实际作用为依据。他们还认为,这种制度以法律作保障是有好处的,因为这样一来,对于经济活动及其结果的期待就可以稳定下来。① 把所有权解释为对于支配权的期待的保障,使我们想起产权论对所有权所作的现实解释和他们把某种使外在事物尽可能充分内在化的功能强加给私有财产的做法。

因此,在自由主义的理解中,效用作为论证原则取代了"自然理性",而且这不仅适用于财产制度,还适用于总的制度。从这种实用主义的观点出发,就要研究各种可供选择的制度及其作用,从而有可能识别最优越的制度。因此,对所有权的分析常常被纳入比较制度学说,后者拿私有财产的效能来同共同财产的成果进行对照和比较。

马克思认为,自由主义的政治经济学是从私有财产的事实出发,而对此从来没有提出过疑问。② 我们按照上述总的看法,不能同意马克思的这个论断,这个论断对于斯密和李嘉图的主要著作(其中并不以所有权问题为讨论的重点)来说也许是合适的。但是,我们只要举出几个代表人物的例子就马上能够明白。这个论断用于整个自由主义的政治经济学是不贴切的。相反,许多推崇自由主义主张的代表人物都详细研究过各种可供选择的财产制度。

---

① 关于自然法的和自由主义的所有权理论之间的区别,参看 L. 罗宾斯:《英国古典政治经济学中的经济保险理论》1953 年伦敦版第 46 页及以下各页。值得注意的是边沁的财产定义:"财产不过是预期的基础。"(引自 L. 罗宾斯:《英国古典政治经济学中的经济保险理论》1953 年伦敦版第 63 页)

② 参看《马克思恩格斯全集》第 1 版第 42 卷第 89 页。

2. 大·休谟的所有权理论

在大·休谟的著作中可以清楚地看到自由主义的所有权理论的上述特征。他在1739—1740年出版的处女作《论人的本性》① 中探讨了法制和财产制度的起源及其相互联系。1751年，他在《道德原则的研究》② 中又继续研究了这个课题。

他的出发点是，法制的起源和意义只能到公共效用中去寻找。因为他认为，如果能建立并维持一个受法的统治约束的社会，那么，不仅这个社会应当是优越的，而且人们也应当意识到这种优越性。在这里，他触及这样的问题：在人的个体利益的力量面前，怎样才能达到社会化，也就是达到过得去的和平的共同生活。他认为，人的本性不仅以慷慨为特色，同样也以私欲为特征。"每一个人爱自己胜过爱其他任何人，而他对其他人的爱，至多只惠及他自己的亲属和熟人。"③ 由此必然产生感情和行动的对立。这种对立如果不是经常地同外部环境，特别是同财物的稀缺发生冲突，那是无关紧要的，而财物的增多正是社会的主要优越性。对于个人来说，占有财物是至关重要的。因此，一个对占有提供保障的制度来自于对共同利益的意识，单个人的占有如果不遭到他人的侵犯，他就不会侵犯他人的占有。关于有保障的占有可使各方相互获得利益的意识一旦传播开来，法和财产的观念同时就会确立起来。因此，财产概念指的无非就是由法来加以保护的占有："一个人的财产就是同

---

① 下面的引文引自R. 勃兰特摘译的休谟著作《论人的本性》1974年版。
② 大·休谟：《道德原则的研究》，温克勃译，1972年汉堡版。
③ 大·休谟：《论人的本性》（摘译），载R. 勃兰特《从格劳修斯到康德的所有权理论》1974年斯图加特—巴特坎施塔特版第120页。

他休戚相关的某一对象。但是，这种关系不是自然的，而是道义上的，即建立在法制基础上的关系。因此，如果我们认为，我们无须充分理解法制的本质，无须证明它来自于人的人为活动这一起源，就能确立'财产'的观念，那就完全颠倒了。"①

所以说，按照休谟的观点，法和财产是在认识相互利益的过程中建立并通过取得共识而制度化的。因为人的权利，包括对物的占有权和支配权就是由此得到承认的。所以休谟认为，财产是建立人的共同生活，即建立社会的必要条件。在他看来，产生这种必要性的固有原因就是人的本性。因为据他说，如果人更友善一些，本性更慷慨一些，那法制就成为多余的了。但遗憾的是，我们不得不从事实和经验出发，也就是说，从人的切身利益和财物的稀缺出发。因此他信守这样的原理："法制不过来源于人的私欲和不够宽宏大量，来源于自然界为人的需要所提供的帮助甚为稀缺这样一种共存的环境。"②

为了证明这个命题，休谟详细讨论了一些可能设想的、但在他看来是虚构的状态和模型。在这些状态和模型下，法和财产都成为多余的。例如，他设想有这样一种环境，在这种环境下，大自然赐予人类极其充足的各种物品，因此无须从事劳动和付出辛劳，倒是有可能充满欢乐，充满友情，安详地进行思考和从事娱乐活动。③ 在这样的世界上为什么还要实行所有权？为什么要把一个对象分为你的和我的？在这里财物不

---

① 大·休谟：《论人的本性》（摘译），载 R. 勃兰特《从格劳修斯到康德的所有权理论》1974 年斯图加特—巴特坎施塔特版第 123 页。

② 大·休谟：《论人的本性》（摘译），载 R. 勃兰特《从格劳修斯到康德的所有权理论》1974 年斯图加特—巴特坎施塔特版第 127 页。

③ 参看大·休谟：《道德原则的研究》，温克勃译，1972 年汉堡版第 19 页及以下各页。

是充裕得随手可得吗？每一个假想存在着某种充满友情和宽容的世界的人都同样会对这种排他的所有权的必要性提出怀疑；在这样的世界上，没有人会认为法制和从私有财产中产生的分离和限制还有什么用处。在这里何须在自己的和邻居的土地之间树立界石？然而，"就人们今天的素质而言，要找到存在这种宽大胸怀的充分证据，这当然会是十分困难的"①。在这一问题上，休谟引述了财产共有的实验及其一般均认为失败的经验。接着，他拿物质充裕的世界同某种逼人的危急状态这另一极，如一次海难或一座城市被围困的结局来进行比较。在这样的非常状态下，起划清界限作用的财产权利和占有权势的优越之处不言而喻都消失不见了。

但是，他认为，这种假想的世界并不代表正常的情况，因为社会状态通常介乎两极之间："正因为如此，财产观念对每一市民社会来说都是必不可少的；由此公平在大众面前才有用处，而公平的珍贵之处及其道德约束力也仅仅以此为基础。"② 因此，设想存在某种无财产制度这样一种观念只有在充满诗意的黄金时代虚构中才有容身之地。

他认为，如果人们把法和所有权的含义，进而把财产的分离当作现实的，从而合理的解决办法加以接受，那么就会发生这样的问题：财物应当按什么标准归类和进行分配。那些虽然可能极富理性但是不能正确看待人的本性的人大概不难设想出按照德性分配财产的建议。然而，按照休谟的观点，实行完全的神权政治是注定要失败的，一则是因为德性难以识别，再者是由于每个人都会自命不凡。因此，在这样的财物分配条件下，社会就会解体。按照休谟的观点，按完全平等的原则分配财产

---

① 大·休谟：《道德原则的研究》，温克勒译，1972年汉堡版第22页。
② 大·休谟：《道德原则的研究》，温克勒译，1972年汉堡版第25页。

的想法也是行不通的:"不管人们多么平等地分配财产,人的技巧、细心程度、勤奋程度的差异很快就会打破这种平等。然而,如果抑制这种品德的发展,就会使社会降到极度贫乏的水平,而贫穷困苦的状态不在零星出现时就加以控制,就不可避免波及全体。而且必须实行最严格的监督,以便在不平等刚一冒头就能发现,并且要极严格地加以裁决,以便惩治和消除不平等。"① 只有彻底弄清休谟的思想脉络,才能解释清楚这个对于理解自由主义的所有权理论至关重要的论断。

他的结论是:要想制定有关财产制度的法律和规则,必须考虑人的本性和处境。他发现并采用了所有权可能或者应当据以形成、分配和得到保证的四种情况或原则:占有、失效、增长和继承。他认为,占有依据对物的最初占有和加工而为所有权提出根据;失效涉及长年的占有,当最初占有的合法权利随着时间的推移一旦消失便发生失效;增长表现为增多,它来自于所有者同物的特殊关系;继承表现为所有者死后所有权向继承人的转让。②

休谟的所有权理论大致说来有以下几个特点:

第一,在休谟那里,法制和财产制度构成一个整体。按照他的观点,淡化或废除私人所有权会导致法制的解体和普遍的不安定。

第二,私有财产制度由于其效用而合法化,这不仅是就社会政治方面而言,也是就经济方面而言。

第三,这些优越之处休谟是通过分析多种可供选择的制度和关系而得出来的。

---

① 大·休谟:《道德原则的研究》,温克勃译,1972年汉堡版第32页。
② 参看大·休谟:《道德原则的研究》,温克勃译,1972年汉堡版第156页及以下各页和《论人的本性》(摘译),载 R. 勃兰特:《从格劳修斯到康德的所有权理论》1974年斯图加特—巴特坎施塔特版第136页。

第四，休谟在自由主义的所有权理论的代表人物中，是对自己的行为假说作出广泛论证的少数人物之一。他依据人的本性对自己的行为理论作出抽象的论证和阐述。

在这最后一点上，休谟的所有权理论同马克思主义派别或共同经济派别的所有权理论之间存在本质的差别。这两派由于对人的行为方式的可能途径和界限持不同的信念，各有不同的人的形象，因而发生分野。休谟以及其他自由主义派别的代表人物假定人的技巧、细心程度和勤奋程度是不同的，在这些不同的素质得不到发展的地方，应有的进步和福利就会受到妨碍。休谟认为，排他的所有权的缺少和平均分配财产的理想就是这样一种障碍。在这里，由于个人的行为空间没有明确的界限，成果无法加以计算，所以行为方式得不到保障，首创精神被扼杀。因此，他认为，在这样的制度条件下，转而采取极精确的监督和最严格的裁决可能是顺理成章的。

他赞同私有财产，归根结蒂是以对人的行为特点的现实评价为依据。他给财产下的定义是所有者同物的有界限的关系。在这里他明确说明的不仅是人同物的关系，同时也是人之间的关系。因为他认为，所有权原本来自于在划清行为空间和占有空间的相互界限方面达成的普遍一致。不划清这种界限，有秩序的和有生产效能的共同生活就不可能得到发展。马克思设想在共同财产条件下将达到劳动、劳动条件和劳动成果占有的同一，并预言结局将形成一种自觉的、有共同目标的劳动动力，而根据休谟的观点，在这种制度条件下，各种行为将普遍得不到保障，经济首创精神将陷入麻木状态。因此，在休谟那里，劳动和劳动条件之间的有生产效能的关系只有在劳动条件和劳动成果的排他的分配得到保障的情况下才能确立起来。私有权就是能够满足这一要求的法律制度。

3. 让·巴·萨伊的所有权理论

萨伊可以说是自由主义的所有权理论的又一代表人物，他也强调财物和成果的分配必须由法来加以保护。按照萨伊的观点①，所有权的意义只在于：个人的劳务或努力的成果应归个人所有。如果某人被公认为一块土地的所有者，却不被看作收获的所有者，那么可以设想，此人不会有兴趣向土地索取持续的收益："如果我不能确保享用我的辛劳的产品，我就没有理由放弃游手好闲。财产的每一增加都是积累的结果，然而积蓄的对象即使是积累者想要的，但如果不是他的排他的财产，那么这种积累是无用的。"②

萨伊提出这一论点依据的是拿个人主义契约论来作解释的劳动理论。他认为，谁也不能比生产者本人对产品拥有更大的权力。但是他解释说，在产品的生产上通常是许多人或许多道工序共同发挥作用，如土地所有者、投资者和从事劳动与生产服务的人就是如此。在这些人当中，谁应当是成品的所有者呢？那些把财物价值完全归结为劳动的人倾向于承认，完成的劳动产品的所有权应完全归劳动这个要素所有。萨伊避开这个接近劳动理论的要求，而用契约论来处理这个要求，把企业主看作生产要素的主要成分。用契约论来解释劳动理论。劳务成果的占有和分配问题解决起来很简单：生产要素，即土地、资本和劳动的所有者向"产业企业主"出卖各自的生产能力，以换取固定的报酬。他们通

---

① 参看让·巴·萨伊：《实用政治经济学全教程》，麦·施蒂纳翻译并作注，1845 年莱比锡版第 221 页及以下各页。

② 让·巴·萨伊：《实用政治经济学全教程》，麦·施蒂纳翻译并作注，1845 年莱比锡版第 222 页。

过这种售卖同时也就把他们对完成的劳动成果的权利转让给企业主。因此，按照萨伊的观点，企业主是成品的唯一合法占有者。他用风险理论和动力理论来论证通过契约分配权利的合理性：只有成果能保证全部归经营企业的经济主体所有，才能刺激他们去创造和付出辛劳。

卢梭的名言是：谁能最先排除所有权的界限，即拔掉界桩，填平壕沟，并大声告诉自己的同胞，土地不应属于任何人，果实应是大家的，那么谁就将使人类免除众多的犯罪、邪恶和贫困。针对卢梭的这一论断，萨伊提出他自己的关于无财产状态的名言：这样一来，结局只能是荒林遍野，岂有它哉。①

在这里，萨伊预先触及了一个问题，这个问题今天在公共财产理论中作为集体农场、蹭车或阿里明达②问题而为人们所熟知。产生这个问题的根源是财产的共同使用，即缺乏专有权。比如，我们假定有一块牧场是共同财产，就如同阿里明达时期通常存在的情况一样，牧草总是被吃光，因而被过度滥用。各个牧主只要多赶一些牲口到这块牧场上吃草，就可以提高他个人的收益。至于青草被吃光所造成的损失，他会设法转嫁给集体。因此，他没有兴趣去爱护牧场，他这样做要付出代价，因为鉴于其他牧主可能作出的反应，他也许不得不独自承担全部费用，而不能指望他人会按比例分担。如果他独自投资，则可能的追加收益也许不足以补偿他的开支，因为他的养护投资将被他人无偿使用。因此，每个人都设法"蹭车"。这种办法虽然短期内可以给个人带来好处，但

---

① 参看让·巴·萨伊：《实用政治经济学全教程》，麦·施蒂纳翻译并作注，1845 年莱比锡版第 223 页。

② 阿里明达（Allmend）。指中古初期日耳曼部族公社的公共土地、森林、河流等。——译者注

长远看来，将使"集体吃亏"①。

萨伊和自由主义理论的其他代表人物一致认为，为稀缺财产的私有权划定界限和进行分类，是防止阿里明达式的不幸结局，进而防止集体吃亏的一条捷径。只有确保个人对自己的成果的占有，才能使经济上的经营活动获得动力。萨伊对劳动理论作出的这一契约论解释，同现代厂商理论观点有不少相似之处。契约模型在詹·斯·穆勒的著作中表现得尤为清楚，下面我们就来谈谈穆勒的所有权理论。

4. 约·斯·穆勒的所有权理论

穆勒是古典政治经济学的最后一位代表人物。在所有权理论方面，他已超越古典的自由主义观点。他还把自由主义的思想财富同社会主义的思想和论据结合在一起，他在自己的自传中描述了他从自由主义理论逐步转向社会主义理论的过程。他说他的早期观点是极端的"边沁主义"，而在晚期著作中则宁愿称自己是社会主义者。② 穆勒著作中表现出来的这两种思潮的矛盾是他的所有权理论颇为吸引人的地方。因此，我们在他那里可以找到一大堆赞同和反对私有财产的论据。

非常具有特色的是，他把所有权问题纳入分配问题加以论述。他认为生产是由不变的、预先确定的规律，如收益规律决定的。与此相反，生产出来的产品的分配则是可变的，因而有可塑性，而其中的主要之点就在于所有权的扩大和分配。

---

① W. A. 尤尔：《因追逐个人利益而集体吃亏》，载《竞争、集中和经济力》（阿恩特纪念文集），诺伊马克编，1976年柏林版第127页。

② 关于约·斯·穆勒的观点的变化和转变，参看 L. 罗宾斯：《英国古典政治经济学中的经济保险理论》1953年伦敦版第151页及以下各页。

他在《政治经济学原理》一书中,从分析共同财产出发分析了调节财产的分配效应,并一开始就列举了私有财产反对者的论据。[①] 他把作为第一种设想的下述模型,当作某种共产主义共同经济的基础,在这种模型下,假定实行尽可能平等的财物分配,而这同欧文、勃朗和卡贝的想法是相吻合的,在这种共同体中,土地和生产工具不归私人所有,而归以联合体形式组织起来的共同体,按照穆勒的观点,这种共同体在有利的条件下是能正常运行和富有生命力的。所谓有利条件,比如说指的是土地肥沃和无须在世界市场上同以私有经济方式组织起来的经济体系进行竞争。人们经常提出这样一种反驳,即断言共同体的某些成员可能不作投入却想在总产品中捞取一个部分,这也就是今天作为集体农场或蹭车问题而进行讨论的问题。对于这样的反驳,穆勒并不太重视。因为他认为,人类能够"达到的共同意识比我们时代通常认为能够达到的要高得多"[②]。这也就是说,穆勒默认了一种未来可望实现的无私行为方式这样一种可能性,这表明他同社会主义的行为观点有亲缘关系。但他马上又对这种变化的可能性作出限制,这反映了他对现实的自由主义的观点,因为他设想,人与其要花费很大力气去生产没有把握的、可能用处不大的产品,那还不如图个清闲,如果大多数人并不去效法异常努力的榜样,那是不能指望个别人会作这样的努力的,因此,工作动力不会很大,而生产发展情况为此会停顿在低下的水平上。

他认为,发展步伐停滞不前的危险与其说发生在发明阶段(因为发明本身是富于创造性的活动,因而是令人愉快的事),倒不如说发生在

---

① 参看约·斯·穆勒:《政治经济学原理》,索特贝尔译,1852年汉堡版第1卷第233页及以下各页。

② 约·斯·穆勒:《政治经济学原理》,索特贝尔译,1852年汉堡版第1卷第240页。

生产技术进一步发展和应用发明的阶段，也就是发生在革新阶段，发明者为完成和应用发明需要资金，而资金是属于社会的，这就要求发明者去说服多数人相信革新的好处（这种革新往往不一定成功）。穆勒这样写道："许多延续很长时间的、最终达到目的的试验所以获得成功，是因为多数人一开头就被说服，相信有关项目是有益的，而多数人一旦失去耐心，即使工程接近完工，也会即刻前功尽弃。因此，我们可以预料，人们想出的项目可能很多，可是能付诸实现的为数寥寥。"①

这个论点理应抓住并给以研究，在共同体中有理由必须使按共同经济方式组织在一起的成员中的多数相信新项目的好处，而这用现代术语来说是要付出高昂的协调费用的，并且这种费用是交易费用中的一个重要组成部分。同样还需要指出，在所有权理论中，交易费用的高低对说明各种制度和所有权的形成过程有重要的作用。② 如果我们用所有权理论的范畴来解释一下穆勒的论点，那么他的意思是把同生产资料共同所有权密不可分的高昂的交易费用看作实施和推广革新的一个重要障碍。反过来，各种制度实行革新的能力又应看作是制度本身形成过程的决定性因素，所以，共同经济的组织形式同按私有经济方式组织的共同体相比，缺少革新，因而也缺少竞争。

除了交易费用范畴外，穆勒——就这一点来说他预先触及了当前的理论——还阐述了现代革新理论中以"进退两难的革新困境"为题而

---

① 约·斯·穆勒：《政治经济学原理》，索特贝尔译，1852年汉堡版第1卷第241页。

② 参看约·斯·穆勒：《政治经济学原理》，索特贝尔译，1852年汉堡版第1卷第53页及以下各页和第92、256页。

进行讨论的一种联系,① 根据他的论述,所有同等级制的调节相对立的组织结构都有利于革新动力的形成。在这方面,穆勒关于按共同经济方式组织起来的联合体条件下可展开丰富多彩的创造性发明活动的假定同现代革新理论的认识是一致的。诚然,在实施革新时,集中的、界限分明的职权范围是有益的,但组织上进退两难的困境随之表现出来,同这一论点相一致,穆勒还提出自由联合体内不易实现发明思想的假定。

穆勒在分析了共产主义模型及其平等的财物分配后,又分析了圣西门主义的和傅立叶主义的制度构想,他对这些构想的可能的运行条件的判断,同对共产主义模型的判断相比,结局更为有利。然而穆勒得出的结论是,某种建立在私有财产和竞争基础之上的制度应成为社会未来改革的基础。最后,他认为值得注意的是,私有财产思想至今在任何一个国家都未能顺畅地实现,因为现存的财产分配是以历史上偶然的和不平等的财产分配为起步点的。穆勒在写作《原理》第1版时,他提出的财产政策纲领旨在以合法方式促进广大工人阶级手中财产的形成。

他认为,一个人对自己通过劳动、馈赠或合法契约而获得的东西拥有排他的支配权,这是私有财产的特征。在他看来,对自身劳动或努力的成果拥有权利,这是获得财产的最重要的准则。但是,这一要求在工人身上也能切实兑现吗?这种自由主义的财产要求在收益归提供货币资本的人所有而工人领取固定工资的工厂劳动条件下也行得通吗?穆勒对这个问题作了肯定的回答,因为他认为,所投入的劳动同所投入的原

---

① 参看约·斯·穆勒:《政治经济学原理》,索特贝尔译,1852年汉堡版第1卷第53页及以下各页和第92、256页。

料、工具或机器相并存,只是生产贡献的一个部分,其他各种贡献体现了过去劳动和节欲的成果。因此,提供其他各种贡献的人也必须获得等价物,这样才能把钱节省下来,而不致用于个人享受。也就是说,我们在穆勒的著作中发现,他对劳动理论也作出某种契约论的解释:"眼前劳动和先前劳动成果共同发挥作用的条件,便是双方之间协议的对象。"① 他认为,断言资本所有者在同劳动所有者签订契约时处于优越地位的论点,只有在存在劳动需求垄断的情况下才适用。但实际上,资本所有者相互之间在劳动需要方面会有竞争。因此,签订劳动契约的条件取决于竞争情况,也就是取决于工人的数量和积蓄的资本额。穆勒的结论是:所有权应当包含通过契约获得、使用和转让财产的自由。每一个资源所有者对自身劳动成果的权利制约着对他人生产的和通过契约转让与获得的产品的权利。②

如果我们不考虑穆勒的《原理》第 2 版同本文引用的第 1 版相比所作的改动,那么可以认为他的有关所有权理论的论述是不完整的、片面的。上面已经提到,穆勒随着时光的推进完成了从边沁主义者向社会主义者的转变。在第 3 版中所表现出来的新的所有权理论观点说明他原先的立场有了重大变化。在第 1 版中,反对共同经济所有权的论点占主导地位。给人的印象是,他对私有财产的态度虽然是谨慎的,但归根到底是肯定的,而现在在第 3 版中,支持或反对私有财产或共同财产的论点已经"平分秋色"了。然而,他对工人协作社这类自由的和似共同经济方式组织起来的联合体的感情上的偏爱已经是显而易见了。

现在,他已不坚持以上所说的共同经济组织形式较之私有经济组织

---

① 参看约·斯·穆勒:《政治经济学原理》,索特贝尔译,1852 年汉堡版第 1 卷第 53 页及以下各页和第 92、256 页。

② 对穆勒关于继承权和土地所有权的特点的论述,我们未加阐述和评论。

形式缺乏革新和竞争势头的论点了。固然,他承认,在共同财产下可以在努力和成果或报酬之间不以强制方式建立直接的联系,而这种联系对经济活动的动力可能产生不利的影响。但是这种缺陷毕竟可以通过"集体精神"的发扬,即通过为公行为的加强而得到弥补。他认为,通过竞赛和集体意志所形成的压力这样一种社会力量,可以促成一些崭新的相互支持的行为价值。不过同时他又担心这些形式可能会限制个人自由和自决。尽管如此——这是他改变立场的标志——他毕竟比以前更乐于承认实现相互支持的行为方式的可能性。这样,他以前发表的反对共同财产的论据便在很大程度上失去了意义。

因此,米塞斯认为穆勒是在重温"乌托邦的旧梦",他指出:"我们没有任何根据来设想人的本性在社会主义共同体中会不同于当今的状态。"①

在穆勒的所有权理论中,可以明显看到自由主义的所有权理论和社会主义的所有权理论的分野:正是各自不同的行为理论基础,即不同的人物形象,使这两种理论迥然不同。下面我们想以马克思的所有权理论为例,阐明和证实这些区别。

三、马克思著作中的所有权理论

1. 引子

在马克思的学术著作中,所谓"所有权问题"占有中心地位。下面我们将指出,他的研究工作的一个相当重要的部分就是要证明生产资

---

① L. 米塞斯:《公有经济,试论社会主义》1922年耶拿版第167页。

料私有制是一种历史上必然的、符合时代潮流的制度。这种制度达到一定的经济发展水平后便成为经济与技术进步的障碍。这一假说是借助辩证法而展开的，而后者则把结构学解释和发生学解释结合在一起。结构学解释是要确定存在于特定的生产关系内部，并依存于这种生产关系的经济行为方式和过程的内在联系与规律。在这里，生产资料的所有制关系构成各种不同生产关系的核心，发生学解释是要揭示各个生产关系的发展规律、运动规律以及形态变化趋势规律，从而揭示经济制度和社会制度的起源。

马克思在构思某种动态理论的过程中，不由自主地研究了经济与技术发展的问题。他认为，经济发展的本质因素在各种制度条件下，特别是在所有制条件下是既定的。因此，在他的著作里，经济发展和社会发展的理论同制度理论和所有权理论是不能割裂开来的。在马克思的著作里，显然除理论说明性的探讨而外，充当标准的政治因素也具有不容低估的意义。但是他的学术工作的独创性和爆炸力毕竟值得尊重和赞赏，并且他的理论体系至今仍要求人们表态和加以审查。

下面就来谈谈马克思围绕生产资料所有制对资本主义生产方式条件下经济与技术发展的影响所提出的最重要的假设。在这里，我们必须描述这些论点在展开和论证过程中经过的、我们认为是重要的每一个阶段，而这样的打算要求我们面对浩繁的经济学著作进行必要的选择。

2. 所有权概念和所有权的职能

马克思的研究计划在他的早期著作中就提了出来，他在 1844 年的《经济学哲学手稿》中第一次系统地研究经济学问题时就曾抱怨说，国民经济学从私有财产的事实出发，但没有说明这个事实。因此它也不能理解社会过程和经济过程的规律，因为它没有说明这些规律是怎样从私有财产的本质中产生出来的。① 鉴于这一缺陷，他认为他的任务就是去揭示财产的运动规律，特别是私有财产的一般本质以其同真正的人的财产，即社会的财产的关系，同时进而揭示经济发展和社会发展的规律。

这一计划体现在以后的几部著作中，特别是在他同恩格斯合著的《德意志意识形态》中，第一次表述了生产力的发展同"交往形式"（当时还使用这个用语）之间的辩证关系这一为历史唯物主义打上印记的思想，在这部著作和后来的《共产党宣言》中，这个论点还很粗糙，尚未成形，还表现为所谓的劳动假说。对这个论点的严格的科学论证是在后来的《资本论》中才完成的。马克思高度评价资产阶级私有财产和自由竞争对生产力的巨大发展所作出的贡献。从这个意义上说，资产阶级的制度条件同封建关系相比是一个进步。然而，这里也已经显露出一种预示将会发生演变的趋势，即生产力对于"资产阶级的所有制关系"② 来说显得过于强大了，已成为经济继续发展的障碍，因而这一所有制必将转化为生产条件的社会所有制。

在《政治经济学批判》序言中，生产关系或财产关系同经济与技术发展之间的联系获得了经典性的表述。马克思在这里扼要地概括了他当时研究的成果："人们在自己生活的社会生产中发生一定的、必然的、不以他们的意志为转移的关系，即同他们的物质生产力的一定发展阶段相适合的生产关系……社会的物质生产力发展到一定阶段，便同它们一直在其中活动的现存生产关系或财产关系（这是生产关系的法律用语）发生矛盾，于是这些关系便由生产力的发展形式变成生产力的桎梏。"③

---

① 参看《马克思恩格斯全集》第 1 版第 42 卷第 89 页。
② 《马克思恩格斯全集》第 1 版第 4 卷第 472 页。
③ 《马克思恩格斯全集》第 1 版第 13 卷第 8—9 页。

马克思首先尝试以资本主义生产关系的产生和解体的条件为例，证明他的发展理论的基本假设。就生产条件来说必须回答的问题是：为什么产业资本在18世纪才在英国大规模形成。他称之为资本主义生产方式的特征的商品生产现象和资本形式，如货币资本和商业资本，早在工业化以前就存在了。但那时产业资本并没有大规模积累起来。所以，按照马克思的看法，只有具备一定的环境，货币和商品才能转化为资本："两种极不相同的商品所有者必须互相对立和发生接触；一方面是货币、生产资料和生活资料的所有者，他们要购买别人的劳动力来增殖自己所占有的价值总额；另一方面是自由劳动者，自己劳动力的出卖者，也就是劳动的出卖者"①。资本主义生产的这个基本条件，换个说法来表达就是这样：资本，从而工业生产方式只有在工人同继承下来的产动条件所有权发生分离的过程中，并作为这种分离的结果才能发展起来。因此，马克思把原始积累理解为生产者和生产资料的历史的和所有权政治上的分离过程。这个过程早在封建社会的末期就已经展开，而在向资本主义社会过渡的过程中更为强化。

与此相联系，马克思探讨了资本主义生产方式以前的生产形式和财产形式。他在《1857—1858年经济学手稿》中区分了以下几种形式：第一种形式，又称之为亚细亚形式，在这种形式下不存在私有财产，存在的只是公社对土地的社会所有权。第二种形式是古代形式，在这种形式下国家财产和私有财产并存。在这里，私有财产受国家财产支配并以国家财产为中介。最后，他所说的第三种形式是日耳曼形式，在这种形式下，部落财产或家庭财产占主导地位，不过穿上了公社会议或部落会议的外衣，因此，在这里，公社的财产只是以各个土地所有者的会议为

---

① 《马克思恩格斯全集》第1版第23卷第782页。

中介才存在。①

马克思认为，在所有这些由地产和农业构成经济制度基础的形式中，劳动和劳动资料是结合在一起的，个人是作为实际的所有者同劳动条件发生关系的。在这种条件下，个人属于共同体的一员，因此他不可能"象单纯的自由工人那样表现为单个点"②。因此，按照马克思的观点（这个观点曾反复出现），财产"最初无非意味着这样一种关系：人把他的生产的自然条件看作是属于他的、看作是自己的、看作是与他自身的存在一起产生的前提"③。可见，当马克思不是明确地表述专门法律上的财产结构时，他是把财产理解为生产者同劳动条件的关系，并间接地理解为人之间的关系。因此，财产一方面意味着同劳动条件和共同体是同一的，另一方面意味着同劳动条件和共同体是相异化的。他认为，在共同财产和私有财产条件下都存在这种同一，只要在后一种条件下财产是以自己的劳动为基础，例如就像在小生产下那样。相反，在资产阶级私有财产的条件下才存在异化，在那里，生产资料不归工人所有，而归资本所有者所有，并且成了支配他人劳动和占有劳动成果的手段。④

在这里要把握住这样一点：在把财产当作同劳动条件的关系来作出解释时，同时也就提出了有关动力的一个重要设想，后者在以后分析社会所有制关系对革新过程的影响时应引起注意。不过首先应当追述一下马克思分析私有财产条件下生产力发展的几个阶段。

如上所述，马克思认为，按产业方式形成资本的一个重要前提是自

---

① 《马克思恩格斯全集》第1版第46卷上册第472—482、483、491页。
② 《马克思恩格斯全集》第1版第46卷上册第483页。
③ 《马克思恩格斯全集》第1版第46卷上册第491页。
④ 参看《马克思恩格斯全集》第1版第23卷第830页。

由的劳动市场的形成。伴随着这一过程,上述各种生产形式同时解体了,而原来在这些形式下,生产者就是所有者并且作为所有者发生关系。可见,资本主义条件下的原始积累要求封建所有制关系发生解体,因为只有存在以这种方式游离出来的劳动力,才能获得资本积累所必需的剩余价值。封建的所有制关系所以发生解体,是因为生产力已达到一定的发展水平,而这只有在使用自由的劳动力和占有他们生产的剩余价值额的条件下才是可能的。在这里我们也像马克思一样假定货币财产的某种积累是先前已发生的事情。如果撇开这个问题不说,那么就出现了一个资本自我增殖的不断自行推进的过程,而这个过程的推动力就是剩余价值的不断投入,马克思在《资本论》第1卷中,以工场手工业的发展为起点,后来主要是在《机器和大工业》一章中详细描述了这个过程。

马克思在1861—1863年撰写的关于技术的手稿中的准备材料表明,他详细研究了新技术的发展和应用问题,[①] 他在这方面潜心研究了技术和自然科学的各个不同的领域,如化学、地质学、采矿学、冶金学、机器工业和发明史。他在描述和分析生产力的技术发展时曾利用这些准备材料。他认为,资本和私有财产的"伟大的历史方面"就是以前所未有的规模创造了经济福利和财富。[②] 但是,这些条件同时又表现为障碍,因为"生产力中以技术形式表现出来的革命一旦完成,生产关系中

---

① 关于对这些未发表的手稿的评价,参看 S. 格里哥里安:《卡尔·马克思论资本主义下的技术进步》,载于1963年《经济科学》第12期第1873页及以下各页和 J. 容尼克尔:《略论卡尔·马克思的一份至今未用德文发表的手稿中所述的科学和自然力》,载《经济科学》1975年第6期第801页及以下各页。

② 参看《马克思恩格斯全集》第1版第46卷上册第287页。

的革命就将发生"①。马克思在关于技术的手稿中粗略提及了一系列的社会经济后果，如作为合理化投资后果的不断扩大的失业，资本的不断增进的积聚和经济周期性质的危机过程的尖锐化等等。所有这些症状，他后来在《资本论》中作了系统的论述，并最终成为资本主义生产关系必然解体这一命题的论据。

马克思关于资本主义生产方式的发展理论，归根结蒂是要证明资本主义生产方式因其自身固有的矛盾而终将走向灭亡。这是以危机理论、积聚理论和贫困化理论的形式进行分析的方式而展开的，对于马克思的这一发展理论，本文不可能（哪怕粗略地）加以叙述。马克思认为，资本主义积累的历史趋势是不可避免的："资本的垄断成了与这种垄断一起并在这种垄断之下繁盛起来的生产方式的桎梏。生产资料的集中和劳动的社会化，达到了同它们的资本主义外壳不能相容的地步。这个外壳就要炸毁了。资本主义私有制的丧钟就要响了。剥夺者就要被剥夺了。"② 他认为，由于生产资料的集中和以具有严格分工的巨大生产单位形式出现的生产力的社会化，生产资料的社会化便只不过成为一种最恰当的适应现象和必然结果。因此，社会所有制对资本主义私有制的否定不过是在合作生产形式和生产资料共同所有的基础上重新建立个人所有制。

马克思把股份企业说成是在资本主义生产方式范围内扬弃私有财产的第一种形式。他认为这种形式是生产力极高度发展的结果，并且是把资本重新转化为生产者的财产，从而开始转化为社会财产的起点。伯勒和明斯（1932年）当作现代股份公司的典型而强调指出的经理制的事

---

① S. 格里哥里安：《卡尔·马克思论资本主义下的技术进步》，载《经济科学》1963年第12期第1879页。

② 《马克思恩格斯全集》第1版第23卷第831—832页。

实以及与此有关的财产和支配权的分离,① 马克思早已发现了。② 马克思把经理称为他人资本的管理人,因此,企业的管理同所有者职能分离开来。这样,私人资本所有权就成为多余的东西,因为它已失去职能。

在股份企业之外,马克思预言工人的合作工厂(生产合作社)是对旧的所有制关系的第一个突破口。③ 他说,在这样的工厂里,资本和劳动的对立已经扬弃,因为工人使用生产资料来实现他们自己的劳动。因此,合作工厂同股份公司相比,更应被看作是从资本主义生产方式向联合的生产方式过渡的形式。

把股份公司和合作工厂当作过渡形式作出的解释,以及分散在马克思全部著作中的关于值得向往的自由生产者联合体的提示,即关于这种将把生产资料单纯当作自由的和联合起来的劳动的工具来使用的联合体的提示,只是向我们大致展示了关于后资本主义制度下的社会所有制的正面构想。

这种制度幻象的具体形态仍是悬而未决的。但是它同关于某种自由人联合体的下述设想是一致的,在这种联合下,自由人"用公共的生产资料进行劳动,并且自觉地把他们许多个人劳动力当作一个社会劳动力来使用……这个联合体的总产品是社会的产品。这些产品的一部分重新用作生产资料。这一部分依旧是社会的……在那里,人们同他们的劳动和劳动产品的社会关系,无论在生产上还是在分配上,都是简单明了的"④。即使在这样的制度幻象下,马克思财产观的特点也是一目了然

---

① A. A. 伯勒和 G. C. 明斯:《现代协作和私有财产》1932 年纽约版(1967 年修订版)。
② 参看《马克思恩格斯全集》第 1 版第 25 卷第 493 页及以下各页。
③ 参看《马克思恩格斯全集》第 1 版第 25 卷第 497—498 页。
④ 《马克思恩格斯全集》第 1 版第 23 卷第 95—96 页。

的：他把财产解释为生产者同生产条件的关系，因为它决定个人的行为方式，所以也赋予社会关系，亦即各阶级之间的社会关系以形式。他在归结为财产的行为方式和关系中，"为整个社会结构……找出最深的秘密，找出隐蔽的基础"①。

按照马克思的观点，财产不仅使社会关系具有某种结构，而且为经济行为方式的动力提供根据。因为社会所有制是重新建立原来曾一度存在、但被资本主义生产方式所丢弃的劳动、劳动条件和劳动成果占有的同一性，所以劳动力也被自觉地当作唯一的社会劳动来使用。因此，马克思可以假定，在这里起作用的将是一种自然的、优于资本主义私有财产条件的动力。为此，马克思必然设想，在社会所有制下，在同时实行有计划的生产组织的情况下，必将实现较为有利的经济与技术发展。

在这里，我们可以把马克思关于所有权对经济与技术发展的影响的假说综合如下：资本主义私有制在向工业化过渡时期和在工业化过程中表现为一种推动发展的制度；工业化和生产力的社会化越向前发展，资本主义私有制就越是成为桎梏，而上面所扼要说明的社会所有制形式就越优越。

3. 后记

最后让我们来看看自由主义的所有权理论和马克思主义的所有权理论之间的区别。马克思对自由主义的所有权理论的态度反映在他自己的理论中，即他所说的对古典政治经济学的批判中。他的理论可以概括如下：他同自由主义的古典著作家的观点虽然在根本上是一致的，但由于

---

① 《马克思恩格斯全集》第 1 版第 25 卷第 891—892 页。

在资本主义制度范围内这些观点没有实现的可能,所以他必然加以拒绝。自由主义理论家认为,私有财产是刺激生产能力和人格自我发挥的手段,又是建立自治生活的保证。这样的生活将不受其他机构,特别是不受国家当局的干预。自由主义的代表人物赋予私有财产制度的这种职能可以说原则上得到了马克思的承认。然而他认为,实现这种职能的可能性,只有在一定的生产方式范围内才存在。他否认在资本主义的生产资料所有制条件下能实现这种职能,因为在资本主义生产资料所有制条件下,就资本所有者方面而言,财产意味着对他人劳动的支配和对劳动成果的占有;而就非所有者而言,财产则意味着对他人支配权的屈服和自身劳动的被剥削,所以他认为适合于解释资本主义生产方式的不是契约论模型,而是冲突论模型,自由主义的论点是:每一个能干的人,只要愿意发挥必要的首创精神,就有机会获得财产和担任经理的角色。而马克思由于创立了自由的价值理论和分配理论,必然拒绝这个论点。按照他的理论,工资对于广大群众来说只够用于再生产劳动力,却不足以用来进行资本财产的积累。因此,在马克思看来,自由主义的政治经济学所代表的是前资本主义世界的财产概念,或者按他自己的概念来说又是后资本主义世界的财产概念。他认为,资本主义生产关系的否定和废除当然不是重新建立私有制,而是"在资本主义时代的成就的基础上,也就是说,在协作和对土地及靠劳动本身生产的生产资料的共同占有的基础上,重新建立个人所有制"[①]。

马克思就这样把自由主义有关私有财产的刺激作用的论点取其精神运用到全体生产者使用共同占有的生产资料进行劳动的共同所有制条件上来,然而,对刺激论点作出的这种集体主义的解释导致了行为设想的

[①] 《马克思恩格斯全集》第 1 版第 23 卷第 832 页。

根本变化：马克思必须用利益一致的合作的行为方式的设想来代替被自由主义当作前提的关于自我关心的行为的设想。这样一来，马克思主义的所有权理论较之自由主义的所有权理论便具有一种迥然不同的行为理论基础。

马克思把财产关系分解为行为方式，又把行为方式分解为社会关系，所以，在共同所有制和"具有共同目标"的行为设想之间假定要存在某种适应的过程，这是令人信服的。当然，他以这种方式解决财产和行为之间的联系，似乎是无意识的。因为马克思主义对共同所有制的理解导致对所有制的传统理解的扬弃，即这种以排他的个人所有权为轴心的理解的扬弃，而要把所有权归诸社会，即归诸难以确定的各色各样的人，财产就成了"不可理解的东西"[①]。众所周知，归人人所有的财产，也就是不归任何人所有的财产。[②] 鉴于对财产的这种否定，毫不奇怪，马克思甚至避免哪怕以暗示方式来确定预想中的共同财产的各种具体特征和规则。

（原载《所有权和经济与技术进步》1983年科隆版第9—31页）

（蒋仁祥 译　夕昆 校）

[①]　K. 巴勒施泰特：《共同财产》，载《企业经济袖珍词典》1957—1958年斯图加特第3版第2卷第2159页。

[②]　因此，我们在别的场合已经建议，应根据共同财产本身同"大家的财产"这一概念的不确定的法的关系来说明共同财产的性质。参看赫·莱波尔德：《评对多种所有权的新认识》，载《各种经济制度下的经济支配权和分配机制》，申克编，1978年柏林版第99页。

准确理解"消灭私有制"论[*]

王学东

在科学社会主义理论体系中,所有制问题一向占有十分重要的地位,马克思恩格斯将其视为"运动的基本问题"。恩格斯在《共产主义原理》中指出:"废除私有制甚至是工业发展必然引起的改造整个社会制度的最简明扼要的概括。所以共产主义者完全正确地强调废除私有制是自己的主要要求。"《共产党宣言》干脆把共产党人的理论概括为一句话"消灭私有制",宣布"共产主义革命就是同传统的所有制关系实行最彻底的决裂"。因此,全面准确地理解马克思主义"消灭私有制"思想并在实践中正确地运用,对于社会主义革命和建设事业的成败具有重要的意义。

在社会主义思想史上,人们早就发现了私有制的弊端和罪恶。19世纪的三大空想社会主义者(圣西门、傅立叶、欧文),更是在揭露私有制罪恶的基础上,明确地提出了"消灭私有制"、建立财产公有的理想社会的主张。

马克思恩格斯划时代的新贡献在于:他们在批判地继承前人的优秀思想文化遗产的基础上创立了辩证唯物主义和唯物史观,并运用这一崭

---

[*] 本文选自《群众》2002年第7期。作者系中共中央编译局世界社会主义研究所所长、研究员。

新的世界观和方法论来考察所有制问题，揭示出所有制关系的本质是生产关系，必须在生产力与生产关系的矛盾运动中辩证地、历史地分析私有制产生、发展和灭亡的物质条件。与以往的空想社会主义者不同，马克思恩格斯不是从人的主观愿望出发要求消灭私有制，也不是依据某种抽象的价值标准或道德标准来宣判私有制的死刑，而是着眼于物质的生产力和生产关系及其矛盾运动，把社会作为一个不断变化和发展的过程来考察，从社会经济形态合乎规律地演进和更替中揭示出公有制取代私有制的历史必然性。正是由于他们的这一伟大贡献，"消灭私有制"才从一个空想的命题变成了科学的命题，变成了可以用来概括共产党人的理论纲领和奋斗目标的科学论断。

私有制的产生和发展是同物质生产力的一定发展阶段相适应的。它既不是永恒的，也不是天生就不合理的。私有制是社会生产力发展到一定阶段的必然产物，作为一定时期生产力的发展形式（尽管是对抗的形式），私有制的存在和发展有其历史的合理性和必然性。即使是被空想社会主义者们深恶痛绝地诅咒过的资本主义私有制，历史上也对促进生产力的发展起了非常积极的作用。马克思恩格斯在《共产党宣言》中对此给予了充分肯定，指出资本主义生产关系促成了生产技术和生产工具的不断革命，使社会生产力得到史无前例的跃进式发展，把生产的社会化程度提高到了一个前所未有的水平。

但与此同时，马克思恩格斯也明确地揭示了资本主义生产方式的历史局限性，指出资本主义存在着自身无法克服的内在矛盾：生产的社会化和资本主义私人占有的矛盾。由于这一基本矛盾的存在和发展，资本主义对生产力的促进作用只具有暂时的性质。随着生产力的发展和生产社会化程度的提高，资本主义私有制迟早要同高度社会化的生产力发生剧烈的冲突和对抗，由生产力的发展形式变成生产力的桎梏，从而"使建立一个全新的社会组织成为绝对必要的"。所以马克思恩格斯得出结论："随着大工业的发展，资产阶级赖以生产和占有产品的基础本身也就从它的脚下被挖掉了。它首先生产的是它自身的掘墓人。资产阶级的灭亡和无产阶级的胜利是同样不可避免的。"这就是我们通常所说的"两个必然"，它揭示了公有制最终取代私有制的历史必然性。

值得注意的是，马克思恩格斯在论述公有制取代私有制的历史必然性的同时，还论述了公有制取代私有制所必备的物质前提。他们不仅阐述了"两个必然"，而且还阐述了"两个决不会"，即："无论哪一个社会形态，在它所能容纳的全部生产力发挥出来以前，是决不会灭亡的；而新的更高的生产关系，在它的物质存在条件在旧社会的胎胞里成熟以前，是决不会出现的……任务本身，只有在解决它的物质条件已经存在或者至少是在生成过程中的时候，才会产生。"

承不承认消灭私有制需要一定的物质前提，是区分空想社会主义与科学社会主义的一个重要标志。恩格斯在《共产主义原理》中曾谈到："所有制关系中的每一次变革，都是产生了同旧的所有制关系不再相适应的生产力的必然结果。"据此他为消灭私有制提出了明确的生产力标准：（1）生产力已发展到"不仅可以满足所有人的需要，而且还有剩余产品去增加社会资本和进一步发展生产力"；（2）生产力已发展到"私有制成为这些生产力发展的桎梏和障碍"。而欧洲当时的生产力发展水平显然还达不到这样的程度。所以恩格斯认为，即使无产阶级革命能够迅速取得胜利，第一步也只能限制私有制，而不能一下子就把私有制废除掉，"正像不能一下子就把现有的生产力扩大到为实现财产公有所必要的程度一样"。取得胜利的无产阶级"只能逐步改造现社会，只有创造了所必需的大量生产资料之后，才能废除私有制"。可见，如果说"两个必然"是揭示了社会主义替代资本主义的历史必然性，那么

"两个决不会"就是揭示了这一替代过程的长期性和曲折性。

正是在消灭私有制的物质前提问题上,在社会主义替代资本主义的历史过程的长期性和曲折性问题上,我们过去的认识一直有偏差,而且这种偏差在世界社会主义运动史上有其深刻的历史渊源。

马克思恩格斯创立科学社会主义理论的时期,正值第一次工业革命时期,资本主义工业化在欧洲方兴未艾,机器大工业正在排挤传统的家庭手工业和工场手工业,成为占主导地位的生产方式。由于受当时历史条件的局限,马克思恩格斯认为机器大工业体现了资本主义生产力发展的最高水平,因此把资本主义正在上升的阶段误认作资本主义已经衰老、即将被新的社会制度所取代的阶段,进而断言"生产资料的集中和劳动的社会化,达到了同它们的资本主义外壳不能相容的地步。这个外壳就要炸毁了。资本主义私有制的丧钟就要响了。剥夺者就要被剥夺了"。马克思恩格斯的上述论断,从资本主义必然的长期历史发展趋势来看,无疑是完全正确的。但是具体到马克思恩格斯当时所处的那个历史时期,这些论断显然是过高地估计了当时资本主义的成熟程度和生产力发展水平,过低地估计了资本主义的扩展能力及其生产关系的自我调整能力。对于这一点,马克思恩格斯本人后来也意识到了。例如1867年《资本论》第1卷出版时,马克思曾谈到资本主义还有待进一步发展的问题。他说:"在其他一切方面,我们也同西欧大陆其他国家一样,不仅苦于资本主义生产的发展,而且苦于资本主义生产的不发展。"恩格斯临终前对当年的认识作了更加深刻的反思。他指出:"历史表明,我们以及所有和我们有同样想法的人,都是不对的。历史清楚地表明,当时欧洲大陆经济发展的状况还远没有成熟到可以铲除资本主义生产方式的程度。"事实上,资本主义的扩展能力直到今天也还不能说已经到了极限,目前正在资本主义的基础上迅速发展的新科技革命和经济全球化就证明了这一点。然而，在革命热情高涨的年代里，人们往往把马克思恩格斯对资本主义的必然历史发展趋势所作的预测当作马上就可以实现的现实目标，忽视乃至曲解他们对公有制取代私有制的必备物质前提所作的论述，特别是忽视他们晚年对资本主义扩展能力的思考和分析，这就难免导致在消灭私有制问题上犯革命"急性病"的错误。

俄国十月革命胜利后，列宁对经济文化相对落后的国家向社会主义过渡进行了勇敢的探索。当时列宁曾设想过由战时共产主义政策直接过渡到共产主义的生产和分配。然而他很快就发现，这一想法是不现实的。在经济落后的国家中，由于缺乏必要的物质条件，消灭私有制将是一个长期的、复杂的过程。为了发展生产力以便为最终消灭私有制创造物质前提，人们不得不走迂回的道路，即在一定时期内发展资本主义、利用资本主义。于是列宁领导苏维埃俄国转而实行新经济政策，以粮食税代替余粮收集制，允许一定的贸易自由，允许中小型私有企业的存在，发展国家资本主义等等。新经济政策时期的俄国允许五种所有制形式并存：国家所有制、合作社所有制、小生产者的个体所有制、资本家所有制、国家资本主义所有制。

列宁关于经济落后国家向社会主义过渡要经历一个漫长而曲折的过渡时期的思想，关于社会主义要有雄厚的物质基础，"根本任务就是提高劳动生产率"的思想，关于利用资本主义特别是国家资本主义作为小生产和社会主义之间的中间环节的思想，以及关于通过合作制将农民引向社会主义的思想，是在俄国革命和建设的具体条件下对马克思恩格斯"两个必然"和"两个决不会"思想的继承和发展。

可惜列宁的继承人并未真正理解他的思想。斯大林把新经济政策只看作是一种临时措施，在列宁逝世后不久就放弃了这一政策。他在1927年12月召开的联共（布）十五大上宣布："扩大和巩固我们城乡国民经济一切部门中的社会主义经济命脉，采取消灭国民经济中的资本主义成分的方针。"从此开始了全盘集体化运动。到1936年，斯大林宣布苏联已经基本上建成社会主义，消灭了剥削阶级。苏联宪法规定苏联的社会主义所有制采取两种形式：国家所有制（即全民所有制）和集体农庄合作社所有制（集体所有制）。斯大林及其继承人认为，全民所有制是社会主义公有制的高级形式，集体所有制是低级形式，集体所有制必然向全民所有制过渡，最终形成单一的社会主义全民所有制。苏联这套僵化的社会主义公有制理论和模式在实践中严重地脱离了经济落后国家的国情，挫伤了人民群众的生产积极性，不利于生产力迅速发展，在某些领域（特别是农业领域）甚至阻碍了生产力发展。苏联模式影响了其他社会主义国家对本国社会主义道路和公有制实现形式的探索。

我国自建国以来，在所有制问题上也犯过一些错误，经历过不少曲折。究其根源，受苏联模式的影响固然是一个重要原因，但是最根本的原因还是在于，我们在很长一段时间里没有很好地坚持"生产关系必须适合生产力的性质"这条历史唯物主义的基本原理，离开生产力的实际状况谈生产关系的先进性，片面地认为公有制的规模越大越好，公有化的程度越高越好。特别是在"文化大革命"期间，所有的公私合营企业都变成了国营企业，个体经营、小商小贩被明令禁止，城乡到处割"资本主义尾巴"。在这种"左"的政策指导下，我国的社会主义建设事业遭到严重挫折。

十一届三中全会以来，我们党认真总结历史经验，本着解放思想、实事求是的态度，具体分析我国的基本国情，积极探索适应现阶段生产力发展水平的所有制结构和公有制形式。

我国的所有制改革首先从农村推广家庭联产承包责任制开始，进而逐步向城市推进。在改革过程中，我们逐渐破除了国营经济优越于集体经济、集体经济优越于个体经济、社会主义不允许存在私营经济等一系列旧的思想框框,认识到脱离生产力水平急于消灭一切私营经济乃至个体经济,盲目追求公有化的规模和程度,不仅不能体现社会主义制度的优越性,而且还会阻碍生产力的发展。在此认识基础上,党的十三大明确提出:"以公有制为主体发展多种所有制经济,以至允许私营经济的存在和发展,都是由社会主义初级阶段生产力的实际状况所决定的。只有这样做,才能促进生产力的发展。"党的十四大进一步提出:"我国经济体制改革的目标是建立社会主义市场经济体制,以利于进一步解放和发展生产力。……在所有制结构上,以公有制包括全民所有制和集体所有制为主体,个体经济、私营经济、外资经济为补充,多种经济成分长期共同发展,不同经济成分还可以自愿实行多种形式的联合经营。"

按照过去苏联模式的经验和对社会主义所有制关系的传统看法,多种所有制并存的混合经济形态只在过渡时期允许存在,社会主义社会与私营经济是不相容的。我们党提出社会主义初级阶段的理论,认识到在社会主义初级阶段还需保留和发展包括私营经济在内的多种所有制经济,以"三个有利于"取代"二元公有制"作为衡量姓"资"姓"社"的标准,这是社会主义所有制理论的一个重大突破和创新。

党的十五大全面总结了前一阶段的改革经验,对社会主义所有制理论又有新的发展和创新——

首先,把"坚持和完善社会主义公有制为主体、多种所有制经济共同发展"规定为"我国社会主义初级阶段的一项基本经济制度"。

其次,提出"要全面认识公有制的含义",指出"公有经济不仅包括国有经济和集体经济,还包括混合所有制经济中的国有成分和集体成分"。

第三，宣布"公有制的主体地位主要体现在：公有资产在社会总资产中占优势；国有经济控制国民经济命脉，对经济发展起主导作用"。同时强调公有资产"要有量的优势，更要注重质的提高"，要增强"国有经济的控制力和竞争力"。

第四，提出"公有制实现形式可以而且应当多样化"，打破了以往"二元公有制"的僵化模式，宣布"一切反映社会化生产规律的经营方式和组织形式都可以大胆利用"。

第五，提出了利用股份制"扩大公有资本的支配范围，增强公有制的主体作用"的问题，指出"股份制是现代企业的一种资本组织形式……资本主义可以用，社会主义也可以用。不能笼统地说股份制是公有还是私有，关键是看控股权掌握在谁手中"。马克思在《资本论》中曾把资本主义股份制看作是"私人财产的资本在资本主义生产方式本身范围内的扬弃"，是"资本主义转化为联合的生产方式的过渡形式"。我们今天在社会主义条件下利用股份制，以国家和集体控股的方式将其改造成"具有明显的公有性"的企业制度，这无疑为马克思主义消灭私有制的理论增添了新的内容。

最后，对非公有制经济作了新的定位，承认"非公有制经济是我国社会主义市场经济的重要组成部分"，这比以往只将其作为社会主义经济的"补充"的认识又进了一大步。

马克思恩格斯在《共产党宣言》1872年德文版序言中指出："这个《宣言》中所阐述的一般原理整个说来直到现在还是完全正确的……这些原理的实际运用，正如《宣言》中所说的，随时随地都要以当时的历史条件为转移。""消灭私有制"思想也不例外。以邓小平为代表的中国共产党人根据在经济文化落后的国家中建设社会主义的具体条件，创造性地提出中国特色社会主义理论，既坚持了"消灭私有制"思想的精髓，又在消灭私有制的具体途径、方法、步骤和过程方面有所突破和创新。中国共产党人对"消灭私有制"思想的新思考、新认识，是以与时俱进的科学态度对待马克思主义的结果，是正确地处理"两个必然"和"两个决不会"的关系的结果，是对马克思主义创造性的继承和发展。

马克思关于公有经济的各种形式的基本概念*

〔西德〕卡·屈内①

在马克思的早期著作中能发现许多关于公有经济概念内容的不同的论述，当然，这是从内容上，而不是从字句上来说的。马克思主义的经典著作在以下四个方面谈到了公有经济：第一，资本主义前的公有经济形式；第二，"公有化"的形式（现在的公共企业被理解为恩格斯提出的"国营工业"的概念）；第三，公社所有制形式；第四，合作社形式。下面就按这个顺序对这几种不同的论述作一简单的说明。

一、早期的公有经济形式

"亚细亚生产方式"这个概念，早在马克思的《黑格尔法哲学批判》中就出现了，他在这本书中谈到了凌驾于公有制结构的农村公社之上的并且是土地的真正所有者的"亚洲专制者"。后来马克思和恩格斯在《德意志意识形态》中总结出过去的四种所有制形式：部落所有制，

---

* 本文选自《马列主义研究资料》1984年第4辑。
① 西德社会民主党人，欧洲经济共同体交通委员会顾问，著有《经济学和马克思主义》等书。——译者注

古代公社所有制,"封建的或等级的"所有制和"行会所有制"①,这种行会所有制在中世纪的城市盛行过。

关于"亚细亚生产方式"的概念(不应当理解为地理上的含义——马克思使用这个概念决不是指中国),马克思后来在1853年6月2日给恩格斯的信中进一步作了解释。他认为,在一切东方国家(他提到土耳其、波斯和印度斯坦),贝尔尼埃的观点是适用的。后者认为,在亚洲没有真正的土地私有制,而是村社所有制。恩格斯在1853年6月6日的回信中证明了这些观点,他说:"不存在土地私有制,的确是了解整个东方的一把钥匙"②。

自此以后,马克思对早期的、部落的或村社的公有经济的表现形式的研究,就像一条红线贯穿在他的整个著作中,直到得出这样一个意见,即马克思认为,在俄国的"村社"以及"米尔"③中找到了从这种早期形式向社会主义的未来的公有制直接过渡的萌芽。

后来,马克思把这种思想在上面提到的1857—1858年的《政治经济学批判大纲》(他的主要著作《资本论》的最初草稿)中作了系统的阐述。在这里,他在"资本主义生产以前的各种形式"④(关于资本关系形成或原始积累之前发生的过程)这一节里描绘了关于公有经济的各种不同的早期形式。

马克思首先分析了各种原始的形式。他认为,这些形式是普遍的,

---

① 《马克思恩格斯全集》第1版第3卷第25—28页。
② 《马克思恩格斯全集》第1版第28卷第260页。
③ 即俄国的农村公社。
④ 《马克思恩格斯全集》第1版第46卷上册第470页。

就像索弗里①对这个问题进行的现代研究中阐述的那样，某些民族（例如亚洲的）在自己的历史进程中并不像西欧人民那样偏离这些原始形式。

这第一种形式是由共同体发展而来的，它的前提是"扩大成为部落的家庭……或部落的联合"②。马克思在《大纲》中谈到"东方的生产方式"，这种方式例如在俄国的"斯拉夫形式"中，此外在"克尔特形式"和"罗马尼亚形式"中只是经历了一种变化。"大多数亚细亚基本形式"是村社的公有制，凌驾在它们之上的则是更高的或真正的所有者，即国家。马克思把"日耳曼形式"划在这些形式之外，因为他认为在日耳曼形式中占统治地位的是农民的私有制，而共同利用的"公有地"只是原始公有制的残余。③

马克思认为，（在以村社为单位的基础上的）"天然的共同体，并不是**共同占有**（暂时的）和**利用土地**的结果，而是**其前提**……每一个单个的人，只有作为这个共同体的一个肢体，作为这个共同体的成员，才能把自己看成**所有者**或**占有者**"。④

在《资本论》中，这种亚细亚的公有经济形式只是用不同的方式分散地论述的。马克思的主要著作《资本论》第一卷发表以后，他于1868年给恩格斯的一封信中明确地谈到这个问题，他说，这种所谓的"亚细亚生产方式"远非只限于亚洲：它在欧洲封建制度以前就出现了。最后，马克思在1881年3月8日给俄国社会主义者维拉·查苏利

---

① G. 索弗里：《亚细亚生产方式，马克思主义者论战的经过》1969年都灵版第60页。
② 《马克思恩格斯全集》第1版第46卷上册第472页。
③ 《马克思恩格斯全集》第1版第46卷上册第472—474页。
④ 《马克思恩格斯全集》第1版第46卷上册第472页。

奇的信中又提到了这个问题,而且他特别清楚地提出了不同的构想:"回顾一下遥远的过去,我们发现西欧到处都有不同程度上是古代类型的公社所有制;随着社会的进步,它在各地都不见了。"① 马克思后来分析的印度、俄国等等,算是例外。恩格斯后来在《反杜林论》中对这个问题作了综合的论述,土地的公有制是欧洲和亚洲最早的所有制形式。

马克思认为,土地所有制使它们(俄国的农村公社)能够把分散的和个人的耕作直接地和逐渐地过渡到集体耕种,因为"俄国土地的天然地势,有利于进行大规模使用机器的联合耕种"②。虽然马克思在一些地方设想过,这种原始的俄国公有制是否必须通过农民所有制的阶段,但是,他也抱有强烈愿望,把俄国的"村社"看作是社会主义之前的某一种形式。现在的"第三世界"出现了相似的愿望,在那里,人们同样认为,从原始的形式能直接过渡到社会主义。

二、马克思和恩格斯早期著作中包含的对公有经济的广泛的论述

马克思主义同其他社会主义思想体系的区别正在于,它不是把论点建立在"应该如何"上,而是建立在实际"存在"和它的内在的发展能力上。它要求以科学性为依据,它认为,要对不依人们意志为转移的过程进行科学的研究,因此,也就是对历史必然性进行科学的研究。

如果其他思想家对公有经济进行了某些设想,而且他们认为这些设想的实现是人们所希望的,这是因为他们把公有经济看得比私有经济,

---

① 《马克思恩格斯全集》第 1 版第 19 卷第 431 页。
② 《马克思恩格斯全集》第 1 版第 19 卷第 445 页。

比在利润原则基础上建立的竞争制度要"好",或者因为他们也确信,单纯的私有经济就像纯酒精那样是不利健康的,需要加上一些公有经济的清水。马克思主义就不是这样。人们完全有权断言,马克思主义把全面的公有经济原则战胜私有经济看作通向"无阶级社会"道路的最后阶段,但是,它并不是把这一点看作是有意识地去追求某种理想的形式,而是试图在过去和现在中发现某些力量,这些力量来自经济制度和社会制度本身,在某种"自然的"过程中早已采用公有经济形式并能使之得到发展。

马克思的思想在这方面并不是一个"统一的线型",而是包含有对旧的社会形式(不仅对资本主义以前的阶段,而且对现代社会中)进行研究的一个多样化的综合体。在这个意义上说,资本主义阶段为新的社会制度可能的形式提供了"原材料"。马克思进行分析的本质不是为了简略地寻找"希望得到的",而是要在资本主义社会制度的现实中寻找某些能作为未来社会基础的力量。

因此,马克思分析的真正的核心问题是阐明推翻资本主义的经济因素和社会因素。成熟的马克思着手解决这个任务,而对未来社会的形式问题只是偶尔地提到。他是有意识地这样做的,因为如果科学的社会主义认为未来是从现代发展而来的,那么,分析现代的状况就是关键了。

现代存在的资本主义以前的形式是能够形成未来的要素之一,合作社的首创精神是第二种要素;第三种要素是在现在的社会中产生的或可能产生的公共企业形式。

公共企业的作用和职能在早期的马克思主义著作中还很少谈到。然而,在最早的文献中,也就是在1847年的《共产主义的原理》中已经提出了这一问题。这个文献是恩格斯写《共产党宣言》的初稿。在这个文献中,第一次十分明确地说明,当时在"共产主义者同盟"中联合起来的左派对未来社会的最初设想是怎样论述的。

这个新的社会制度"首先将根本剥夺相互竞争的个人对工业和一切生产部门的管理权。一切生产部门将由整个社会来管理,也就是说,为了公共的利益按照总的计划和在社会全体成员的参加下来经营。这样,竞争将被这种新的社会制度消灭,而为联合所代替。因为……竞争不过是个别私有者管理工业的一种方式,所以私有制是同工业的个体经营和竞争密切联系着的。因此私有制也必须废除,代替它的是共同使用全部生产工具和按共同协议来分配产品,即所谓财产共有"[1]。

这种观点在历史上就有过,至少可以追溯到莫雷利[2]那里,他在十八世纪中叶设计了一个把普通的公有制和最简单的计划结合起来的草图。在这里,公有经济成为普遍的原则。它不再保留私有经济,而囊括整个经济。但是,在恩格斯的研究中可以看到这样一个论点,作者根本没有考虑一下子就实现这个设想,而认为必须有一个过渡时期,这个时期有多长则并没有作明确的说明。

在论述"革命的发展"时,恩格斯描绘了这个中间阶段,这个阶段的特点是竞争绝不会消除,而相反是实现公有经济思想的工具。他要求"一部分用国营工业竞争的办法,一部分直接用纸币赎买的办法,逐步剥夺土地私有者、厂主以及铁路和海船所有者的财产"[3]。

因此,恩格斯假定了一个中间时期,按照他的考虑,在这个时期中国营经济应同私人经济进行竞争,以证明国营经济的优越性。这样一个"竞争时期"会延续多久,他没有说。但是,人们可以想象,当时(1847年)还谈不上在以竞争为基础的经济领域中有真正的国营工业,

---

[1] 《马克思恩格斯全集》第 1 版第 4 卷第 364—365 页。
[2] 莫雷利:《自然法》1755 年巴黎版。
[3] 《马克思恩格斯全集》第 1 版第 4 卷第 367 页。

因此，这说明，国营工业还必须创办。这样，人们完全有理由假定，恩格斯所设想的过渡时期至少要延续几十年。有趣的是他没有提出革命的没收，而是提出（在国营经济与私人经济的竞争过程中）通过纸币赎买"逐渐"吸收私人经济。

柏林三月革命爆发后没几天，从3月21日至29日在巴黎又出现了另一个马克思和恩格斯合作写出的文件，这个文件在一定程度上是作为"行军行李"发给"共产主义者同盟"中的大约400名到德国去旅行的成员的，其中提出了"共产党在德国的要求"①。

在这个文件中有两个地方提到公共企业：一个地方是第16条，要求"建立国家工场"；另一处是在令人感到意外的第4条，提到了"劳动大军"。

第16条说："国家保证所有的工人都有生活资料，并且负责照管丧失劳动力的人"，以体现实际的"劳动权利"原则。另一处的第4条对这一观点作了进一步阐述，其中谈到，必须调整社会控制的生产和还存在的资产阶级竞争的资本主义经济之间的关系。克拉莫尔发现了这个提法，他对国家工场问题发表了以下看法，他说：国家工场是这一类尝试成功的最起码的前提，进行社会控制的生产的条件是不应受资产阶级政府的支配。否则"劳动权利"，正如在国家工场和在英国的工人作坊中，仅仅提供了眼前并不需要的劳动力的就业机会。它们虽然有助于避免工人中间的竞争，但同时处于同私人资本主义经济规律的矛盾中，并成为下一次危机的牺牲品。然而，如果无产阶级控制了这些投入生产的条件，那么，这类部门由社会控制的生产就能不断地扩大成为共产主义社会的胚胎。所以，这样一种解释就似乎在"国家工场"中看到了公

---

① 《马克思恩格斯全集》第1版第5卷第3—5页。

有经济企业的萌芽。

然而，进行这种比较的克拉莫尔自己在其他地方倒指出了1848年革命中卢森堡宫委员会努力的不足之处。以路易·勃朗和阿尔伯（真名亚历山大·马丁）为首的这个委员会当时寻找改善劳动阶级状况的方法。

这个思想其实是路易·勃朗提出来的，他在1841年《社会工场》一书中提出了这个要求。他把社会工场看作是真正的生产合作社。但是，临时政府不顾埃米尔·托马斯的反对，把"国家工场"放在首位。在国家工场中无非是提供救济性的劳动，由此不会产生真正国家的或合作社的企业：大约十万名汇集起来的失业者（除去巴黎的一部分）大部分只能充当挖土工人。

这就说明了恩格斯在1884年5月23日给伯恩施坦的信中对这种试验的判断。恩格斯指出，"政府用设立毫无意义的国家工厂的办法（这是资本主义社会能实现这种空话的唯一办法）实现了"① 这种所谓工人劳动权利的要求。

克拉莫尔对马克思和恩格斯的观点是这样解释的：尽管巴黎工人不熟悉这个问题，把劳动权利"绞死"了，但是，这种劳动权利仍保留了进步作用：或者要实现这种要求，必须继续革命，或者像1848年的巴黎那样消失了。这也是弗·梅林的观点。②

然而，没有一个作者提出过这样一个问题，即由路易·勃朗的最初的合作社概念转化而来的巴黎人的尝试。如果后来能完成真正的公共企业，那么，是否能提供一种公有企业形式和就业原则的结合。路

---

① 《马克思恩格斯全集》第1版第36卷第153页。
② 弗兰茨·梅林：《德国民主制度的历史》1960年柏林版第1卷第2部分第519页。

易·勃朗本人甚至把这种思想部分地实现了。他为了同走了样的国家工场竞争，建立了裁缝合作社、马具合作社、纺织合作社等等，他为这些合作社从政府那里得到订单和货款，1849年有一百张，1855年又增加九张。

总之，共产主义者同盟要建立国家工场的要求是落空了。然而，进一步要求创立真正的公共企业领域的萌芽已经在这纲领中出现，但那是在一个人们没有预料到的地方，也就是在讨论军事问题的地方提到的。

《共产党在德国的要求》中也包括"武装全体人民"的号召以及进一步在劳动过程中成立民兵队伍的思想："今后，军队同时也应当是劳动大军，使部队不再象以前那样光是消费，并且还能生产，而所生产出来的东西要多于它的给养费用"。①

从这里克拉莫尔正确地看到了创立公共企业的萌芽，他说：这是一个典型的例子，说明这个要求超过它自身范围之外的措施，如果这项要求实现了，那么就必然会成立一个广泛的国营经济部门，这个部门在经济过程中会不顾私人经济的利益，因此，不需要规定像法国的国家工场要考虑与私人工业竞争那样的条件。

同时，还要再一次强调，1848年的国家工场还只是包含公共经济的萌芽；如果它们真能承担因私人企业的异议而留下的生产任务，那么它们就会具有这样的性质。在德国共产主义者纲领中提出这样几点并不像巴黎人的失败的试验那样不合逻辑。

此外，还包含对公共企业直接进行规划的要求："各邦君主的领地和其他封建地产，一切矿山、矿井等等，全部归国家所有……国家掌握一切运输工具：铁路、运河、轮船、道路、邮局等等。它们全部归国家

---

① 《马克思恩格斯全集》第1版第5卷第3页。

所有，并且无偿地由无产阶级支配。"①

在《共产党在德国的要求》中其他纲领性要点在今天听来也是相当有分寸的，例如，国家应该接受农民的所有抵押。但并没有谈到广泛的国家集体主义，虽然"封建的农田"应该被没收，但租佃者应继续在他占有的土地上耕作，而不要并进集体农庄。

后来在《共产党宣言》中提出的要求是一般原则性的："剥夺地产……通过拥有国家资本和独享垄断权的国家银行，把信贷集中在国家手里。……把全部运输业集中在国家手里……增加国营工厂"。②

在这里有实际革命意义的是实行土地国有化，但它对中、小农民并不适用。对我们的问题来说最感兴趣的是扩大——处于萌芽状态的——公共企业部门的要求。此外，在《宣言》中提出了一般原则性的口号："共产党人可以把自己的理论用一句话表示出来：消灭私有制……所以，把资本变为属于社会全体成员的集体财产，并不是把个人财产变为社会财产。这里所改变的只不过是所有制的社会性质。它将失掉它的阶级性质。"③ 总之，正如我们看到的，这个早期的纲领性的宣言的一部分是不可能立即实现的。

三、《资本论》中的公有经济原则

在《资本论》中马克思对公共企业和生产资料公有制的论述同样是一般原则性的，这种论述比对合作社制度的论述要多，或许甚至比对资本主义以前的所有制形式的论述更带一般性。同资本主义以前的所有

---

① 《马克思恩格斯全集》第1版第5卷第3—4页。
② 《马克思恩格斯全集》第1版第4卷第490页。
③ 《马克思恩格斯全集》第1版第4卷第480—481页。

制形式的联系涉及到以下一些场合：所有者可以是代表公有制的人，如在亚洲、埃及等地那样……①因此，国家所有制采取国家首脑的个人所有制的形式，即一种很早就转变成与行使主权的人相脱离的皇室土地的形式。在这里，不仅同资本主义以前的形式，而且同工场手工业时期的公共经济的早期形式，也存在着一种联系。

关于未来社会形式的论述在《资本论》中只是间或地出现，因此，对公有企业代替私有制，也只是作了很一般的论述。

马克思在第一卷中是这样说的："设想有一个自由人联合体，他们用公共的生产资料进行劳动，并且自觉地把他们许多个人劳动力当作一个社会劳动力来使用。这个联合体的总产品是社会的产品。"②

在别的地方，马克思提到能和共产主义的总体社会以及国家的大康采恩相提并论的"社会公有的生产"中的内在的商品流通。③ 他在考虑到这种构成后提出一个论点，即在它的流通范围内不需要任何货币资本，④ 从而预言在它的部门和子公司之间的大康采恩内实行计算价格制度。马克思说道："在社会公有的生产中，货币资本不再存在了。社会把劳动力和生产资料分配给不同的生产部门。生产者也许会得到纸的凭证，以此从社会的消费品储备中，取走一个与他们的劳动时间相当的量。这些凭证不是货币。它们是不流通的。"⑤

在这里，乍一看马克思的思想似乎和他的对手蒲鲁东的思想接近，蒲鲁东主张通过信用银行的"交换券"来代替货币。但是这里的差别

---

① 参看《马克思恩格斯全集》第1版第25卷第714页。
② 《马克思恩格斯全集》第1版第23卷第95页。
③ 《马克思恩格斯全集》第1版第24卷第473页。
④ 参看《马克思恩格斯全集》第1版第24卷第350页。
⑤ 《马克思恩格斯全集》第1版第24卷第397页。

还是明显的，因为蒲鲁东的交换券正是用来周转的。

马克思还进一步论述了作为"自觉的、有计划的联合体的社会"。①在另一处他说："从一个较高级的社会经济形态的角度来看，个别人对土地的私有权，和一个人对另一个人的私有权一样，是十分荒谬的。"同时，他还对现代生态学的环境保护原则作了预测，他进一步说："甚至整个社会，一个民族，以至一切同时存在的社会加在一起，都不是土地的所有者。他们只是土地的占有者，土地的利用者，并且他们必须象好家长那样，把土地改良后传给后代。"②

从这些以及和这相似的阐述中，我们可以得出这样的结论，马克思正是考察了整个社会向公有制的过渡，因此，也就考察了公有经济原则的普遍实现，即它在一个全面的公有经济概念中的实现。因此，马克思远远超过了恩格斯1847年的实践的思想。恩格斯始终密切注视一个中间阶段，而且认为在这中间阶段中公有经济应和私人经济竞争，而且公有经济正是在这种竞争中保存下来的。

我们进一步看到，恩格斯仍然会回到研究1847年提出的问题上来。另一方面，在《资本论》中也提示，公有经济原则在一定程度上能从经历着变化的资本主义企业的胎胞中成长起来。

在这一点上，我们必须谈一下圣西门主义对马克思体系的重要影响。圣西门把同食利者和资本提供者相对立的"工业"阶级即劳动者和企业家看作是未来的保证人。我们完全可以这样说，同通常的看法不同，马克思是在较窄的含义上来使用企业家这个词的，把它同"资本家"的概念相区别。

---

① 《马克思恩格斯全集》第1版第25卷第745页。
② 《马克思恩格斯全集》第1版第25卷第875页。

不管怎么说，马克思当时已经比其他人更清楚地认识到了大企业脱离单纯的货币资本的独立。他说："资本主义生产本身已经使那种完全同资本所有权分离的指挥劳动比比皆是……尤尔先生早已指出，'我们的工业制度的灵魂'不是产业资本家，而是产业经理……""只要企业达到相当大的规模，足以为这样一个经理（manager）支付报酬，就会……采取熟练劳动的工资的形式，虽然我们的产业资本家远没有因此去'从事政务'或研究哲学。""只要资本家的劳动……由作为社会劳动的劳动的形式引起……就象这个形式本身一旦把资本主义的外壳炸毁，就同资本完全无关一样"，当然，庸俗经济学家不能设想"各种在资本主义生产方式内部发展起来的形式，能够离开并且摆脱它们的对立的、资本主义的性质"。①

这样，马克思就转到研究现代股份公司问题上来了，他认为，股份公司受生产过程控制以后，不仅成为资本主义生产的一种进一步发展的形式，而且是资本要素逐渐成为多余的象征。他说："商业经理和产业经理的管理工资，都是完全同企业主收入分开的……与信用事业一起发展的股份企业，一般地说也有一种趋势，就是使这种管理劳动作为一种职能越来越同自有资本的所有权相分离……"以至于"那些不能在任何名义下，即不能用借贷也不能用别的方式占有资本的单纯的经理，执行着一切应由执行职能的资本家自己担任的现实职能，所以，留下来的只有管理人员，资本家则作为多余的人从生产过程中消失了"。②

因此，在这里就出现这样的观点，随着资本家从生产过程中或今天所说的决策过程中的消失（如剥夺股东大会的决定权），最初的资本主

---

① 《马克思恩格斯全集》第1版第25卷第434—435页。
② 《马克思恩格斯全集》第1版第25卷第436页。

义大企业经历了内在的变化过程，这个过程将使企业服务于非资本主义的目的，也就是说，用其他原则来代替利润原则。

特别要指出的是，马克思看到了以股份公司为形式的大企业和以合作社为形式的大企业之间的内在联系，他说："信用制度是资本主义的私人企业逐渐转化为资本主义的股份公司的主要基础，同样，它又是按或大或小的国家规模逐渐扩大合作企业的手段。资本主义的股份企业，也和合作工厂一样，应当被看作是由资本主义生产方式转化为联合的生产方式的过渡形式，只不过在前者那里，对立是消极地扬弃的，而在后者那里，对立是积极地扬弃的。"①

这带有黑格尔色彩的最后结论究竟是什么意思呢？人们可以这样来解释，股份公司中（资本和联合之间）的对立"消极地扬弃"说的是，在这里，资本家在企业的领导地位取消了，而在合作社中的"积极地扬弃"说的是，在这里，工人成为资本家的可能扬弃了。

但是，人们也可以反过来解释，资本主义在合作社中"消极地扬弃"，是因为在这里作为工人对立面的个别资本占有者被"否定了"，如果在一定程度上同企业（以及企业家本人）"积极地"对立的作为股东的"纯粹资本家"分离出来了，那么，在股份公司中就会发生"积极地扬弃"。

对后一种说法似乎可以这样解释，马克思把企业职能普遍放在"产业经理和商业经理"身上，他说："混淆企业主收入和监督工资或管理工资……不把利润解释为剩余价值即无酬劳动，而把它解释为资本家自己所做的劳动取得的工资，这种混淆就进一步发展了。针对这种情况，从社会主义者（这是马克思强调'社会主义者'少数不多的几处中的

---

① 《马克思恩格斯全集》第 1 版第 25 卷第 498 页。

一处。——本文作者）方面提出了要求：要把利润实际地缩减为它在理论上伪装成的那种东西，即单纯的监督工资。"①

这样，马克思就否定了一种在利息和冒险费用之外以"纯利润"形式出现的资本报酬，因此，这正是他在其他关系中看到的资本主义制度的"刺激物"，即它的内在动力。然而，在这个地方提出"职业性的"企业家这个新兴"阶级"是极其重要的。"这种监督工资象所有其他工资一样，会随着一个人数众多的产业经理和商业经理阶级的形成，越来越具有确定的水平和确定的市场价格，另一方面，这种工资又象所有熟练劳动的工资一样，会随着使特种熟练劳动力的生产费用下降的一般发展，越来越降低。这样一来，上述这个要求就越来越不为理论上的粉饰所欢迎。"②

因此，这个观点是：从企业家职能分化出一种独立的经理"阶级"；同时，这些职能随着在产业工人中教育程度的普及——霍吉斯金在1825年就已经指出过（马克思在脚注78中引用了）——变得越来越廉价，因为越来越多了。③

这里同公有经济概念有关的是：如果资本家已失去权力，因而利润不再是企业的根本目的，那么，也就可以为了其他的目的而经营企业。经理或企业家为了自己和"技术结构"，即承担组织任务的企业干部（从领导、专家到工长）就可以使企业的经营服务于公有经济的目的，比如销售原则，并以此作为自己的利益。

---

① 《马克思恩格斯全集》第1版第25卷第437页。
② 《马克思恩格斯全集》第1版第25卷第437—438页。
③ 参看《马克思恩格斯全集》第1版第25卷第438页。

四、公社所有制

马克思在研究资本主义以前的所有制形式时，除提出"亚细亚生产方式"外还提出第二种形式，这就是"古代的公社所有制"。这第二种形式"不是把土地作为自己的基础，而是把城市……作为自己的基础。在这里，耕地表现为城市的领土，不［象在第一种形式中那样］村庄表现为土地的单纯附属物……公社财产——作为国有财产，公有地——在这里是和私有财产分开的"。① 这是"古代的所有制形式"。"这种**公有地**……表现为与私有者并列的国家的特殊经济，以致这些私有者只有当他们象平民那样**被除掉**即被剥夺公有地的使用权时，才会成为真正的**私有者**"。②

然而，公社所有制概念在马克思和恩格斯那里早就出现了，这就是在《德意志意识形态》中，并且是在开始《对费尔巴哈、布·鲍威尔和施蒂纳所代表的现代德国哲学的批判》中出现的。

在这里，这两位作者主要考察历史的发展，在历史上，古代的公社所有制表现为同被统治的生产阶级，即奴隶相对立的联合。

后来在中世纪，形成了手工业的封建组织即行会所有制。马克思和恩格斯在这里把行会称之为"联合起来反对勾结在一起的掠夺成性的贵族的必要性"③。但是，他们也提出了一系列真正的公有经济设施，例如公共市场，以及"为出卖自己商品的必要的公共场所"，和"共同占

---

① 《马克思恩格斯全集》第1版第46卷上册第474—475页。
② 《马克思恩格斯全集》第1版第46卷上册第481页。
③ 《马克思恩格斯全集》第1版第3卷第28页。

有某种手艺而形成的联系"①。在这里不仅涉及到合作社的设施，而且在真正意义上涉及到了共同管理公有经济的机构。

这种城市制度由于必须共同建立管理设施，就导致这些机构的产生，"这些城市是真正的'联盟'，这些'联盟'是由直接需要，对保护财产、增加各成员的生产资料和防卫手段的关怀所产生的"②。

后来，在与无政府主义者麦克斯·施蒂纳（圣麦克斯《唯一者及其所有物》）的争论中两位作者对"私有的"这个概念的产生作了很有意义的分析。他们说："**罗马**的私有财产（这个字源学的花招只在这里适用）和国家财产处于最直接的矛盾中。不错，国家给了平民以私有财产，但同时并未掠夺'其他'人的私有财产，而是掠夺了这些平民本身的国家财产（ager publicus）和他们的政治权利，因此正是**这些平民**，而不是圣桑乔所梦想的那些荒诞的'国家的其他成员'叫作 privati〔被掠夺的人〕"。③

两位作者进一步研究后指出，前面引文中已经谈到的公社所有制——因为国家在古代是波里斯，是城邦——实际上是最原始的，而私有制是从属的，后来他们又说："实际上，对法的历史的最新研究判明，在罗马，在日耳曼、赛尔特和斯拉夫各族人民中，财产发展的起点都是公社财产或部落财产，而真正的私有财产到处都是因篡夺而产生的。"④马克思在他的《费尔巴哈》草稿（这是他起草的唯一草稿）中又一次把公社财产看作是早于封建财产和等级财产，也就是早于工场手工业财产和工业资本的最初的财产。

---

① 《马克思恩格斯全集》第 1 版第 3 卷第 57 页。
② 《马克思恩格斯全集》第 1 版第 3 卷第 58 页。
③ 《马克思恩格斯全集》第 1 版第 3 卷第 414 页。
④ 《马克思恩格斯全集》第 1 版第 3 卷第 422 页。

不是真正的马克思主义，但受马克思和恩格斯思想影响的英国市政社会主义或"行会社会主义"都与这种思想有关。他们的主要代表之一托尼用毫不掩饰的喜悦描绘了以市政原则为基础的经院哲学的概念：手艺是法律允许的……但是危险的。人类必须保证它为公共福利服务……私有制是一种必然的组织，至少是在一种堕落的世界中；在财产私有时，比在财产公有时，人们劳动得多而争吵得少。但是，必须承认私有制是对人类弱点的让步，人们不能把它赞扬为合乎理想的东西。

因此，基督教的伦理学基本上也采用了这种变通的说法。但是，天主教的社会运动是与行会思想联系在一起的，例如美因兹主教凯特勒的信徒 D. 穆方和 A. 希策建议把职业同盟或行会作为社会——天主教组织的真正支撑点。

他们的顶点可以在英国"费边主义者"哲学中的自觉的公社社会主义的形态中找到。悉尼·维伯说，今天，几乎所有可能的工业都可以用这种或那种方式由乡村公社、城市管理机关或政府本身来领导，而无须中间人或资本家介于其间。公社创造和维护它们自己的公园设备、博物馆、图书馆、课堂、街道、桥梁、市场、屠宰场、消防队、灯塔、领港员、渡口、拖船救生船、公墓、公共浴室、洗染店、动物收容所、港口、码头、济贫所、医院、诊所、旅社、输水管道、有轨电车、电缆、田地、草地、工人住宅、学校、教堂、公共阅览室等等。悉尼·维伯声称，大家看到，我们已经处在社会主义之中。而吉德和里斯特则说，在这里，我们远离卡尔·马克思。

人们或许要问，马克思所看到的社会主义事实上是否与这个在社会发展中已经出现的"自然的""社会主义"生活形式有很大差别，这是否正确。或许马克思的主要著作《资本论》的近乎结尾处的论述能说明这一点，在这里，他把公有制以前的形式标明为一定生产形式的真正基础，他说："在原始共产主义占统治地位的原始公社中，甚至在古代的城市公社中，公社本身及其条件表现为生产的基础，而公社的再生产表现为生产的最终目的。"①

手稿在这个地方中断了。不过这个地方至少能表明，在这里谈到了自治的、封闭的组织，这些组织要保护所有的生产进程，包括再生产，也就是包括折旧和扩大再生产的投资。

未解决的问题是，资本主义前的公有经济形式，就是马克思说的"亚细亚生产形式"和"公社所有制"这两个重要部分，能在社会主义的新世界中在多大的程度上发展。另一种选择是，社会主义放弃任何一种以前的形式，雅典女神将用崭新的方式从宙斯的脑袋中产生。在这期间马克思对合作社的分析表明，他认为以前的形式可以以演进的方式发展，这同他的历史观是有机地联系在一起的。下面我们来谈这个问题。

五、合作社思想

合作社思想有一个史前时期，在理论上也可以追溯到马克思主义诞生以前。合作社概念最初是由托托米阿茨、兰伯特和德拉赫可维赫等等被招聘来的文人详细研究的。

当然，合作社思想的形成至少有四个主要方面：首先是历史上遗留下来的乡村共同体，在俄国叫"米尔"，中古时代的乡村合作社，此外还有秘鲁的和"亚细亚的"乡村共同体。但是，它们同我们今天所说的合作社在组织结构上是不同的。

---

① 《马克思恩格斯全集》第 1 版第 25 卷第 940 页。

第二个来源是一些早期空想主义者的构思,从柏拉图、托马斯·莫尔和康帕内拉一直到傅立叶的公共旅社,欧文的全面的合作社以及卡贝的《伊加利亚旅行记》的完全共产主义。从根本上说,欧文是把现代生产合作社运动作为他的出发点的,大约在同时,大陆的圣西门主义者毕舍成了这个运动的倡导者,路易·勃朗也受到他的影响。人们应该把赖法伊森的信贷合作社和舒尔采-德里奇的农业合作社看作类似工业的生产合作社。这是第三部分。第四部分是现代消费合作社运动。

马克思主义对这些不同的来源分别采取不同的态度。马克思和恩格斯把乡村共同体看作是(正如我们看到的)社会主义的最初的萌芽,而把俄国的米尔看作未来集体组织的起点。马克思把空想主义者看作是前驱,但把他们的不科学的东西抛弃了。

马克思主义对生产合作社的估计要低一些,至多认为它起了社会主义可实现的示范作用。马克思对生产合作社采取肯定的态度,可能是因为他竭力讽刺的蒲鲁东把生产合作社完全摒弃了,他嘲笑蒲鲁东建立"信贷——互助论"的计划,后者是建立在手工业基础上的,类似信贷合作,但拒绝采取合作社形式。

马克思主义最初把消费合作社看作是一种缓和工人贫困的转移视线的措施,甚至有时候采取批评的态度,因为担心它们会麻痹革命热情。人们在开始时还远离从实践中成长起来的"三支柱理论"。

马克思在国际工人协会(1864年)的"就职演说"中兴奋地把合作社说成是除十小时劳动法以外的"劳动的政治经济学对资本的政治经济学"取得的唯一"胜利",并且解释说,这些合作社表明,"大规模的生产,并且是按照现代科学要求进行的生产,在没有利用雇佣工人阶级劳动的雇主阶级参加的条件下是能够进行的"。①

利希特海姆认为，马克思由此对时髦的东西让了步。但事实上并不完全是这样，因为马克思同时解释说，"要解放劳动群众，合作劳动必须在全国范围内发展，因而也必须依靠全国的财力。"② 从这句话来看，马克思决不是支持拉萨尔的计划，他嘲笑拉萨尔的求助于国家帮助的愿望。但是，另一方面，例如，克拉莫尔从马克思的话里得出结论说，马克思是想说合作制度只有通过冲破统治阶级的政治上的垄断才可能，这也未免有点过分。

关于拉萨尔的计划，马克思在1865年2月18日给恩格斯的信中写道："普鲁士王国政府对合作社的帮助——凡是了解普鲁士情况的人，都预料得到，帮助的规模必然是很小的——作为经济措施，完全等于零，同时这种帮助将会扩大监护制，收买工人阶级中的一部分人，并使运动受到阉割。"③

人们从这段和上面提到的那段话中可以更清楚地看到，马克思怀疑合作社能够在什么样的企业规模上成长，这种企业规模要成为经济上的合理因素——换句话说，马克思看到，只有事实上考虑到"大量生产规律"或今天所说的"长期下降的边际成本"，或确切些说，长期下降的最佳的最低成本，公共经济的作用才能显示出来。

与这相反，如果克拉莫尔认为，马克思在《法兰西内战》中阐述了这样的观点，即合作社生产发展下去必然会导致共产主义，只是因为它要求国家的组织和协作，那么，克拉莫尔是把马克思的观点简单化了。

---

① 《马克思恩格斯全集》第1版第16卷第12页。
② 《马克思恩格斯全集》第1版第16卷第13页。
③ 《马克思恩格斯全集》第1版第31卷第450页。

当然，马克思在1866年国际工人协会日内瓦代表大会的《临时中央委员会就若干问题给代表的指示》中说过："为了把社会生产变为一种广泛的、和谐的自由合作劳动的制度，必须进行**全面的社会变革，社会制度基础的变革**，而这种变革只有把社会的有组织的力量即国家政权从资本家和大地主手中转移到生产者本人的手中才能实现"①。这同克拉莫尔的观点是接近的。

在《资本论》中，特别是在第三卷中，能找到有关合作社方面的内容。同时应注意到，第三卷正文的大部分写于第一卷正文之前，因此，从时间上看，第三卷正文是与较早的解释相通的。

马克思在第二十三章中明确地谈到了生产合作社，他是把它作为社会主义生产的可实现的样板来论述的，他说："合作工厂提供了一个实例，证明资本家作为生产上的管理人员已经成为多余的了，就象资本家本人发展到最高阶段，认为大地主是多余的一样。"②

这里的基本思想是，历史过程在一定程度上产生了从资本主义社会中孕育出来的以合作社形式出现的集体经济；这是一个重要的发展的观点，在下文中也可以看出这一点。马克思继续说："只要资本家的劳动不是由单纯作为资本主义生产过程的那种生产过程引起，因而这种劳动并不随着资本的消失而自行消失……只要这种劳动是由作为社会劳动的劳动的形式引起，由许多人为达到共同结果而形成的结合和协作引起，它就同资本完全无关，就象这个形式本身一旦把资本主义的外壳炸毁，就同资本完全无关一样。"③

---

① 《马克思恩格斯全集》第1版第16卷第219页。
② 《马克思恩格斯全集》第1版第25卷第435页。
③ 《马克思恩格斯全集》第1版第25卷第435页。

马克思认为,合作社是"在资本主义生产方式内部发展起来的形式"之一,能够离开并且摆脱它们的对立的、资本主义的性质。同时,马克思根据"英国各合作工厂公布的帐目",在其中"扣除经理的工资以后,利润大于平均利润"(也就是总经济中的平均利润),"虽然这些工厂有时比私营工厂主支付更高得多的利息"。①

在这里,马克思只是强调,"平均利润(＝利息＋企业主收入)实际地并且明显地表现为一个同管理工资完全无关的量"。②

在这同时,马克思叙述了还处于萌芽中的一种理论,即把公共经济的效果归结为所投资本的效率。他说:"在所有这些场合,利润高的原因是由于不变资本的使用更为节约"。③ 这个思想在《资本论》的其他地方也出现过。他进一步提出,在资本的筹集方面有很多困难的合作社因此也应更节约地使用资本。

在其他地方,马克思还阐述过这样的思想,即生产合作社是走向未来的社会主义社会制度的一种过渡形式:"工人自己的合作工厂,是在旧形式内对旧形式打开的第一个缺口,虽然它在自己的实际组织中,当然到处都再生产出并且必然会再生产出现存制度的一切缺点。"④

马克思根据上面的论述指出,资本主义思想既然是从周围的社会气氛中产生的,也总是会侵入合作社员的观念。例如,这里就会引起生产合作社的老毛病即合作社成员对提取利润非常感兴趣,而对把获得的利润再进行投资,也就是对扩大生产能力和将来获得更大利润不怎么感

---

① 《马克思恩格斯全集》第 1 版第 25 卷第 436—437 页。
② 《马克思恩格斯全集》第 1 版第 25 卷第 437 页。
③ 《马克思恩格斯全集》第 1 版第 25 卷第 437 页。
④ 《马克思恩格斯全集》第 1 版第 25 卷第 497—498 页。

兴趣。

马克思认为:"资本和劳动之间的对立在这种工厂内已经被扬弃,虽然起初只是在下述形式上被扬弃,即工人作为联合体是他们自己的资本家,也就是说,他们利用生产资料来使他们自己的劳动增殖。"① 如果除了合作社员外还有没有加入或暂时还没有加入合作社的工人在这些企业中工作,"剥削问题"就出现了,因为这涉及到试用时间问题。

马克思认为:"这种工厂表明,在物质生产力和与之相适应的社会生产形式的一定的发展阶段上,一种新的生产方式怎样会自然而然地从一种生产方式中发展并形成起来。"② 这里明白无误地指出了资本主义经济结构演变发展为公有经济形式的可能性。

后来,马克思在谈生产领域的合作社关系时也提到了合作社的信用事业,他说:"没有从资本主义生产方式中产生的工厂制度,合作工厂就不可能发展起来;同样,没有从资本主义生产方式中产生的信用制度,合作工厂也不可能发展起来。"③

马克思在他的《论蒲鲁东》这篇文章中,把合作社的信用事业的一定形式看作是能够为"解放"④ 服务的某种治标的办法。蒲鲁东在他的"互助主义"的体系中,只是说到保持独立的手工业者之间的互相帮助,但作为无政府主义者在形式上拒绝合作社式的共同劳动。

马克思在对德国社会民主党的《哥达纲领批判》(写于 1875 年,在作者死后才发表)中再一次对拉萨尔的信徒们的(在党内有决定影

---

① 《马克思恩格斯全集》第 1 版第 25 卷第 498 页。
② 《马克思恩格斯全集》第 1 版第 25 卷第 498 页。
③ 《马克思恩格斯全集》第 1 版第 25 卷第 498 页。
④ 《马克思恩格斯全集》第 1 版第 16 卷第 35 页。

响的）幻想进行了某些讽刺性的评注，他说："'调节总劳动的社会主义组织'……是从国家给予生产合作社的'国家帮助'中'产生出来'，并且这些生产合作社是由**国家**而不是由工人'**建立起来**'的。这真不愧为拉萨尔的幻想：靠国家贷款能够建设一个新社会，就像能够建设一条新铁路一样……至于现存的合作社，那末它们之所以可贵，**仅仅**是因为它们是工人自己独立创设的，既不受政府的保护，也不受资产者的保护。"①

因此，马克思认识到了合作社的独特的首创精神之可贵，但是，他还不知道，合作社靠国家的拐棍的扶植。

恩格斯对国家帮助计划所发表的意见比较宽容，他在1875年3月18日至28日给倍倍尔的信中承认，拉萨尔的国家帮助的主张对合作社来说"仅是许多措施中的一个"。然后他建议，应把下面这段话收进哥达纲领中："德国工人党力图通过工业和农业中的以及全国范围内的合作生产来消灭雇佣劳动并从而消灭阶级差别；它拥护每一项有助于达到这一目的的措施！"②

九年以后，恩格斯在1884年12月11日至12日给倍倍尔的另一封信中，已向前走了一大步，他提醒社会民主党人——在当时正是从动员农业人口的政治潜力出发提出了农业问题——在国会应该要求"把大片整块国有土地租给农业工人合作社共同耕种"③，而不是租给小农。

后来，恩格斯在1884年12月30日给倍倍尔的一封信中建议，人们应该把这种思想推广到所有的生产部门中去，工人合作社应该购买或

---

① 《马克思恩格斯全集》第1版第19卷第29页。
② 《马克思恩格斯全集》第1版第34卷第122页。
③ 《马克思恩格斯全集》第1版第36卷第254页。

出租国有土地或工厂,"从而准备把全部生产逐步过渡到合作制的轨道上去"。人们必须向国会提出以下要求:"你们每从工人口袋里直接或间接地送给资产阶级一百万,工人们也就应该得到一百万;国家贷款时也应如此。"① 恩格斯要求扫除在自由合作社道路上还存在的一切"立法的障碍和困难"②,首先废除那个反社会党人法;合作社在国家委派的任务中应该得到优先。

这似乎类似路易·勃朗1847年的计划,似乎放弃了革命的方法,包含着向"修正主义"观点的过渡。但是,应该考虑到,恩格斯是否真正想实现这个建议。他后来在1886年1月20日至23日给倍倍尔的信中说道:"如果我们提出导致资本主义生产崩溃的社会主义措施(如上述这样的措施),那只能是一些切实可行、但对现政府说来是不可能的措施。"③

但是,恩格斯反对别人把他的计划同拉萨尔或舒尔采-德里奇相混淆,他说:"他们两个人都认为,这些合作社不应占有现有的生产资料,而只是同现存的资本主义生产并列地建立新的合作生产。我的建议要求把合作社推行到现存的生产中去……至于在向完全的共产主义经济过渡时,我们必须大规模地采用合作生产作为中间环节,这一点马克思和我从来没有怀疑过。"④

阐述这个思想过程的克拉莫尔主要是把这个过程看作是为了宣传的目的,但是他承认,这样解释的合作社能够成为越出它自身的要素,并

---

① 《马克思恩格斯全集》第1版第36卷第261页。
② 《马克思恩格斯全集》第1版第36卷第261页。
③ 《马克思恩格斯全集》第1版第36卷第415页。
④ 《马克思恩格斯全集》第1版第36卷第416页。

成为新的社会的前期形式。但是,只有在合作社实现时,才能有真正的社会发展……只有在它实现时,才能提出一些表示新社会的前期形式的措施,如协作等等。这些措施在现存的关系上的实现显然是难以置信的,因此,它们主要是为了宣传的目的而提出来的。这可能是合乎实际情况的;然而,事实也可能是,恩格斯看到了合作社能从内部对资本主义实行"赎买"的可能性。

(原载卡尔·屈内:《马克思主义和公有制》
1978年德文版第20—42页)

(章丽莉 译 荣敬本 校)

按劳分配与市场机制*

冯文光

按劳分配的含义

马克思在《哥达纲领批判》中关于按劳分配的论述可以分三个层次。第一个层次的意思是说按劳动量分配。"他所给予社会的,就是他个人的劳动量……他以一种形式给予社会的劳动量,又以另一种形式全部领回来。"① 当然,马克思在前面已经指出,这里的"全部领回来"是在作了各项扣除之后。第二个层次的意思是说,劳动要能成为一种尺度,"就必须按照它的时间或强度来确定"。② 第三个层次的意思是说按劳分配就是按劳动的成果分配。马克思说:"在劳动成果相同、从而由社会消费品中分得的份额相同的条件下,某一个人事实上所得到的比另一个人多些,也就比另一个人富些,如此等等。"③ 这段话中的"在劳动成果相同……"原文是"Beigleicher Arbeitsleistung",英文版译为"Thus, given an equal amount of work done……"(在完成的工作量相同……),俄文版则译为"在劳动相同……"

---

* 本文选自《马克思主义与现实》1997年第4期。作者为中央编译局译审。
① 《马克思恩格斯全集》第1版第19卷第21页。
② 《马克思恩格斯全集》第1版第19卷第22页。
③ 《马克思恩格斯全集》第1版第19卷第22页。

在按劳分配的这三个层次的含义中，对第三个层次的含义有不同理解。俄文版和英文版的理解是不同的。俄文版把按提供的劳动分配与按劳动成果分配看作是一回事。英文版则不是看作一回事。按劳分配是一种抽象的说法，如何计量？有了时间长度和强度作尺度还不行，还要看效果。第三个层次含义上的"在劳动成果相同……的条件下"就是指效果。这里的德文是Arbeitsleistung。在德语词典中，"Leistung"是什么意思呢？其中有一个含义是："所提供的体力的、精神的劳动"；"所作出的努力和达到的成果"。按照这一含义，包含第三个层次的意义的那句话可以译为："在劳动绩效相同、从而由社会消费品中分得的份额相同的条件下……"

相同的绩效如何评价？马克思指出，只能用平均数来衡量，不能用每个个别场合的成果来衡量："所以，在这里**平等的权利**按照原则仍然是**资产阶级的法权**，虽然原则和实践在这里已不再互相矛盾，而在商品交换中，等价物的交换只存在于**平均数中**，并不是存在于每个个别场合。"① 马克思说得很清楚，在这里，原则即等价交换原则不会在实践上造成被剥削，因此原则和实践不矛盾。但是，每个人要想多得到收入，就必须多提供劳动绩效，而且是以平均数来衡量的更多的绩效。平均数意味着劳动者只能以平均劳动强度、长度和平均熟练程度、平均资源消耗来计量劳动成果，也就是说，在生产产品时只能花费社会必要劳动时间。但是，社会必要劳动时间最终要通过竞争来实现。因此可以说，按劳分配或按劳动绩效分配内在地包含着市场机制。

---

① 《马克思恩格斯全集》第1版第19卷第21页。

表面上的矛盾

按劳分配原则是共产主义社会第一个阶段的原则。在这个阶段上，"生产者并不交换自己的产品；耗费在产品生产上的劳动，在这里也不表现为这些产品的**价值**，不表现为它们所具有的某种物的属性"。[①] 由此产生了一个问题：马克思一方面说在这个阶段没有商品交换，产品不具有价值的属性，另一方面又说"这里通行的是商品等价物的交换中也通行的同一原则"以及"等价物的交换只存在于平均数中"，这两种提法之间在表面上是矛盾的，如何解释？我认为这里的关键是要弄清楚"形式和内容已经改变了"这句话的含义。马克思认为，共产主义社会的第一阶段和高级阶段从经济社会形态来看都属于共同占有生产资料、人摆脱了商品拜物教的发展阶段。共产主义第一阶段是向共产主义高级阶段过渡的阶段。在这个阶段上，由于生产力水平与共产主义高级阶段相比还较低，物质财富还没有充分涌现，劳动者的素质还没有达到以劳动为第一生活需要的水平，所以还不能实行按需分配，而只能实行按劳分配。也就是说，这里实行的是商品等价物的交换中也通行的同一原则。当然，因为在这里已不存在商品、货币、商品交换等范畴，所以等价交换的实现形式和内容也必然要发生变化。从形式上来看，在这里不是通过货币进行等价交换，而是劳动者从社会方面领得一张证书，凭这张证书从社会领得和他的劳动量相当的消费资料；从内容上说，这里是证书和消费资料的等价交换，不再是货币（资本）和劳动力、生产资料的等价交换。与此相应，在这个社会阶段，实现"平均数"的竞争

[①] 《马克思恩格斯全集》第 1 版第 19 卷第 20 页。

在形式和内容上也发生了变化,不再是你死我活的、大鱼吃小鱼的竞争,主要是在减少产品中所包含的社会必要劳动时间方面展开竞争,例如劳动者在劳动技能、知识、文明程度等素质方面的竞争以及生产单位在科技的应用、机器设备、管理、产品质量方面的竞争。由于等价交换的形式和内容以及竞争的形式和内容的变化,这一社会发展阶段所需要的市场机制是一种模拟市场机制,各生产部门或各生产环节之间不是把产品作为商品来交换,而只是通过成本核算和簿记来结算。从这几个方面的形式和内容的变化可以看到,前面提到的矛盾,即一方面说这里的产品不具有价值的属性,另一方面又说这里通行的是等价物交换中也通行的同一原则,仅仅是表面上的矛盾。此外我们还可以看到,在这一社会发展阶段上所实行的按劳分配要通过形式和内容都已经改变了的等价交换、竞争、市场机制才能得到实现。

实际上的矛盾

现实社会主义与马克思所说的共产主义第一阶段是极其不同的。一、共产主义第一阶段是从资本主义社会向共产主义高级阶段过渡的过渡阶段。因此,它的前一个社会形态是马克思在阐述人类发展历史过程时提到的资本主义社会;现实社会主义社会的起点,大多数不是资本主义社会,即使极少数社会主义社会的起点是资本主义社会,但这个资本主义社会就其发展程度而言也还远远没有达到可以向共产主义社会过渡的程度。二、资本主义社会为这个第一阶段准备好了相对较高的生产力,自动化程度达到了劳动者只需在生产过程之旁指挥的水平;现实社会主义社会的生产力水平与之相比可以说还相距甚远。三、在共产主义第一阶段,生产资料所有制形式是单一的公有制;而在现实社会主义中，不仅存在国有制，还存在集体所有制、个人所有制以及其它混合的所有制形式。四、在共产主义第一阶段上已不存在商品、价值概念，等价交换在形式和内容上都发生了变化，劳动者不是通过货币进行交换，而是用从社会方面领得的证书同消费资料交换；而在现实社会主义社会中，不仅存在价值、货币、商品交换，而且还存在资本和劳动力、生产资料的交换。从以上几个方面的情况来看，现实社会主义社会与马克思对共产主义第一阶段的规定之间存在着实际上的矛盾。从政权的性质、生产资料公有制是基本的所有制形式、按劳分配是基本的分配形式而言，现实社会主义社会是具有社会主义性质的社会，但决不能说它就是马克思所说的共产主义第一阶段。应该说，它与共产主义第一阶段之间还有很长的距离，这种距离要靠发展生产力、不断提高公有制经济部分的效率和实力来缩短，也只有这样才能逐步消除上述实际的矛盾。

历史的误解

对按劳分配的误解可以概括为以下几种：

一、由于人们把现实社会主义社会与共产主义第一阶段混为一谈，并急于向共产主义高级阶段过渡，于是提出了限制商品交换和资产阶级权利即按劳分配的口号。这样的口号是与社会发展的需要不相一致的。实际上情况正好相反，在现实社会主义社会中应该努力实现按劳分配，因而要提倡遵守等价交换原则，发挥市场机制的作用。我国在过去的社会主义建设中忽视成本核算，热衷于搞一平二调所造成的结果是生产力的发展缓慢。历史经验已经表明，在建设社会主义社会的阶段，限制商品交换和按劳分配就等于限制生产力。即使将来我们经过一个历史时期达到了马克思所说的共产主义第一阶段，我们也不能限制按劳分配和资产阶级权利。权利不能超出经济结构以及由经济结构所制约的社会的文化发展。按劳分配和资产阶级权利只有在共产主义的高级阶段才能消失。

二、由于人们把按劳分配理解为劳动的时间和强度分配，因此出现了这样一种提法，即认为我国的分配制度正由按劳分配向按效益分配过渡，并且把这一过渡看作当前经济发展的一个特点。这是由于对按劳分配的含义的误解引起的一种误解。我们在前面已分析过，马克思所说的按劳分配实际上可以理解为按劳动成果分配或按劳动绩效分配。

三、由于人们把按劳分配与市场机制割裂开来，没有看到按劳分配本质上要求发挥市场机制的作用，或者说，没有看到市场机制是按劳分配的题中应有之义，于是在建立社会主义市场经济体制的今天，提出了在按劳分配领域实行限高保低的要求。这一要求应该说与过去提出的限制资产阶级权利有相似之处。必须指出，贫富悬殊不是按劳分配的罪过，如果为了缩小收入差距而在按劳分配领域实行限高保低，那么其结果，正如历史经验所表明的那样，必然是限制生产力的发展。

按劳分配与国有企业的改革

国有企业的生命力在于它内在的活力，启动这一活力的根本在于真正实现按劳分配和利益原则，而要真正做到这一点，又必须让市场机制充分发挥作用。

我国的国有企业被推向市场以后，它的产品、原料、设备等都要作为商品通过市场买卖。这里有国有企业与国有企业的交易，有国有企业与国外的交易，也有国有企业与集体企业和私人企业的交易。其中国有企业与国有企业以及国有企业与集体企业之间的交易最容易成为软交易，也就是说，价值规律没有成为铁的规律。这是过去计划经济时代的直接调拨和互相调剂的余风。

国有企业要能够在市场上全面参与竞争，必须明确地把盈利与全体员工的利益挂钩。如果盈利与利益无关，那么包括领导在内的全体员工就不会关心企业的各项工作。如果亏损，全体员工的利益就要受到影响。这必须成为铁的规律，该破产的破产。

国有企业的领导几年一换，因此普遍存在短期的利益行为问题。应该在国有企业中建立类似工人委员会和董事会的机构，经理人员由工人委员会选举并经董事会批准任命，企业的一切重大决策也要这两个机构讨论和批准，这样企业在经理人员变更时就不至于发生重大的经营方针的变化。人们往往把企业领导人员的短期利益行为看作是市场机制发生作用的结果，这种看法是错误的。这种短期利益行为的根源：一、恰恰在于价值规律、竞争的发育度较低，因而恰恰在于市场机制没有充分发挥作用；二、在于企业与员工之间的利益联系不明显、不牢固；三、在于监督机制不健全，企业要在市场竞争中立于不败之地，必须有自己的咨询机构、监督机构。

以上几个方面即尊重价值规律、明确利益关系、健全监督机制，是市场机制充分发挥作用的保证。国有企业的改革从根本上来说只有围绕着这个方面来设计，才会有出路。

此外，国有企业还应在自身内部各单位之间按价值规律办事。但是，在国有企业内部不必对阶段产品实行商品货币交换，而是实行模拟市场机制，通过成本核算和簿记来管理。

随着一些国有企业的破产、被兼并和合并，另一些国有企业的规模会急速膨胀。那么，在规模庞大的国有企业内部是实行市场机制还是模拟市场机制呢？我认为，在分工不断细化的今天，一些具有一定独立性的阶段产品，在一个大型的国有企业内部可以尽量商品化，进入市场。

市场机制不充分发挥作用，国有企业内部就不可能真正实现按劳分配，因而也就没有利益原则，国有企业就不可能有活力，这是历史经验教给我们的一条规律。

关于"按劳分配"的思考*

冯文光

我在《马克思主义与现实》1997年第4期发表了《按劳分配与市场机制》一文之后,一些同志对我的观点提出了不同的看法。这是一个理论问题,又是一个实践问题。因此我认为有必要进一步表述我的观点。

马克思在《哥达纲领批判》中说,在共产主义阶段没有商品、货币。但是,他又说,在共产主义第一阶段实行按劳分配,而在高级阶段实行按需分配。"按劳分配"并非马克思的原话。马克思的意思可以概括如下:按劳动量分配;劳动要成为尺度就必须按照它的时间或强度来确定;劳动成果相同,从社会消费品中分到的份额也相同。按劳分配体现着资产阶级权利。一个人的天赋、工作能力高,他在同一时间内的劳动成果就大,因而可以分到更多的消费品;一个人未结婚或子女少,在劳动成果相同的情况下就会比另一个已结婚、子女多的人富些。我们撇开后一种情况不说。前一种情况下的天赋、工作能力高的劳动是一种复杂劳动。在确定一个人的劳动时间并计算他应得的劳动券时,必然会出现一个把复杂劳动还原为简单劳动的社会过程。这种劳动券按照等量劳动相交换的原则可以交换任何消费品,因此这种劳动券也具有一定的一

---

* 本文选自《马克思主义与现实》1998年第4期。作者为中央编译局研究员。

般等价物的性质。一物的价值是由该物包含的劳动时间决定的,因此,不能把等量劳动相交换与等价交换绝对地分开。

共产主义阶段没有商品、货币,但是商品、货币不可能一下子消失,必须有一个过渡阶段。这个过渡阶段就是共产主义第一阶段。从商品经济到产品经济的过渡、从价值规律到节约时间的规律的过渡不可能一下子完成。货币也不可能一下子消失。在马克思的论述中,在共产主义第一阶段虽然不存在商品交换,但仍存在等价物交换,虽然不存在货币,但仍存在具有某种一般等价物性质的劳动量。这种等价交换的性质和一般等价物的性质只是到了共产主义高级阶段才会消失。这是一个渐进的过程。

按劳分配与资产阶级权利、等价交换是密切地联系在一起的。据此我在《按劳分配与市场机制》一文中得出了市场机制是按劳分配的题中应有之义的观点。这一观点与这一问题上的传统的从概念出发的思维定式发生了矛盾。

按照这种思维定式,在共产主义第一阶段不能说等价交换,只能说等劳交换,因为等价交换是商品生产条件下的产物。把等劳交换和等价交换绝然分开,使之属于不同的历史时期,这种做法显然是不符合辩证法的。这里的分歧根源于对《哥达纲领批判》中的一句话的不同理解。马克思在那里说:"所以,在这里平等的权利按照原则仍然是资产阶级的法权,虽然原则和实践在这里已不再互相矛盾,而在商品交换中,等价物的交换只存在于平均数中,并不是存在于每个个别场合。"对这句话可以有两种理解。一种理解认为,这句话中的"而在商品交换中"指的是共产主义第一阶段以前的社会,这句话是在比较两个不同的社会发展阶段:在共产主义第一阶段,不存在等价交换,只存在等量劳动相交换,资产阶级权利的原则和实践不再互相矛盾,也不存在等价物交换借以存在的平均数;在共产主义第一阶段以前的社会中存在等价交换,等价物的交换只存在于平均数中,原则和实践的矛盾被理解为价值和价格的背离。按照这种理解,资产阶级权利的原则和实践不再互相矛盾是指不存在价值和价格的背离。另一种理解认为,这句话不是在单纯比较两个不同的社会发展阶段,而是在比较等价物交换在两个不同的社会发展阶段中的状况,等价物的交换这种资产阶级的权利的原则和实践在共产主义第一阶段已不再互相矛盾,而等价物的交换在资本主义社会中则只存在于"平均数"即平均劳动之中。前面一种理解显然受到了俄译文的影响,前面所引的那句话的中译文的词序基本上是与俄译文相同的。这样的词序安排有可能产生这样的理解,即这句话是在单纯比较两个不同的社会发展阶段,从而有可能得出这样的认识,即等劳交换属于共产主义第一阶段,而等价交换则属于资本主义社会。这句话的德文如下:"Das gleiche Recht ist hier daher immer noch-dem Prinzip nach-das buergerliche Recht, obgleich Prinzip und Praxis sich nicht mehr in den Haaren liegen, waehrend der Austaush von Aequivalenten beim Warenaustausch nur im Durchschnitt, nicht fuer den einzelnen Fall existiert."按照德文,这句话可以译为:"所以,在这里平等的权利按照原则仍然是资产阶级的权利,虽然原则和实践这里已不再互相矛盾,而等价物的交换在商品交换中只存在于平均数中,并不存在于每个个别场合。"显然,在这句话中,平等的权利、资产阶级的权利、等价物的交换具有相同的含义。因此,这句话是在比较等价物的交换在共产主义第一阶段和资本主义社会中的不同情况,等价物交换的原则和实践在共产主义第一阶段不再互相矛盾,而在资本主义社会中则是矛盾的。由此可见,在这句话中根本不存在把等劳交换和等价交换分属于两个不同社会发展阶段的根据。在弄清楚了对这句话的不同理解及其原因之后，现在还要讨论这句话的几个问题。第一个问题：什么是资产阶级权利？资产阶级权利表现在哪里呢？为了弄清楚这个问题，首先要弄清楚资产阶级或市民（Buerger）最初的意思。资产者是与封建贵族相对应的概念，也是与无产者相对应的概念。资产者或市民与封建贵族的区别之一是他不靠他人的劳动为生；资产者与无产者的区别之一是他拥有一定的财产。在这个意义上，资产者的权利之一就是使用自己的财产并增大自己的财产。在资本主义社会中，资本家的权利表现为以等价交换的形式在市场上购买工人的劳动力，而在交换之后，资本家的权利就是在生产过程中使用劳动力，增大自己的资本。这是这里所说的资产阶级权利的基本内容，也是《资本论》的一个基本内容。在共产主义第一阶段，阶级没有了，剥削也没有了，但是权利在这里仍然是不平等的，因为虽然在这里是等量劳动相交换，但是由于人的身体状况、天赋、家庭状况不同，人们之间的富裕程度是不一样的。因此，在这里，平等的权利即等价物的交换所产生的结果是权利的不平等。马克思说，"所以，在这里平等的权利按照原则仍然是资产阶级权利，虽然原则和实践在这里已不再互相矛盾……"第二个问题：这里的"平均数"是什么意思？一种意见认为，在这里原则和实践的矛盾是指价值和价格的背离，因而"平均数"是指高价和低价的平均。另一种理解认为，等量劳动相交换实质上就是等价物的交换，等价物的交换只存在于平均数就是只存在于社会平均劳动之中。那么，为什么说资产阶级的权利即等价物的交换只存在于平均数中呢？我认为，这是因为资本主义社会中商品是按照它们所包含的相等的平均劳动量来交换的；资本家按照这一原则购买生产资料和劳动力，而在生产过程中，资本家总是追求达到或超过社会平均劳动的生产率，以实现增殖自己的财产的权利，而当所有的资本家都起而仿效时，社会平均劳动会达到一个新的高度，于是又开始了新的竞争。我主张后一种理解,因为前一种理解必然要求把等量劳动相交换和等价交换分开,使之属于不同的历史发展阶段,必然要求机械地把按劳分配简单地理解为按劳动时间分配,从而否定智力优势和个人天赋也是体现资产阶级权利的重要因素,必然要求否定社会平均劳动概念。

按照这种思维定式,按劳分配不能理解为按劳动效果分配,只能理解为按劳动时间分配,而且在这里劳动强度可以忽略不计,劳动的熟练程度也已被舍弃掉了,因而这里不再有个别价值和社会价值之间的差别,也就没有效果问题。这一结论的逻辑推理进程很清楚,但有几个问题。1. 资产阶级权利表现在何处,马克思所说的"默认不同等的个人天赋,因而也就默认不同等的工作能力是天然特权"如何理解? 2. 既然没有个别价值与社会价值的差别,没有效果问题,只能按劳动时间分配,那么,资产阶级权利是否就表现为劳动时间的多少? 是直接的劳动时间,还是产品折合成的劳动时间,如果是,如何折合? 如果不是,那么,不同等的个人天赋又表现在哪里? 有一种意见认为,复杂劳动是不能折合成简单劳动的,这种意见还进而否定社会平均劳动概念的存在。首先这里要说明一点,社会平均劳动是抽象劳动,而不是具体劳动。对于反对社会平均劳动的宏论我不想加以评说,只想用马克思的话来回答,马克思说:"另一方面,当问题涉及到价值生产时,较高级的劳动总是要化为社会平均劳动,例如一日复杂劳动化为两日简单劳动。如果某些有修养的经济学家反对这种'武断的言论',那么用一句德国谚语来说,他们是只见树木不见森林! 他们指责这是分析的诡计,但他们所指责的恰恰是在世界各地每个角落里天天都在发生的过程。"[①] 把社会

---

① 《资本论》(法文版)第 1 卷中译本第 186—187 页。

平均劳动与具体劳动混为一谈，这也是只见树木不见森林的表现。那么在共产主义第一阶段，社会平均劳动概念是否意味着复杂劳动和简单劳动之间的换算要经过迂回曲折的道路呢？我认为不是这样。未来社会的人完全有能力确定一种尺度来衡量体力、智力和天赋各不相同的各人的劳动，而完全不需要通过迂回曲折的道路。这种思维定式还认为，按劳动效果分配就是拉萨尔的"不折不扣的劳动所得"。对于这种推论，我想只能用"武断"来解释。

按照这种思维定式，按劳分配也可以理解为按劳动力价值分配。如果是指共产主义第一阶段，那么这里首先要提出一个问题：既然按照这种思维定式，在共产主义第一阶段不存在价值概念，那么劳动力价值概念又从何而来？劳动力价值概念是否要以劳动力是商品为前提？如果是，那么这一前提是否与这种思维定式的出发点相矛盾？其次，如果按劳动力价值分配是指当前的社会主义初级阶段，那么按照劳动力价值分配，全部剩余产品归社会所有，固然不会有拉萨尔的不折不扣的劳动所得之嫌，也不会有吃光分光之虑；但是我认为，由此导致的结果也许是既无东西可分也无东西可吃。

马克思说："在劳动成果相同、从而由社会消费品中分得的份额相同的条件下，某一个人事实上所得到的比另一个人多些，也就比另一个人富些，如此等等。"① 如何理解这句话的"劳动成果相同"（"gleiche Arbeitsleistung"）？有两种理解。一种理解认为，这里的德文可以理解为"提供的劳动相同"。另一种理解认为，这里的德文可以理解为"劳动的成果相同"、"完成的工作量相同"、"产出相同"。在1961年莫斯科出版的《马克思恩格斯全集》俄文版第19卷第19页上，"gleiche

---

① 《马克思恩格斯选集》第1版第3卷第12页。

Arbeitsleistung"被译为"相同的劳动"。在1978年莫斯科出版的《哥达纲领批判》英文版单行本中,相关的这句话被译为:"Thus, with an equal performance of labour, and hence an equal share in the social consumption fund…"根据英译,"gleiche Arbeitsleistung"可以理解为"提供的劳动相同"、"完成的劳动相同"。可见,1978年莫斯科出的英文版的理解和1961年莫斯科出的俄文版的理解是相同的。1972年北京外文局出版的英文版的理解也相同。这些版本的理解属于以上第一种理解。还有两个英文版属于第二种理解。在1943年伦敦出版的英文版单行本中,有关的这句话译为:"Thus, with an equal output and hence an equal share…"在1989年莫斯科进步出版社出版的《马克思恩格斯全集》英文版中,这句话被译为:"Thus, given an equal amount of work done, and hence an equal share…"这两个英文版的理解是相同的,即理解为"相同的产出"、"完成的劳动量相同"。比较一下莫斯科出的两个英文版,我们可以看到,俄国人对"gleiche Arbeitsleistung"的看法也发生了变化。我引用这些版本是为了说明,按劳动效果分配这一层含义不能否定。在共产主义第一阶段,否定了按劳动效果分配,也就否定了复杂劳动和简单劳动的区别,也就否定了平均尺度存在的必要性,也就部分地否定了资产阶级的权利。

关于危机理论

马克思经济危机理论及其当代价值[*]

李其庆

[摘　要] 马克思没有提出过完整、系统的危机理论，但是他对危机理论是十分重视的。马克思一直有系统研究危机理论的计划，他对资本主义经济危机的实质、根源、特点、发生机制，危机对工人阶级的影响，经济危机与社会革命、政治革命的关系等重大问题已经作了全面、深入的研究，只不过散见在他的许多著作特别是《资本论》及其手稿中。马克思在19世纪50年代的一些政论文章中还对资本主义经济危机作了大量实证研究。把马克思的经济危机理论加以梳理并系统化，同时结合当前的金融和经济危机的实际材料发掘其当代价值，具有重要的理论意义和现实意义。

[关键词] 马克思　马克思主义　资本主义　危机理论

马克思没有提出过完整、系统的危机理论，但是他对危机理论是十分重视的。马克思一直有系统研究危机理论的计划。1857年8月，他在著名的《导言》中为自己的经济学著作拟定的第一个计划方案中，

---

[*] 本文选自《当代经济研究》2010年第1期。李其庆（1944— ），男，北京人，中央编译局研究员，主要从事政治经济学研究。

最后一项的标题就是"世界市场和危机"。马克思对资本主义经济危机的实质、根源、特点、发生机制，危机对工人阶级的影响，经济危机与社会革命、政治革命的关系等重大问题，已经作了全面、深入的研究，只不过散见在他的许多著作特别是《资本论》及其手稿中。马克思在19世纪50年代的一些著作，例如在《英国的贸易危机》、《欧洲的金融危机》、《欧洲的危机》、《法国的危机》等政论文章中，还对资本主义经济危机作了实证研究，他在论述1857年经济危机的文章中利用了大量来自英国、法国和德国各种报刊和统计报告的实际材料。这些材料和马克思从中做出的概括和结论，后来成为他的经济危机理论的组成部分。我们把马克思的经济危机理论加以梳理并系统化[①]，同时结合当前的金融和经济危机的实际材料发掘其当代价值，具有重要的理论意义和现实意义。

一、马克思危机理论的主要内容和基本观点

1. 危机的实质和根源

马克思认为，资本主义经济危机的原因是生产过剩，它反映了危机的最基本的现象和特征。这种生产过剩不是绝对的生产过剩，而是相对的生产过剩。在资本主义条件下，生产过剩危机不是偶然现象，而是这

---

① 本文在梳理马克思危机理论时，主要参考了汤在新、张钟朴、顾海良等学者的著作《〈资本论〉续篇探索——关于马克思计划写的六册经济学著作》，特此说明并致谢忱。

种制度本身必然产生的结果。因此,危机产生的原因,危机的可能性转化为现实性的一般条件,必须用资本主义生产的一般条件,即资本主义经济固有的基本矛盾来说明。马克思指出:"总的说来,矛盾在于:资本主义生产方式包含着绝对发展生产力的趋势,而不管价值及其中包含的剩余价值如何,也不管资本主义生产借以进行的社会关系如何;而另一方面,它的目的是保存现有资本价值和最大限度地增殖资本价值(也就是使这个价值越来越迅速地增加)。它的独特性质是把现有的资本价值用作最大可能地增殖这个价值的手段"[1]。而"手段——社会生产力的无条件的发展——不断地和现有资本的增殖这个有限的目的发生冲突"[2],这种生产社会化和资本主义私人占有的矛盾,"是危机的最深刻、最隐秘的原因,是资本主义生产中种种尖锐矛盾的最深刻、最隐秘的原因"[3]。马克思得出最后结论:"资本主义生产不是绝对的生产方式,而只是一种历史的、和物质生产条件的某个有限的发展时期相适应的生产方式。"[4]

2. 危机形成的机制

马克思考察了危机的各种因素、条件、可能性、现实性和规律。马克思在《资本论》第一卷第一篇《商品和货币》中论述资本主义生产

---

[1] 《马克思恩格斯全集》第 2 版第 46 卷第 278 页。
[2] 《马克思恩格斯全集》第 2 版第 46 卷第 279 页。
[3] 《马克思恩格斯全集》第 1 版第 26 卷第 2 册第 86 页。
[4] 《马克思恩格斯全集》第 2 版第 46 卷第 289 页。

的最初的前提，即商品表现为货币并完成形态变化的过程时就阐明了危机的可能性。当然，这种可能性要发展为现实，还必须有一系列的条件，从简单商品流通的观点来看，这些条件还不存在。这种危机的一般可能性在资本的运动中获得了进一步的发展，它只有在本身同时就是再生产的流通过程中才获得可以表现出来的基础。

《资本论》第二卷考察了资本的流通过程。马克思在第一篇《资本的形态变化及其循环》中分析了资本循环的三个公式，即货币资本的循环、生产资本的循环和商品资本的循环。他指出，产业资本正常运行的条件是所有这三种循环保持统一，并且每一种形式都能顺畅地完成自己的循环。他从分析资本循环中得出重要结论：只有在三个循环的统一中，才能实现总过程的连续性。但是，由于资本主义生产的对抗性质和无政府状态，这种连续性遭到不断的破坏。

在第二篇《资本周转》中，马克思揭示了危机的周期性及其物质基础。"这种由一些互相连结的周转组成的长达若干年的周期（资本被它的固定组成部分束缚在这种周期之内），为周期性的危机造成了物质基础。在周期性的危机中，营业要依次通过松弛、中等活跃、急剧上升和危机这几个时期。"①

在第三篇《社会总资本的再生产和流通》中，马克思对社会总资本再生产的分析表明，在资本主义条件下，由于私有制和生产的无政府状态，社会总资本的再生产是在资本主义周期性经济危机中实现的。因为在这种生产的自发形式中，平衡本身就是一种偶然现象。平衡经常遭

---

① 《马克思恩格斯全集》第 2 版第 45 卷第 207 页。

到破坏,"只有通过一次大崩溃才能恢复平衡"①。

《资本论》第三卷考察了资本主义生产总过程。这里把资本在直接生产过程和流通过程中所采取的形态作为特殊的要素纳入资本总过程的各种形态,对资本运动过程作总体考察。这样资本主义的各种复杂矛盾便进一步展开了,危机也同时获得了进一步的规定,危机的形式也有了具体的内容,危机的规律也进一步显现出来。资本主义基本矛盾激化的集中表现,是周期性经济危机。马克思在第二十五章《信用和虚拟资本》中还阐述了货币危机与现实危机的关系。他指出:"一旦劳动的社会性质表现为商品的货币存在,从而表现为一个处于现实生产之外的东西,货币危机——与现实危机相独立的货币危机,或作为现实危机尖锐化表现的货币危机——就是不可避免的。"②

恩格斯还进一步阐发了马克思的论述,指出:"金融市场也会有自己的危机工业中的直接的紊乱对这种危机只起从属的作用,甚至根本不起作用。"③

3. 危机对工人阶级的影响

雇佣劳动是资本主义生产的主要因素之一。雇佣劳动同资本主义再生产有着直接的联系和相互作用。工人相对过剩是工业周期的基础和前提。资本主义生产不仅产生了相对过剩人口的需要,也产生了相对过剩

---

① 《马克思恩格斯全集》第 2 版第 45 卷第 588 页。
② 《马克思恩格斯全集》第 2 版第 46 卷第 585 页。
③ 《马克思恩格斯选集》第 2 版第 4 卷第 699 页。

人口形成的机制。马克思指出:"现代工业的整个运动形式来源于一部分工人人口不断地转化为失业的或半失业的人手"①。危机给工人阶级造成以下恶果:1)失业急剧增加。相对过剩人口,是在资本主义生产方式下社会生产力发展的必然结果。"而相对过剩人口……在危机时期急剧地表现出来"②,因为相对人口的存在,会使在业工人的工资降低,从而使剩余价值量增加,阻碍利润率下降,最终使危机得到缓解。2)工资严重下降。在危机时期,失业人口增加,工人之间竞争加剧,工资被压低到劳动力的价值以下。"大体说来,工资的一般变动仅仅由同工业周期各个时期的更替相适应的产业后备军的膨胀和收缩来调节"③。3)危机使工人阶级陷入贫困。随着经济危机的加剧,资本家阶级总是想方设法减少自己的损失,竭力把危机的恶果转嫁给工人阶级,使劳动群众本已十分艰难的处境更加恶化。马克思在《欧洲金融危机》一文中写道:"工业活动的停滞和由此引起的劳动阶级的贫困,正在迅速地扩展到整个欧洲"④。在《工厂工人状况》和《英国工厂制度》中,马克思引用实际材料和具体数字揭露了工厂主对工人阶级的残酷剥削。工厂主们肆无忌惮地延长工作日,降低工人工资,而且公然违反议会通过的法令,用童工代替成年工。马克思满腔激愤地把这些资本家称之为"靠吸吮本国年轻一代工人的膏血而自肥的吸血鬼"⑤。

---

① 《马克思恩格斯全集》第 2 版第 44 卷第 730 页。
② 《马克思恩格斯全集》第 2 版第 44 卷第 738 页。
③ 《马克思恩格斯全集》第 2 版第 44 卷第 734 页。
④ 《马克思恩格斯全集》第 2 版第 16 卷第 505 页。
⑤ 《马克思恩格斯全集》第 2 版第 16 卷第 115 页。

4. 危机与社会革命

马克思认为，危机必然引起社会革命。他在论述法国经济政治状况及"动产信用公司"的一些文章中，揭露了路易·波拿巴与交易所投机商之间或明或暗的勾结，使广大人民群众的生活陷入极度恶劣的境地，使国内的不满情绪日益增长。马克思写道："越过英吉利海峡，我们看到，社会的表层已随着地下火的活动而起伏震荡"[1]。"工厂主与工人之间的对立正在迅速接近爆发真正的社会战争的地步。"[2]

二、马克思危机理论的方法论特点

经济危机与资本主义生产并存。马克思以前的经济学家，无论是古典经济学家还是庸俗经济学家，为了资本主义的永世长存都研究过经济危机问题并努力寻找克服的办法。他们的理论在一定程度上反映了现实，因而具有局部的合理性。但是所有这些理论都不可避免地带有阶级局限性和历史局限性。而马克思则运用辩证唯物主义和历史唯物主义，对资本主义经济危机作了彻底的、科学的说明，他的危机理论具有以下方法论特点。

---

[1] 《马克思恩格斯全集》第 2 版第 16 卷第 173 页。
[2] 《马克思恩格斯全集》第 2 版第 16 卷第 116 页。

1. 科学抽象

这种方法以现实为依据,从简单的抽象规定开始,逐步上升到越来越具体的规定,从而在理论上使客观事物的发展过程和内部联系得到科学的说明和再现。只有这种方法才是科学上正确的方法。同时,这种从简单到复杂的逻辑发展进程总的说来同现实的历史过程也是一致的。马克思认为,危机只能从资本主义矛盾逐渐展开的过程中不断引出自己的规定,由抽象的可能性变为现实的存在。他的叙述顺序也是阐明从危机的最简单的规定向越来越复杂的规定的发展,阐明从危机的最抽象的形式向越来越具体的形式的发展。马克思的方法真正做到了历史、逻辑和叙述的统一。

2. 总体把握

马克思认为,危机是资产阶级经济一切矛盾的表现,分析资产阶级经济的每一个矛盾,也就是分析形成危机并决定危机表现形式的规律性。他指出:"世界市场危机必须看作资产阶级经济一切矛盾的现实综合和强制平衡。因此,在这些危机中综合起来的各个因素,必然在资产阶级经济的每一个领域中出现并得到阐明。我们越是深入地研究这种经济,一方面,这个矛盾的越来越新的规定就必然被阐明,另一方面,这个矛盾的比较抽象的形式会再现并包含在它的比较具体的形式中这一点,也必然被说明"①。马克思在研究世界市场危机时,就是在总体上,从各个方面的联系上,来把握危机的总体过程的。

3. 辩证思维

马克思的危机理论自始至终贯穿着辩证思维。在危机的根源、现象与本质、可能性与现实性、资本主义经济制度的两重性、经济危机的破坏性与建设性等根本问题的分析中,无不浸透了辩证法。在一些具体问题如利润率下降趋势与阻止利润率下降的因素、信用的双重作用等问题的分析上,也充分运用了辩证法。马克思最后得出的资本主义经济矛盾和危机导致社会革命、社会主义必然取代资本主义的结论,更是体现了辩证法的彻底革命精神。正如马克思自己所说:"辩证法在对现存事物的肯定的理解中同时包含对现存事物的否定的理解,即对现存事物的必然灭亡的理解;辩证法对每一种既成的形式都是从不断的运动中,因而也是从它的暂时性方面去理解;辩证法不崇拜任何东西,按其本质来说,它是批判的和革命的。"②

三、马克思危机理论的当代价值

当前的国际金融和经济危机虽然呈现出与以往危机不同的特点,但这些特点只是资本主义基本矛盾在新形势下的表现形式的差异,从根本

---

① 《马克思恩格斯全集》第 1 版第 26 卷第 2 册第 582 页。
② 《马克思恩格斯全集》第 2 版第 44 卷第 22 页。

上说，这次金融和经济危机并未超出马克思主义对资本主义经济危机的理论判断和精辟分析，马克思主义的立场、观点和方法仍然是我们今天正确认识这场危机的指针。

1. 当前危机的特点和实质

1）隐蔽的生产过剩。当前的危机主要表现为金融危机，这与传统的生产过剩的经济危机有很大不同，而且美国出现的问题是借贷消费或消费过度而不是消费不足，因此，从现象上看，这次金融危机的爆发是源自于金融市场本身的矛盾，而不是源自于实体经济资本积累的矛盾。马克思的经济危机理论似乎也就不能解释当前的现实。实际上，这次危机不仅有实际物质产品的过剩问题，同时还有虚拟金融产品的过剩即金融衍生品泛滥的问题。金融产品的过剩又造成了新的虚假需求，这就使生产过剩危机更加严重了。马克思指出，商业信用形式使生产过程同流通过程分离开来，这就是说，"信用使货币形式上的回流不以实际回流的时间为转移，这无论对产业资本家来说还是对商人来说都是如此"。但是这种在繁荣时期回流迅速而可靠的这种假象，"在回流实际上已经消失以后，总是会由于已经发生作用的信用，而在较长时间内保持下去，因为信用的回流会代替实际的回流"[①]。这样，实际的生产过剩就被掩盖了。

2）金融危机的先发性。传统的经济危机最先爆发于实体经济领域，由生产过剩导致大量生产能力闲置，工厂倒闭，然后危机进一步蔓延到

---

① 《马克思恩格斯全集》第2版第46卷第507—508页。

银行等金融领域。但这次危机则是以金融领域为起点。这就造成了一种假象，似乎信用危机和货币危机是危机的原因和基础。这里首先需要指出的是，信用是影响危机的一个重要因素，但不是危机的根本条件和原因；其次，在现代资本主义经济金融化条件下，信用对危机影响的深度、广度和速度都大大加强了。因为现代资本主义制度"再生产过程的全部联系都是以信用为基础的生产制度"①，信用渗透于资本主义全部关系之中。最后需要指出的是，由于虚拟经济与实体经济的分离，虚拟经济具有了相对的独立性，因而金融市场也有了自己的危机。但是这个危机仅仅是整个危机的倒置的反映。因为"在货币市场上作为危机表现出来的，实际上不过是表现生产过程和再生产过程本身的失常"②。"现实买卖的扩大远远超过社会需要的限度这一事实，归根到底是整个危机的基础"③。"投机常常是发生在生产过剩已经非常严重的时期。它是生产过剩的暂时出路，但是，这样它又加速了危机的来临并加强了危机的力量。危机本身首先是爆发在投机领域中，而后来才波及到生产。因此，从表面上看来，似乎爆发危机的原因不是生产过剩，而是无限制的、只不过是生产过剩之征兆的投机，似乎跟着而来的工业解体不是解体前急剧发展的必然结果，而不过是投机领域内发生破产的简单反映"④。金融危机的先发性，使资产阶级经济学家误把结果当作原因，把现象当作本质。针对这种情况，马克思指出，不能把个别人的冒险行

---

① 《马克思恩格斯全集》第 2 版第 46 卷第 555 页。
② 《马克思恩格斯全集》第 2 版第 45 卷第 352 页。
③ 《马克思恩格斯全集》第 2 版第 46 卷第 555 页。
④ 《马克思恩格斯全集》第 1 版第 7 卷第 492 页。

为或狂热的投机活动看做是造成危机的终极原因。一些经济学家企图用投机来解释工商业的周期性的痉挛,是因果倒置,"就像那些如今已经绝种的自然哲学家学派那样,把发烧看做是一切疾病的真正原因"①。

3）危机的策源地和中心国。20世纪80年代以来发生的金融危机大多是从发展中国家爆发,而这次却是从美国爆发,从而形成了自20世纪30年代以来最严重的世界金融、经济危机。金融危机的形成是要有一定条件的。它只有在"货币在很大程度上一方面为信用经营所代替,另一方面为信用货币所代替"②的国家里才有可能发生。从历史上看,在世界资本主义发展的不同阶段上,在国际贸易中占绝对优势的经济大国往往形成世界危机的策源地和中心国。例如,19世纪以前的英国就是如此。因为英国是当时最大的进出口国。马克思指出:"工商业普遍危机的……到来总是由英国先发信号,因为它是欧洲工业在世界市场上的代表"③。危机中心国的危机对其他国家的影响取决于它们之间经济联系的紧密程度。马克思以德国为例来说明这个问题:"任何一个欧洲国家都不会象德国那样受到英国危机如此直接、广泛和强烈的影响。原因很简单,因为德国是英国在大陆上的最大的销售市场,而德国出口的主要商品羊毛和粮食在英国销路最广"④。在这次危机中我们看到,英国同美国在金融业及其管理体制方面联系紧密,因此受影响较大,其次是欧洲大陆国家,特别是东欧国家,长期依赖外

---

① 《马克思恩格斯全集》第2版第16卷第501页。
② 《马克思恩格斯全集》第2版第46卷第584页。
③ 《马克思恩格斯全集》第1版第9卷第116页。
④ 《马克思恩格斯全集》第1版第7卷第345页。

资,在西方撤资自保情况下,受到危机的严重打击。我国在外贸出口方面对美国市场依赖性较大,因此出口部门的实体经济也受到了较大的影响。

2. 危机的影响与资本主义的自我调节

1)危机的影响。金融危机沉重地打击了资本主义经济。从2008年下半年开始,世界性的金融危机已经全面向实体性经济危机转变,美国、英国等发达资本主义国家的经济陷入严重的生产过剩的经济衰退之中,消费缩减,需求下降,信用中断,货币紧缩,企业倒闭,失业增加。根据2009年9月11日《华盛顿邮报》发表的一项综合经济调查显示,经济衰退使美国新增260万贫困人口,令家庭收入回落到10年前的水平。2008年美国共有贫困人口3980万,与1960年相同,而那时人口较少。由于采取冻结工资、削减社会福利开支等紧缩措施,再加上金融企业高管在经营不善的情况下仍然领取高薪和奖金等不公正现象,劳资矛盾加剧,各种形式的社会反抗频频发生。

2)资本主义的自我调节。资本主义具有自我调节的能力。实际上,危机本身就是通过破坏一部分生产力来达到强制性的综合平衡。资本主义的自我调节主要在企业、国家和国际三个层次进行,我们也可以把这些调节措施划分为微观和宏观两个方面。调节的总目标是阻止利润率下降,因此,不管调节措施如何多种多样,调节的范围和力度有多么不同,从理论上说,这些调节措施都没有超出马克思阐述的利润率下降趋势规律的原理。在这次危机中,西方采取的主要反危机措施有:a. 加强国家干预,由国家直接注资或担保,增加流动性,恢复金融体系的正常运转；b. 通过市场的作用，推动企业并购，实现产业重组，淘汰落后产能；c. 由国家指导和投资，大力开展数字化、生物技术、新能源、新材料、环保、机器人等领域的科技革命，占领科学技术的制高点，优化产业结构；d. 加速社会福利制度改革，减少公共开支。

3）资本主义的自我调节的性质。这种调节的实质主要表现在两个方面：其一，转嫁危机。在国内，把危机的损失转嫁给本国的工人阶级及其后代。马克思在《欧洲的金融危机》一文中曾深刻揭露这种恶劣的做法。他指出，随着经济危机的加剧，各国政府想方设法减少资本家阶级的损失，竭力把危机的恶果转嫁给工人阶级，"换句话说，应该用政府所代表的整个社会财富来补偿私人资本家的损失。这种只要求一方实行互助的共产主义，看来对欧洲的资本家是很有吸引力的"[①]。在国际上则把危机的损失转嫁给其他国家，特别是发展中国家。从世界金融史来看，美国曾经在1971年通过废除布雷顿森林协议和实行美元浮动汇率制，把美元危机转嫁给欧洲，而在20世纪80年代又通过"广场协议"，压迫日元升值，把美国债务危机转嫁给日本。在这次危机中，美国又想通过印钞发债，降低长期利率，来吞噬中国的外汇储备。其二，改良主义。对危机的各种调节措施，无论它们有什么华丽的外表，都是在保留资本主义私人占有前提下的修修补补。这一点我们在资本主义两种发展模式，即盎格鲁萨克森模式与莱茵模式、新自由主义与社会民主主义的争论中看得十分真切。在这次危机中，关于社会民主主义，有两点十分引人注目，第一，社会民主主义并没有幸免这次危机；第二，社会民主主义的改良主义从来就不彻底。

---

① 《马克思恩格斯全集》第2版第16卷第506页。

3. 危机与资本主义的发展趋势

资本主义虽然有不可克服的矛盾，但也具有自我调节、自我更新、自我发展的能力。迫于工人运动压力，它有可能向社会民主主义倾斜，但更有可能的是发生新自由主义的转型。因为金融资本的政治因素非常强，甚至还要加上军事因素。只要美国在经济上、政治上、军事上仍然保持霸权地位，它就不会轻易放弃新自由主义。当然，美国继续维持新自由主义将面临两难困境。美国当前的经济霸权由两个方面组成：一个是通过美元的霸权地位向全球攫取超额垄断利润，另一个是在这个过程中，将国内的产业向全球特别是发展中国家转移，造成产业空心化（生产的非本土化）。如果美国调整自己的经济，回到本土生产，那将出现贸易保护主义的问题。这与金融垄断资本今天主要通过全球化进行积累相冲突，并违背金融资本攫取超额垄断利润的本性。但是如果不调整，美国国内产业进一步空心化，那么美国国内的失业危机和贫富差距将愈演愈烈，最终导致美国国内反对大垄断资本的政治危机更加严重，这也不符合大垄断资本的利益。

马克思视野中的市场与危机*

〔加〕M. C. 霍华德 〔澳〕J. E. 金

[摘 要] "危机"是一个典型的使用不精确的术语,今天该词被广泛地用在了各种难处理的问题上,这表明,危机概念的理论研究还较少或没有被充分理解。即使我们仅关注经济失调问题,或进一步缩小范围把焦点对准市场的发展过程,这也是符合现实的。经济思想的发展历史应该提高概念表述的准确性,本文欲对马克思政治经济学中有关危机的讨论进行分析,以期为更深入地理解危机概念作出贡献。第一部分从历史唯物主义视角对"市场"进行了分析,接下来的三个部分探讨了马克思理论中的市场经济与危机的关系。马克思认为市场经济的产生、发展及其被超越均蕴涵着不同类型的危机。第五部分和第六部分就马克思的分析与现代市场体系的相关性发表了一些看法。

[关键词] 马克思 市场 危机

一、马克思历史观视野下的市场

人们经常会认为在马克思的历史观中市场关系并非是最重要的。相

---

* 本文选自《马克思主义与现实》2009年第4期。作者M. C. 霍华德系加拿大滑铁卢大学经济学系教授,J. E. 金系澳大利亚拉筹伯大学经济金融系教授。

反,"生产方式"占据了中心舞台,尽管资本主义生产体系必然涉及到市场,但是人们宣称马克思的唯物主义分析方法关注的重点是生产而不是交换。支持该观点的证据不胜枚举。我们并不打算抨击这种观点。但是,可以从其他视角来理解马克思的经典著作。比如,在《政治经济学批判大纲》中,马克思确实将"市场"本身作为分析对象,并提出了以市场活动为重要焦点的人类历史的发展轮廓。他写道:

> 人的依赖关系……是最初的社会形态,在这种形态下,人的生产能力只是在狭窄的范围内和孤立的地点上发展着。以物的依赖性为基础的人的独立性,是第二大形态,在这种形态下,才形成普遍的社会物质变换,全面的关系,多方面的需求以及全面的能力的体系。建立在个人全面发展和他们共同的社会生产能力成为他们的社会财富这一基础上的自由个性,是第三个阶段。第二个阶段为第三个阶段创造条件。①

第二个阶段是商品生产社会,其最高级形式是资本主义。第一个阶段所具有的特征(人的依附关系)在这里已不复存在,物的依赖被定义为对市场物质交换的依赖。在单调的经济关系下,剥削被强制实施。相比之下,在人与人之间相互依附的社会形态下,生产者利用自己所拥有的生产工具进行生产,剥削必须通过超经济强制(extra-economic coercion)来实现。马克思在其他地方提到第三阶段指社会主义或共产主义,两种形式下均消灭了生产资料的私人占有制。

在马克思对人类历史发展的表述中,隐含着两大主要转化,而这两者都取决于"市场"这一因素。第一个转化创造了市场,第二个转

---

① 《马克思恩格斯全集》第 1 版第 46 卷上册第 104 页。

化使市场消亡。并且马克思明确地表示,他把这些转化看成是危机所致,或者说是危机打断。因此,尽管社会变迁可能以其他方式出现,但是危机的确意味着变化将要发生,这是马克思主义理论的重要观点,而马克思也非常关注对这一观点的阐释。然而,许多现代经济学家发现马克思所主张的观点是有问题的,更准确地说是因为他们重视市场的力量,认为市场是交易双方自愿达成买卖合同的场所,市场可以提供灵活性,允许对社会计划进行重组与协调从而使市场参与方能够更好地应对变化并从中获益。这种观点最早是由亚当·斯密提出的(参见本文第2部分的讨论)。市场参与各方虽然在利益上存在差别,但并非是不可调和的。即使出现矛盾,也可以通过市场的高效率而得到有效化解。香槟贸易(Doux-commerce)理论(即个人私利会在市场"看不见的手"的引导下促进公共利益,类似于香槟那样甜。——译者注)问世于18世纪,后来该理论有了不少的追随者。通常非经济学家们把这视为反映了受过科学训练的人不能对科学进行甄别,不注重显而易见的历史变化事实。这也许是正确的,但这并不能解决问题。毕竟,有许多历史学家和政治理论家的观点并非不同于经济学家。市场体系的确有效率,它激励着参与方携手合作,也使合作成为可能并具有吸引力。因此,当所有参与方均遵循自身的利益最大化原则而行事时,要接受危机触发社会变革这一观点是困难的。但这恰恰是使马克思主义理论保持不朽生命力的伟大功绩之一,马克思由衷地佩服市场在协调工作以及提高生产率上所具有的能力,但同时,他也提供了论据以解释为什么市场的产生、运行以及对市场的超越都蕴涵着"危机",即再生产过程中的严重中断,这些危机有时需要使用武力和暴力才能解决,即使它们是由经济因素所致。

二、第一次转型蕴涵的危机

在马克思的早期著作中,亚当·斯密的影响是显而易见的,尽管他从未像斯密那样将商业化描述为一个安静的过程。由于马克思的创作是在法国大革命之后进行的,并且马克思对那段自由激进的革命历史非常了解,因而马克思承认市场扩张是主导力量,但马克思强调了市场也会引发激烈的阶级斗争。大概是受了斯图亚特以及韦克菲尔德(Wakefield)的影响,在马克思的后期著作中,他对斯密的研究进行了推进,韦克菲尔德在19世纪30与40年代运用斯图亚特的思想对斯密的商业社会创建观点进行了批评,斯密认为,经济合作关系和经济结构重组促进了商业社会的建立。

斯密把过渡到商业社会的原因解释为城市贸易使人与人之间的相互依附关系减弱。对"自我利益改善"的追求(其可通俗地表述为对"交往、以物易物和交易"的偏爱与追求)支配着所有的经济主体,所以,一旦市场交换成为可能,市场参与方都可以从交易中获益,"交换所带来的利益"和以市场为导向的生产的效率性将使人们的行为发生改变。在农奴对封建领主人身依附关系被解除后,封建领主与农民们重新签订了合约,于是土地关系转变为资本主义农场,国家机器成为维护和实现公平与正义的工具。虽然意识到这是一段漫长的过程,但由于忽略了对细节的更详细考量,或者说是没有重视商业社会前的社会形态差别,因而斯密认为,发生的任何冲突确系高等贵族们不完全理性所致。看起来,从本质上讲,上述过程本身表示危机的发生是一种偶发事件,或者上述过程本身意味着危机是反映理性失败的或然事件。① 然而，即使接受斯密关于劳动分工的观点以及承认其所概括的人类行为的永恒本质，也还不足以证明此结论的合理性。马克思以及对马克思的观点进行详细阐述的马克思主义历史学家强调，有两个领域可能发生激烈的不可调和的矛盾。与斯密对社会转型的论述一样，我们也将使用现代经济学家所推崇的方法对之作一概述。

首先，在人的依附关系社会形态下，政权和经济资源的控制权是统一的，但凡要过渡到发达的市场经济，这种统一局面必定被打破。斯密认识到了分离的不可避免性，但并没有意识到其所暗含的意义。封建领主在解除了与农奴的关系后，并不能确定从依附关系转变为市场合同关系就能确保新的商业化生产关系的实行是适宜的，且其实施成本较为低廉。只有延续他们的政治主导地位才能提供这种保证。然而市场的发展恰恰是两种力量较量的结果：城市资产阶级和实行中央集权的国家。虽

---

① 最近，保罗·克鲁格曼对国与国之间在开展对外合作中遇到的困难作出了一个类似的诊断。在一篇名为《国际贸易冲突的幻象》的文章中，他指责历史学家、政治科学家、决策者和商人把贸易和冲突相联系在一起。克鲁格曼认为，"对国际贸易问题的大部分讨论都可以贴上十足的无知这个标签……所以必须了解国际经济冲突的危险不是来自国家之间的实际利益冲突，而是纯属子虚乌有。这是经济冲突幻觉，虽然与事实大相径庭，但其构成了实实在在的威胁"。他继续写道："我相信，在公众讨论中，如果将国际贸易描绘成斗争的说法仍然大行其道的话，那么在政策辩论中，持有这种错误观点的人最终将会占据绝对优势。也就是说，贸易将被视为没有硝烟的战争，当前相对开放的世界市场体系将会分崩离析，但是只有几个教授相信自由贸易理念……那将是一件令人遗憾的事情，因为教授们概括的自由贸易的所有缺点是正确的。许多制定政策的知识分子想象的国家之间的冲突仅是一种幻觉，但它是一种能破坏现实贸易利益的幻觉。"

然城市资产阶级是与市场相结合的群体,但也没有必要支持最有利于农业资本主义发展的交易规则。中央集权国家需要拥护者、税收收入和权力,使其有激励和能力提供最适合现代化地主需要的有效而简洁的执行规则。但驾驭政治谈判是困难的,不但是因为不断变化的坏境所产生的信息不对称问题,也是因为在利益权衡上作出的取舍不大可能持续;不是所有重要的方面都是可分割的,尤其是获得的政治上的支配地位。经济学家们认为商品的交易是通过签订合同为依据的,这对买卖双方来说是最优的选择。① 但"权力"不是一种商品,这就完全排除了以格式合同的形式来达成交易的可能。首先,权力并不是纯粹的私人产品或纯粹的公共产品。权力也不属于私人产品与公共产品的混合产品。或许用赫希所发明的"地位产品"来称呼它最为恰当,"地位产品"适合于描述关系所具有的特殊性质,因此积累实现互惠互赢的可能性被零合损益蒙上了阴影。第二,拥有权力并不总是可避免的,因为权力从不以孤立的形式存在,它总是与生产力相联系或融为一体,如果行为人拥有权力,不管是否怀有敌意,他们总会对其他人构成威胁。第三,渴望权力可能来自于这一事实,即权力是保证安全的前提条件。但是因为安全具有词典式排序的价值,它可以使对权力的需求完全无弹性,或者说至少是对

---

① 在现代经济理论、商品被设想为符合德布鲁条件(Debreuvian terms):商品总是完全可分的、商品可以通过规格、地点、获得的时间以及经济环境变化导致的一组偶然事件的发生来加以区分。当然,斯密和20世纪50年代之前的大部分经济学家们并没有把他们对商品的看法用这种方式进行描述,但他们所得出的结论通常要求牵涉到的商品具有这些特点。

获取它所花费的成本极其不敏感。① 第四，权力的平衡与维持是可能的，但决定权力的基本因素并不透明，因而也没有明显的积聚原则。因此，有利于和平的条件也无法被精确地指出，以至于现有平衡的中断不容易被发现，而且平衡被打破以后要重新建立平衡也不容易。

所有这一切是国际关系理论学家最重要的研究主题。他们与经济学家一样赞同理性选择理论，但当将话题转向权力时，他们得出了截然相反的结论，产生了类似亚当诅咒般的激烈冲突。因此，同样的理性计算（工具理性）当用于不同商品空间时可能产生相反的结果。并非所有的商品都具有同样的性能，适用于某一商品子集的计算结果实际上存在不能延续到这些被省略的商品集上的可能性。只有采用一个被截断的价值要素构成概念，在一个没有危机且决策者是理性和牟利的世界中，经济学家才能够推断合作将始终战胜暴力冲突。

其次，尽管市场关系允诺遵循互惠互利的原则，但市场关系并不意味着分配也能实现互惠互利。因此就存在发生冲突的可能，尤其是在从封建主义过渡到资本主义的过程之中。资本主义以前的社会，由于经济

---

① 词典式排序的偏好的名称由来与字母表顺序有关。假设有两种商品需要作出选择。如果不同的商品束按照单独的一个元素的相对大小进行排序，若遇打结则按照第二个元素的相对大小再进行排序，这种偏好被称为是词典式排序的偏好。若超过两种商品，同样的原则可以应用到第三、第四种商品等等，商品束里的元素决定它们的排名。在现代社会中一个吸毒者可能被描述为具有词典式排序的偏好。面对任何的选择，成瘾者总是更喜欢含有较多海洛因的选项，而不管可供选择的其他商品。因此，这就阻碍了瘾君子间进行互惠互利的贸易活动。每个人都希望拥有别人的需要（海洛因），而不愿意用海洛因来交换他人愿意提供的其他物品。正如约瑟夫·奈在讨论安全时说，生存第一。

行为人缺乏明确权属关系的资产,所以不具有最大限度地减少冲突的有利条件。封建势力所拥有的权力并非来自法律制度,因此,对所有权的划定与调整是以假设经济主体能自主决策为前提的。相反,地方风俗和共有的资源是重要的。不能提供复杂的合同而要将财产的所有权关系变成完全私有的形式,包括重新界定权利和重新分配财产。因此,不仅在收益的分配上,而且在资产的重构上都可能发生激烈的冲突。市场的高效率无法克服这一冲突。即使市场体系明确预示着产出总额增加,从而构成了潜在的帕累托改进,在前市场经济社会中的权势集团可能会阻止其执行,因为新的制度安排妨碍了他们获取至少相当于在生产率更低的制度下所获得的收入。也不可能达成协议,借此失败者可获得补偿因而能同意制度的变化。一旦过渡到市场经济体制,那些在分配中遭受损失的人们不能确保谈判得到重视,因此不愿意签订协议。所有这些考虑解释了为什么自由市场体系总是不会如斯密所谈到的那样自发地出现。事实上,任何从独裁统治转变为民主或任何包括改变"游戏规则"的结构变化存在完全相同的问题。这表明了最近罗伯特·巴洛提出的建议存在根本的缺陷,他表示,如果补偿南部奴隶主因废除奴隶制给他们造成的损失,美国的南北战争是可以避免的。从奴隶主的角度来看,由于没有可执行的替代合同,因此他们不愿意废除奴隶制。①

上述两种可能引爆危机的潜在因素符合斯密对人类的动机和市场活动的看法,马克思对危机的分析并不总是需要作出与之相反的解释。马克思的观点可被归为扩展的斯密主义,突出反映了被斯密所忽视的一些

---

① 这里的问题可以用新古典主义术语进行理解,即使所有商品遵循德布鲁条件,危机也会发生,因为当事各方之间存在信息不对称问题。

复杂的因素。在《国富论》中,斯密也承认重商主义实践是作为对自由市场上"交往、以物易物和交易"的一个替代做法,马克思对商业资本早期形式的论述是对斯密的分析的进一步扩展。此外,斯密认为英国经济具有优势,斯密的信念是建立在法国专制主义制度下公职人员的唯利是图和封建特权的维系基础之上的。因此,他自己也承认,经济发展受到所有这些寻租行为①的束缚,每当公允规则尚未占据主导地位之时,权力和分配方面存在的利益冲突必定已被包含在了自由市场的建立过程之中。这些非生产性寻租活动与那些无法寻租,或拥有的寻租与其权力不对称的人的利益发生了冲突。许多马克思主义者对近代早期阶级斗争和政治对立的描写正是建立在此基础上的。再次,马克思被认为是承袭了斯密对政治经济学的看法,而这是斯密自己以及其后来的正统经济学家们所忽略了的或没有阐明的事实。

在斯密所处的时代,斯图亚特意识到经济行为可以采取更多样的形式。被斯密所忽略的斯图亚特的思想激发了马克思的灵感,使马克思意识到生产方式具有历史差异,他的论著直接影响了马克思对资本原始积

---

① 寻租是现代经济学家们对经济活动进行分类时所使用的概念,寻租活动的目的是使产生超过价格的收入。它以自由的"游戏规则"作为参考标准,并指定边际价格,因此在其他情况下可能不宜使用这一概念。然而,该术语的使用范围已扩大到任何包括非直接生产性寻利活动为导向的资源的重新分配,而不是财富的生产活动。

累的阐述。① 斯图亚特是一个新重商主义者,因此他倾向于认为,积极的国家干预行动可以加快市场经济的发展。而这是斯密所没有意识到的。他指出,就农业来说,自给自足的农业严重限制了"交往、以物易物和交易"的发展,他认为这与小生产者的懒散的生活方式有关。因此,他称赞了使用胁迫手段剥夺小生产者所拥有的生产资料使他们不得不倚赖市场而带来的累进效应。只有这样才能充分促使下等阶层们被迫出卖自身劳动力,直到那时,天然的自由条件才能促进经济发展,因为劳动力将被引导流向生产活动。② 斯图亚特对"农民问题"的深刻见解有很多让人敬佩的地方,但他的坦率使他在英格兰和苏格兰较为默默无闻,而斯密的更具启发性的观点占据了支配地位(直到今日)。

---

① 马克思所称说的原始积累这个术语是指在欧洲通过强制性手段所建立的资产阶级关系。他强调通过圈地运动强行征用农民土地,通过颁布惩治流浪者的血腥法律强迫农民进入劳动力市场,通过放高利贷、殖民掠夺以及贩卖奴隶活动使商人和高利贷主的财富急剧增长,他们所积累的这些货币财富使其可以用来购买生产工具和雇佣劳动。他补充了一相反的观点,这一观点在评价现代经济学家斯密的思想时仍然是有用的:"人们在解释这种原始积累的起源的时候,就像在谈过去的奇闻逸事。在很久很久以前有两种人,一种是勤劳的,聪明的,而且首先是节俭的精英,另一种是懒惰的,耗尽了自己的一切,甚至耗费过了头的无赖汉……于是出现了这样的局面:第一种人积累财富,而第二种人最后除了自己的皮以外没有可出卖的东西……为了替所有权辩护……反复叨念这种乏味的儿童故事……在真正的历史上,征服、奴役、劫掠、杀戮,总之,暴力起着重大的作用"。(马克思:《资本论》第1卷,人民出版社2004年版820—821页)

② 之后列宁确定了两种农业资本主义演进的路径,普鲁士式道路和美国式道路,或许可另称为斯图亚特式道路和斯密式道路。但是,列宁认为要走上美国式道路需要"无产阶级和农民专政"。虽然如此,列宁所归纳的斯密式道路在尼泊尔的粮食危机下被发现存在缺陷。

斯图亚特的政治经济学表现出了古典经济学所不具有的人文主义情怀，但它并没有放弃人是理性的假设，因此并没有超出主流经济学理论范畴。尽管马克思引用斯图亚特的观点，认为一定存在使人类"勤奋"的方法，小生产者们不愿进行广泛的市场交易能够用既定的经济概念加以解释。在缺乏完善的保险或国家福利的情况下面对市场不稳定而产生的风险厌恶有利于维持地方自治主义以及自给农业的发展。因此对安全的需要限制了占有欲，但这并不意味着行动是非理性的。这在韦克菲尔德的著作里变得更加清晰，他谈到了要限制澳大利亚殖民地的移民获得土地的可能性，以确保资本主义生产关系的维系。这是在旧世界的政治经济学的基础上作出的对新世界的发现：资本主义的生产和积累方式表现出具备消灭私人财产的基本条件，换句话说，没收劳动者的土地。

一旦政治权力被认为是一种理性的维护自我利益的资源，以及自愿订立的合同也是有限度的，那么扩大市场发展资本主义生产关系变得比斯图亚特自己所想象的就要复杂些。市场不再与自由主义有必然的联系，甚至也不会产生间接的影响。相反，有着强烈的增加资本盈余动机的前资本主义财产所有者在面对更广阔的市场机会时，他们面临选择加强束缚关系以增加产量或者选择维系人的依附关系。恩格斯明确指出，发生在东欧的"第二版农奴制度"①，显示出马克思主义在理论上的成熟性超越了斯密。现在经济发展之路主要取决于对立阶级为其利益而斗

---

① 用特里维廉（Trevelyan）在其他场合所说的话来表达就是，这代表了"一个转折点……历史没有被突破"。

争的能力差别,因而人的依附形式成为了决定结果的重要因素。① 这可以用来诋毁马克思理论所具有的强大生命力,马克思强调生产力是经济发展的终极决定力量,而生产关系是生产力发展的束缚。一般说来,虽然我们赞成用技术决定论来解释马克思的著作,但在特定情况下,这往往是非常困难的事情。与此相反的解释是将重点放在阶级自治的重要性上,其更好地反映了发达与欠发达资本主义社会中存在的一些情况。②

在特定时代下,毫不奇怪,斯密、斯图亚特和马克思都对"第一次现代化"给予了重点关注;在英国,来自底层的力量是资本主义发展的强大推动力。但是,资本主义一旦实现,必然改变其他经济体的环境,并激发前现代国家进入现代社会的愿望。"来自外部的革命要求",如殖民化的外部威胁或依赖,激起统治者改变现有的经济和政治体系,于是其他国家对资本主义发展的理性反应也就很容易被理解了。日本明治维新是一经典案例。虽然有人会把这种现象归为反映了人们具有"自我改善"的倾向,其天然渠道是"交往、以物易物和交易",这里涉及到的渠道来源与斯密版的并不相同。更重要的是,这些不平衡的联合发展是不稳定的,使新危机爆发的可能性增加,后来的马克思主义者也没有忽视这一点。列宁和托洛茨基直接在此基础上构建出了他们的革命理论。

---

① 我们知道布伦纳(Brenner)并没有主张贸易繁荣在从封建主义过渡到资本主义的过程中是不重要的。相反,他强调贸易发展是有可能产生此种反应的,实际是否发生关键取决于特定阶级结构和阶级斗争的性质。

② 解决这个问题的方法是可以认为是资本主义生产关系使技术决定论成为真实,只是马克思有时错误地将其向后推广到了前资本主义社会。

三、市场经济的周期性危机

历史唯物主义并没有排除在市场体系建立之前会因为外生性冲击或内生性机制而发生周期性危机。不过，关于非转型经济制度背景下的经济危机的讨论，马克思是在对资本主义的分析中对其进行了更详尽的阐述。在这个问题上，古典政治经济学对他的影响是显而易见的。尽管他打破了"普遍过剩"是不可能的结论，但他无法用其前辈的思考模式和方法解释生产过剩的机制。① 在分析发达市场经济存在的问题时，斯图亚特对马克思经济学的建立的影响要大于任何的斯密主义。

智力超群的历史学家们在对政治经济学理论作出评价时，并没有看到这些理论有何明显的缺陷，总的来说，马克思相比于他同时代的人在周期性危机理论的发展上所做的贡献更加突出。的确，有太多的值得赞扬之处。马克思基于危机发生的各种可能性对市场所进行的分类是非常深刻的，动摇了萨伊定律成立的理论基础，马克思认为，生产总价值绝不会超过实际有效需求。他也否定了货币数量论的观点，他认为金融是内生的，金融能发挥更积极的作用，而不是单纯地扮演仅作为实体经济面纱的交换手段这一角色。马克思将产出增长的波动性归因于投资的波动性，而投资的波动性本身是被盈利的波动性所解释。他看到因资本与

---

① 在这一部分与下一部分，我们把周期性危机看成是生产过剩危机。许多马克思主义者可能会反对这种观点，因为他们认为生产过剩危机不过是危机的一种形式，区别于资本积累过剩、消费不足与比例失调。然而，我们选择生产过剩危机这种表达方式并没有涉及实质性内容，选择其他的替代术语对我们要表达的观点将不会带来任何影响。

产出比率上升、工资成本快速上扬或消费需求不足导致利润崩溃,进而触发经济危机。随机冲击总是威胁着扩大再生产的进行,金融机构收紧流动性进一步使经济恶化,延长了经济衰退期,使经济紧缩加剧。然而,这些论述都不能形成对危机的系统和连贯的阐释。原因之一是马克思经济学是在古典经济学的基础上发展起来的。问题是危机是供求失衡所导致的,而马克思经济学方法论主要是李嘉图式的,均衡的性质主导了他的分析,均衡被定义为独立于供给和需求。

马克思是在吸收李嘉图学派科学成分的基础上成长起来的,马克思主要是一个持长期均衡观点的理论家。虽然他并没有以市场的出清为条件,但是马克思的均衡观没有涉及盈利机会的不足。他认为均衡是由固定价格向量组成,包含所有投资的统一利润率以及支付给工人的统一的工资率。马克思在阐述劳动价值经济学时假设存在这样的均衡,因为对价值的定义包括了上述条件达到均衡。这些范畴不仅形成了商品价格决定的理论基础,而且还构建了资本主义经济的运动规律:资本劳动比率上升,失业率上升和利润率下降。所有这些现象被认为是均衡中所包含的一系列事件,周期性生产过剩危机并没有发生。

此外,马克思认为,均衡的决定独立于供给和需求,但这正是导致周期性危机的失衡因素。在这里,他再一次延续了李嘉图的观点,他写道:

> 古典政治经济学毫无批判地从日常生活中借用了"劳动的价格"这个范畴,然后提出问题:这一价格是怎样决定的?它马上认识到,供求关系的变化,对于劳动的价格也像对于一切其他商品的价格一样,无非是说明价格的变化,也就是说明市场价格围绕着一定的量上下波动。如果供求相抵,而其他条件不变,价格的波动就会停止。而这时,供求也不再说明任何东西了。在供求

相抵时,劳动的价格就是它的不依赖供求关系来决定的价格,即它的自然价格,而这个价格才真正是应当分析的对象。①

上述观点如果放在传统的分析背景下,它是比较连贯的,因为它遵循了萨伊定律。但是问题在于马克思否定了萨伊定律,他认为,均衡经济学观点的得出与周期性危机理论的推导并没有在同一维度下。②

马克思专注于长期均衡的原因是一个令人感兴趣的话题,这类似于解释为什么大多数其他学派的经济学家也关注相似的问题。但是这必然意味着马克思不能直接对产能过剩的周期性危机进行分析。通过强调维持均衡所必须的条件,对均衡的讨论最多仅能对危机的发生前景作出预测,对于均衡理论的发展来说,这只是第一步,这种间接的目的并没有普遍引起均衡理论家的兴趣。然而,实际上马克思远远胜过李嘉图,准确地说,是因为他使用均衡理论来检视均衡(尤其是他的再生产模型)的脆弱性。再生产模型以代表了资本主义经济的各部门之间的依存关系而闻名于世,其中,该模型还说明了为使均衡增长能够持续下去必须满足的一些条件。它们是一个两部门的增长模型,具有后凯恩斯主义和一些新古典经济增长理论的特征。然而,马克思的均衡概念及其做出的简单化假设是从复杂的技术、产能过剩、库存积压中抽象出来的,但却给予了这些模型以工程般的精准质量,实际上大大夸大了合作失败的可能性。可能发生的情形是在生产和消费阶段,经济主体为应对价格、工资和利润变化会做出一些选择,在马克思的分析中,并没有考虑这些问题。

---

① 马克思:《资本论》第1卷,北京:人民出版社2004年版,第616页。
② 对于李嘉图或马克思来说,他们从来没有认识到,如果均衡涉及到需求和供给的平衡,那么均衡可以被认为是需求与供给差异最终可达成的状态。用这种方式分析均衡问题可将其与危机理论相联系,关键点在需求与供给的差异。

由于经济行为对价格的变化不敏感,当预期将出现协调问题时并不能采取一些预防措施,因此市场的灵活性被遮蔽,再生产过程就会出现中断。

这些缺陷也反映了马克思不能处理同时决定问题(simultaneous determination),这在他试图进行进一步创新时变得更严重了。李嘉图作为伟大的经济学家的原因在于他创造性地使假设简单化,避开了经济相互依存的复杂关系,采取了将问题依次解决的方法。熊彼特对此进行了严厉批评,将这称为"李嘉图恶习",但在19世纪初期,当时理论条件还很原始,李嘉图所使用的方法是存在闪光点的。相反,马克思被证明是不愿意或不能够对其思想作出类似的简约处理,因此面临着他从来就没有能够解决的同时决定问题。例如,他承认存在技术的选择,但又经常认为劳动价值似乎是外生的;他认识到,资本深刻改变了单位工人的利润,但他并没有将此纳入技术改变的分析中,而坚称利润率呈现下降的趋势;他提出失业率上升是限制工资上升的力量,但他在假设工资是常数的情况下得出劳动力市场存在超额供给现象。[①]

即便如此,在分析产能过剩导致的供应过剩危机上,马克思迈出了巨大的一步。他写道:

> 在所有的危机中,下面的循环过程与工人有关:雇主不能雇用工人,因为雇主不能售出他的产品。产品销售不出去是因为没有买主。没有买主是因为工人们可用于交换的东西除了劳动外一无所有,正是因为这个原因,他们不能交

[①] 自马克思时代以来,处理同时性问题的能力已经得到显著提高。但是,方法论上存在的问题依然是普遍的。举例来说,新古典主义者指责凯恩斯主义者直接基于理性选择和贸易利益进行的分析缺乏微观基础;凯恩斯主义者回应道,新古典主义批评家所持观点的理论基础也是依赖于特定行为人的行动,而"看不见的手"对此并没有多少事情要做。对此问题似乎没有一个解决方法。

换他们的劳动。①

将此与斯蒂格利茨（Stiglitz）的观点相对比：

最近宏观经济领域的研究主题之一已将经济萧条的原因概括为"合作失灵"。更直接地说，没有工作岗位是因为公司的产品没有需求，产品没有需求是因为人们没有工作。②

因此马克思在他那个时代已经发现了凯恩斯理论所主张的重要观点。然而，他并没有对此作进一步研究，因为他对李嘉图方法论的成见，该方法被他善意地与当代的"庸俗经济学"相对比。他认为，后者没有实质性的分析内容，因为其关于供给和需求的概念并不是来源于资本主义的生产关系。因此，庸俗经济学缺乏深度仅停留在意识形态上。部分来看，马克思是正确的；当代供给和需求理论存在着明显的不足。但他自己所构建的供给和需求的外生性特点，为得出协调失败的结论奠定了基础，这表明这种类型的分析方法从整体上看，并不具有一致的质量。

对李嘉图主义经济学进行批评的同时代学者，的确也对马克思产生了影响。然而，就生产过剩的研究而言，他们所做的工作是有限的。西斯蒙第、马尔萨斯、贝尔图斯、拉萨尔、杜林以及一些英国的社会主义经济学家，他们全都对萨伊定律提出了质疑，并将此作为其研究的部分内容，他们认为，面对持续的需求不足，资本主义制度将完全处于停滞

---

① Marx, K. (1847), 'Wages', in *Marx and Engels* (1976), pp. 415–437.
② Stiglitz, J. (1994), *Whither Socialism*, Cambridge, Mass., MIT Press.

状态。因此危机被看作是一个长期的过程而不是一个急性病症,尽管这一观点已成为马克思主义政治经济学的一个重要的内容,但是,它不是,也不可能是马克思的危机理论的观点之一。鉴于马克思认为资本主义制度的角色是为过渡到"自由人"提供物质基础,以及解放理论的普适性性质,马克思不得不拒绝任何认为资本积累依赖于外部需求的系统阐述。

另外,从某种意义上讲,马克思的危机理论与萨伊定律的批评者们所持观点截然相反。对他来说,危机不仅是周期性的,而且是一个循环机制中的某个阶段,该体系的运动规律致使市场失去平衡。熊彼特曾将资本积累过程中的技术进步所产生的创造性破坏而引致的危机描述为一场"令人畅快的冷水淋浴"。马克思没有使用这个术语,但他可能已接受了这个术语所包含的实质内容。马克思认为,周期性危机并没有威胁到经济增长;它们是循环机制的不可缺少的组成部分,通过危机,循环机制得以持续下去。① 更特别地,资本的集中和积聚(马克思将其视为资本主义积累的主要趋势)通过周期性危机的方式得以实现,并产生了更合理的组织形式。不过,在马克思看来,正是集中和积聚使市场本身被废除的基础得以形成,下面我们将对这个问题进行阐述。

---

① 这就产生了以下问题:为何危机会结束?资本积累会重现?解释这些问题时,马克思遇到了困难,这是因为他否定了萨伊定律,他认为是藉着收益增值过程而产生的量的调整。他也意识到了这个问题,尝试性地提出了增长的周期性特征可以追溯到固定资产投资所产生的回声效应。这为其解释经济的周期性循环提供了基础。然而,由于大部分固定资本在技术上不具有重置性,使得循环并不存在一个有规律的周期,这些观点并没有被证明是非常重要的。

四、第二次转型蕴涵的危机

马克思在过渡到"自由人"的分析中,他提出了与前人完全不同的看法。他不仅摒弃了资本是一种静止物的思想,还否定了商业社会代表了历史的终结这一更根本的论点。相反,社会主义乌托邦理论对其产生了深远的影响。[①] 然而,这些观点的实现需要进行根本性的结构重组,马克思将结构性重组与资本主义的运动规律及其危机相结合,这里他对危机的看法与他在研究第一次转型时所提出的观点相类似(参见本文第 2 部分)。

马克思对后资本主义社会的分析在方法论上的最重要贡献是提出了"科学社会主义"理念。他认为理想中的社会主义并不仅仅是一个自由、平等、无市场的计划经济社会,而且也是不可避免的,因为它萌芽于资本主义的成熟期。马克思认为,资产阶级利己主义、私有财产和市场组织日益成为生产力发展的羁绊,因此注定要被取代。不断发展的社会化生产(根除了不同生产活动之间的孤立、独立和分散的状态)使人与人之间的相互依存度日益加深,资产阶级利己主义显得有些不合时宜了。与此同时,资本的集中和积聚逐渐使计划机制代替了市场组织,股份制企业中所固有的所有权和控制权的分离减少了私人所有制所具有的积极作用。公民社会中存在的这些现象显示出广泛的社会干预是必要的,因为个人利益间的相互影响导致集体受损已变得越来越明显。这些情况表明,在马克思看来,资本主义的社会关系与新的社会化生产方式

---

① 马克思和恩格斯将这些理论家分成各种类型,并对每一类都进行了评论。在以后的工作中也没有从根本上改变这些观点。

的经济需要之间的冲突日益增加。这是将生产过剩的周期性危机与过渡到后资本主义社会联系起来的方式（我们已在前部分有所论述）。然而，其对于社会主义的实现并无太大意义；它们的重要性主要在于，反映了进一步束缚社会生产力的过程。

周期性危机重要性的下降很容易引起争议。毕竟，马克思在阐述使后资本主义社会来临的致命断裂中对生产过剩危机的描述最引人注目。特别是在失业率和贫穷化率不断上升的背景下，他期待这些危机将引发无产阶级革命。然而，即使所有这些已经被证明是真实的，要满足后资本主义生产关系也还是不够的。从马克思角度来看科学社会主义，需要有更多的要求：资本主义生产关系必须被具有更大潜力的另一体制所代替。否则，资本主义的关系将被重建。马克思认为，即使资本主义变得更加具有风险（失业率长期上升的趋势、利润率下降和日益严重的周期性生产过剩问题），这也不会妨碍资本主义生产关系在反资本主义革命后又被重新建立起来。这是来自于整个的资本主义社会经济关系的系统性危机；并非是仅对构成其微观基础的资本—劳动效率关系施加的影响。因此，除非社会主义被证明是在每项活动上更有效率，否则只有通过胁迫或者自我约束才能防止资本主义行为在市民社会中再次出现。但是胁迫与马克思通常所假设的社会主义社会中人具有较大的自由发生了冲突，而相关的自我约束看起来也似乎需要假设成熟的社会主义文化已经形成，所以这像是空想社会主义。

这就说明了马克思所主张的以下观点的重要性：资本主义经济发展最终将产生一个有计划的、社会化的和无市场存在的经济体制，其在各个方面的经济效率均要高于商品生产和商品流通关系下的社会。这种说法的核心在于资本主义社会下的技术变化使生产资料得以集中和积聚。一些指标确实表明从长远来看，这种现象出现在了个别经济体中。但是马克思假定,并且必须作出这样的假定,垂直整合和集中与积聚是相伴而生的。换句话说,他的论点必须要求消灭市场。① 直到那时他才能认为直接管理取代了商品生产,社会主义经济组织被证明是比资本主义经济更有效率。然而,从经验来看,市场重要性的下降并不是很明显:伴随着资本的集中与积聚,对市场的依赖程度也显著加深,实际上,在最发达的资本主义社会这一切看起来已经在发生。生产的商品化程度日益加深与经济活动组织规模变大、数量变少的趋势并不是相互排斥的,两者都已经发生在最富裕的资本主义经济体的重要经济部门之中。再者,大规模公司内部组织通常是按照准市场原则建立的,这就是所谓的非市场机构。在大公司分部之间及其他机构之间经常涉及到资金往来关系、层级关系以及合作关系。

有点自相矛盾的是,如果马克思对资本主义积累的分析被证明是正确的,人们可以合理地想象,社会主义可以在不发生政治危机的情况下实现。与第一次转型(在本文第 2 部分已有论述)涉及到的问题类似,可以通过和平方式解决这些问题,由于后资本主义生产关系的高效率使无产阶级的权力占据了主导地位。恩格斯自己也暗示过存在这种可能性,并发现在马克思政治经济学的历史发展过程中也存在类似的表述,最著名的是希法亭的观点,即只需要将柏林六家最大的银行国有化就可以实现社会主义。

---

① 这是新制度经济学的功绩之一,这与道格拉斯·诺斯(Douglass North)、奥利弗·威廉姆森(Oliver Williamson)、约拉姆·巴泽尔(Yoram Barzel)以及约瑟夫·斯蒂格利茨(Joseph Stiglitz)有关,在主张消灭市场的任何建议中所包含的意思是明显的。

五、与当代市场体系有关的一些结论

资本主义积累的失败使市场关系消灭或被削弱揭示出为什么在混合经济基础上的社会主义运动采取了阶级调和的策略，寻求改良该体系而不是推翻它。上述观点还对分析停滞、危机和苏联生产体系的崩溃给予了一些启发。由于这些生产体系是按非市场路线予以组织并且严重依赖于外来技术，生产力发展必然受到较大束缚。然而，这两个历史现象是否可以作为任何社会主义事业所面临的限制的确凿证据取决于未来技术革新计划的前景。因为这不可能完全由外部作用因素确定，所以在技术设计上人类所具有的能动作用就成为了一个争议点，即使在强调生产力具有决定性作用的历史唯物主义理论下也是如此。这提出了生产方法的可塑性问题，以及提出了建立物质基础以促进自身发展的政治运动在多大程度上能够被认为是合理的问题。最近，对于资本主义自由民主的说法比较引人注目的观点之一是由福山给出的，他认为资本主义的自由民主代表了"历史的终结"，但他并没有提及上述任何问题。从斯密的视角来审视福山在其著作的前半部分提到的观点，其说服力就被削弱了。在本部分的后文中，我们将就为什么自由资本主义和自由民主之间的矛盾将变得更多，而不是更少进行解释。

与这些推理性描述相对比，现代资本主义经济周期的持续性是很明显的。大量数据显示总体经济活动存在波动性，人们已充分认识到了经济波动的周期性性质。马克思将经济增长的周期性作为资本主义的典型特征是正确的，并且就各部门是如何运行的也进行了概括性分析。然而，经济周期所呈现出的两大特点与马克思所预见的并不相同。战后经济的周期性似乎已经变得明显地不是那么严重了，虽然反复发生，但并不是定期有规律性地到来。这些现象导致主流经济学家将波动性理解为是由经济增长趋势下的随机冲击和脉冲传播机制引起的，这些波动的发生可以得到自我纠正。

然而，分歧仍然存在，并且与马克思所处的时代的论争类似，即周期性波动是否包含有普遍的过剩。如果用更现代的术语来表达，可以表述为，这个问题取决于增长机制是否涉及非自愿的数量调整（这里"非自愿"的意思是不符合标准的新古典主义下的最优化结果）。许多新古典宏观经济学家认为自由市场相对于任何其他经济生活组织方式效率都要高。用来论证这一观点的逻辑机制比19世纪的自由主义者所运用的更加精确，这解释了为什么用"neo-（新的）"前缀来描述这一理论。但是，其所主张的基本观点并没有改变太多。

关于新自由主义至少有四个方面值得关注。首先，大萧条往往被忽视或否认。[①] 第二，得出的结论显然内置于假设之中。我们说"显然"是因为结论的得出不存在任何甚至近似于违反直观的看法。假设有一良好性状偏好的行为人在新古典模式下优化其自身的行为方式，并假设行为人对技术变化产生的商品价格变化比较敏感，同时商品所具有的公共性质、不可分割性和信息不完全的程度很小，可以认为周期代表了市场体系应对外部冲击而作出的有效反应。因此，并不存在诱导危机的内生性因素。第三，许多新凯恩斯学派的学者对此观点作出了重大让步，他们试图证明在短期内上述条件并不能确保市场平稳运行，但从长远来看可以接受价格的灵活性保障了市场出清。第四，以瓦尔拉斯一般均衡分析为主要形式的基于微观基础的新古典主义理论，对新自由主义思想的

---

① 然而，最近发生在日本的经济停滞和亚洲经济危机已经引发了对两次世界大战之间采取的经济政策的重要性进行重新评估。

稳健性产生了怀疑。

处于主流经济学之外的后凯恩斯主义是现代宏观经济理论的主要流派。其追随者怀疑李嘉图和马克思所运用的长期均衡研究方法的适应性问题。因而，他们长期坚持从供应和需求角度进行分析，但这种方法强调行为主体的能动性和外部冲击的作用。一旦实现均衡，均衡就被视为具有自我实现的性质，只有通过实现投资预期均衡才能得以维持，这是非常脆弱的。后凯恩斯主义主要分为两大支派。一派关注的焦点问题是均衡的不同类型以及均衡得以继续维持的条件。这归结为阐述预期变化的限度，在此限度内，不会对再生产构成严重威胁。马克思主义经济学在"制度"或"积累的社会结构"概念中包含了这些想法。他们为大量的具体的理论学说提供了一个一致的主题，尤其是在20世纪70年代战后的繁荣时期。

另一派后凯恩斯主义者表示，社会结构对结果的影响总是非常有限的。相反，极端不确定性环境下的"本能冲动"是积累背后的核心动力及其断裂的原因。一波又一波的乐观或悲观情绪压倒了所有其他的影响，并且这些情绪也不可能长时间地停留在一种状态下以使经济能够或者说接近于走上稳步发展的道路。虽然没有任何一个历史唯物主义者承认这普遍适用于资本主义，但是在某一特定的制度正在崩溃、新的制度尚未形成的情况下，后凯恩斯主义的这一观点是可以接受的。

"制度"或"积累的社会结构"概念将马克思对资本主义的分析以及对经济制度的转型分析衔接了起来，特别是对第2部分所提出的问题。它代表了20世纪马克思主义理论的最新研究主题，即已将历史唯物主义应用于研究资本主义制度下的各种复杂关系，这一想法起源于《资本论》，在《资本论》中，马克思将制造业和现代工业进行了区分。自那时以来，学者们从各种角度对最初用来分析不同经济制度之间的过渡的理论进行了阐述和扩展。①

从封建制度过渡到资本主义制度关键取决于政治和经济之间以及国家和市场之间的关系,在目前情况下这也是至关重要的。过去25年里,市场之间的关系,包括生产和金融以及贸易全球化趋势日益明显。因此,国家权力的管辖权不再与统治精英利益最相关的经济活动群相一致。不但在国内,而且在国际上,这一矛盾都是引发危机的重要因素。②

在国内,一国要对流动的生产要素进行征税将变得更加困难,这意味着财政收入将主要来自劳动工人,尤其是来自技术不熟练的工人。政治当局调节经济活动以及维持宏观经济稳定的能力下降了。权力集团间为争取资源再分配而进行的讨价还价的能力也受到了抑制。特别地,变化过程中的任何"失败者"不再像过去那样那么容易得到补偿了,即使国家工作人员赞成这样做。同时,对国家来说,为基础设施和人力资本投资筹措资金已变得更重要,这加剧了削减开支的压力。所有这些削弱了资本主义社会中已建立制度的有效性,特别是自1929年以来形成的社会保障制度、维持最低收入的制度,它们使大部分市民免受严酷的市场竞争的影响。经济活动全球化隐含着竞争程度的加深,使旨在保护

---

① 理论家对"制度"和"积累的社会结构"概念赋予了特定的内容。在这里我们使用这个术语并不意味着坚持该概念的创始人的观点。

② 本部分接下来的内容并没有涉及到现代资本主义发生的其他明显的巨大变化。除了全球化之外,在过去的20年,发达的资本主义经济体经历了一个生产增长率相对停滞的时期。这削弱了大多数资本主义国家的财政实力,比如债务占GDP比例在不断上升。与此同时,美国的主导地位相对下降,使主权政治当局之间的合作更难以实现。总的来说,这三个发展增加了危机发生的可能性,我们将在下文讨论此问题。

民族资本的制度的有效性受到打击。① 而且，不断扩大的不平等趋势得到了强化，因此，如果福利国家仍然保持传统制度形式，那么相对贫穷的公民对市场激励的反应就会变得迟钝。② 自从税收负担逐渐压在中等收入阶层身上后，对于政府所承担的角色及其不断地扩大，民众的敌意情绪日渐高涨，改变这一倾向的趋势正在形成。这遭到的阻力较少，因为现代生产制度下的技术具有的灵活性特征，使工作经验变得多样化以及劳工组织的作用被大大削弱。反过来，这种分裂强化了"特殊利益集团"的利益扩张之势，使政治当局履行其更广泛责任的能力受到限制。

在国际层面上，国家之间发生严重冲突的概率上升。不仅是贸易摩擦加剧，更重要的是，在安全问题上也存在分歧。全球化的投资网络要求超越国界规划军力，因而强化了建立地缘政治的必要性。因为权力具有零合性质，资本主义国家之间发生冲突的可能性增大。与此同时，对第三世界国家的投资保护难度变大，因为他们的工业化导致了城市工人阶级的产生，这使得打败反对力量变得更加棘手。

所有这些发展都对修改管辖权提出了需要。有两种方向相反的运动：一种是将政治权力向上转移至超国家机构，一种是将政治权力向下

---

① 在电信业这种情况最明显。放松管制令人感到鼓舞的是，没有它，一个国家的居民将通过很迂回的途径避开国家垄断部门与外国公司进行交易。

② 美国和其他发达资本主义国家不平等现象加剧的原因备受争议。但是，如果全球化继续深化，它将使收入差距进一步扩大。

转移到区域性机构。① 上述两种过程均不是一帆风顺的，两者都遭到了利益集团的抵制，他们将维护自身的利益等同于维护国家的利益。并且即使当人们认为需要对一些权力重新进行分配时，对于究竟是哪些权力以及超国家机构如何行使这些权力也存在着严重的分歧。② 另一方面，在现有的领土边界内，将权力交给低一级别的机构将使维护国家标准与确保公平竞争问题变得尖锐。

全球化进一步拓展了市场的广度和深度，使市场参与方对市场的依赖日益加深。这表明，马克思对原始积累的描述其意义经久不衰，比他自己所认为的还要深远。这个概念不仅适合于描述资本主义的起源，它还可以用来解释资本主义体系内反复出现的为增强灵活性而制定各种政策。③ 十分明显，严重的冲突是该过程必要的一个组成部分，为使该过程能够实现，权力机构往往会表现出独裁专制的一面，这使那些受益的人们也常常显得惴惴不安。在新兴市场的南部和东部对原始积累的需要十分明显。该过程的特点在于无产阶级的发展已比较充分，而拥有私有

---

① 人们有时说，民族国家对于处理重大问题来说是太小；对于处理地方性问题又太大。第二个方面与新技术和游移性工业导致经济集聚有关。就美国来说，许多强大的集团抵制将权力移交给超国家机构。因此，除非世界其他国家接受美国统治及其相关规则，否则就会产生贸易联盟的倾向。

② 这一点在欧盟很明显。前英国保守党政府和现在的法国"社会主义"政府都赞成单一市场计划。前者认为这样做是因为这被看成是推行自由贸易，而后者看到的则是实行统一的规章制度所具有的优势、加强对资本利得征税的能力以及制定更可行的社会政策。

③ 波拉尼是第一个认识到这点的学者。他还预见到了奥尔森提出的一些论点。"原始积累"的普遍相关性还表明，对于当前大家所关注的问题，现代初期的历史学家提出的理论可能比当今历史学家所提出的理论价值更大。在目前的新型"国家建设"方式背景下，此种认识得到了强化。

财产的所有者阶层正在形成或被重塑。成功的前提是政权比较牢固，权力机构具有官僚主义作风，以及各种政策能够得到有效执行。显然至少前苏联就不是这样的，其向市场经济过渡采取了对前苏联中普遍存在的特定阶层结构施加限制的形式。的确，在东欧至少出现了四种剩余的提取模式："合法的"政治当局利用公职直接创造利润；封建领主或资本主义黑手党为提供的保护服务收取费用；不平等商业交换网络将他人资源转移到私人腰包；通过雇佣劳动和维护客观市场的发展以确保资本主义顺利运行。如果后者占据主导地位，现代国家的形成必定较为盛行，通常其演变过程非常曲折而且冲突不断。

六、重温马克思

马克思的危机理论包含的三个维度，我们在前四个部分已经进行了阐述。然而，它们代表的仅是一种分析方式，通过纳入其他形式的理论，我们可进行进一步的深入研究。我们已经在本文的不同地方表明了这一点，另外，还需要认真对待新古典主义理论的各种形式，最初他们仅研究孤立的市场活动，最近其开始将"政治"纳入分析框架。不过，这绝不意味着其与马克思主义者的目标一致，但他们也没有盲目支持新古典主义的核心假设（而主流理论学家对这些假设给予了较高评价）。因此，出现了一些与马克思主义者的分析观点趋同的现象。目前的情况与马克思本人所面临的有所不同。毕竟，最初的历史唯物主义是通过批判性吸收自由主义者的思想而形成的。

（原载《国际应用经济与经济计量学》杂志2002年7月至9月号）

（黄毅、付强 译）

马克思与列宁论危机、反抗与革命时机[*]

〔意〕伊莱纳·韦帕莱利

[摘　要] 任何一种经济危机都不会自然地产生反抗运动,一种革命形势既可以由一种经济危机孕育,也可以在一种政治或意识形态危机中诞生。由于所处历史时代和形势的不同,"自发反抗"与"意识形态反抗"在马克思那里就是群众学习的两个阶段,因此也是形成革命主体性的两个连续步骤。而列宁将"自发反抗"与革命视为阶级斗争的两种不同性质的方面。马克思提出的"学校—成熟"分析框架将从反抗到革命的过渡设想为一个通过群众实践达到自我转变和自我解放的过程。而列宁提出的"胚胎—组织"分析框架重点强调的是通过先锋政党、理论甚至是国家政权来赋予反抗一种具体的形式。

[关键词] 危机　社会反抗　革命时机　阶级斗争　革命主体性

将马克思主义中的危机与社会反抗之间的联系做出深入分析或许是一项比较棘手的工作。如果我们耐心分析马克思本人对资本主义危机问题研究的方法,就会发现本文所要研究的内容在马克思那里并没有提到。实际上,当危机被视为一种"纯粹"的经济现象时,主观力量的

---

[*] 本文选自《马克思主义与现实》2011年第3期。作者IreneViparelli系意大利萨勒诺大学哲学博士,葡萄牙埃武拉大学哲学博士后,国际关系与政治学研究中心研究员。

行为问题就无从谈及；相反，如果从危机本身更加宽泛的含义来看（即"革命危机"，同时涵盖了政治和意识形态层面），那么一切焦点都会集中在如何利用危机孕育的"革命时机"问题上。但在上述两种视角中，社会反抗的问题都没有被提及。对于这样一种理论"沉默"，我们将如何处理？

首先我们要面对两种可能性：要么只局限于马克思文本中对特殊反抗形式进行特殊的分析，要么如同阿尔都塞那样，对马克思的"沉默"提出质疑，并努力从资本主义危机与"革命时机"[1]之间的显性联系出发去分析危机与社会反抗之间的隐性联系问题。如果要遵循第一种可能性，我们很可能达不到研究的目的。假如我们只把研究焦点放在工厂手工业向机器大工业转变过程中最初出现的工人反抗运动（即马克思在关于西里西亚纺织工人起义一文中所作的分析），根本不可能触及到成熟资本主义国家的危机和无产阶级反抗的关系问题。所以我们认为第二种可能性或方法要更好：在危机与革命时机的总体性分析中找出我们要研究的"隐性对象"：社会反抗。为此，我们首先要从危机和革命形势，同时从"社会反抗"和革命时机中准确找出要分析的内容，然后转向马克思与列宁所作的关于危机与革命形势之间联系的分析。

社会反抗问题其实在罗莎·卢森堡和葛兰西等作者或上世纪60年代意大利的工人主义思潮中体现得更为集中，那么为什么我们还要集中精力研究马克思和列宁所做的分析呢？因为反抗问题反而没有在马克思和列宁的分析中占据中心位置。确切地说，社会反抗在马克思和列宁的分析中只是一种"隐性对象"，我们需要从资本主义危机与革命形势的

---

[1] L. Althusser, E. Balibar, R. Establet, P. Macherey, J. Rancière, *Lire le Capital* (1965), Paris: PUF, 1996.

关系这个更宽泛的问题内部去寻找这个"隐性对象"。马克思和列宁只是分别突出了自己的观点，但两者的观点并没有出现一个汇合点，从而更加明确马克思主义在看待危机与社会反抗之间关系的特殊性。

一、危机与"革命时机"：社会反抗到底扮演什么角色？

提到"社会反抗"一词我们会想到什么？其实马克思在《资本论》中关于工人反抗的文章已经给出了答案。我们可以从中发现，马克思的分析总结了反抗的主要特点，不单是无产者的反抗运动具有这种特点，所有社会反抗活动的根源都体现出这些特征。第一个特点：在描述工人对机器的反抗斗争时，马克思这样写道："劳动资料一作为机器出现，立刻就成了工人本身的竞争者。通过机器进行的资本的自行增殖，同生存条件被机器破坏的工人的人数成正比。"① 由此可见，反抗是对生存条件恶化的失望情绪产生的必然后果。第二个特点：马克思将罢工定义为"反抗资本专制的周期性暴动"。② 由此可见，反抗是与对资本主义剥削形式的不满和仇恨紧密相连的。第三个关于反抗的特点：马克思在《资本论》中谈到："工人要学会把机器和机器的资本主义应用区别开来，从而学会把自己的攻击从物质生产资料本身转向物质生产资料的社会使用形式，是需要时间和经验的。"③ 由此看来，马克思对于反抗的定义最终强调的是反抗现象与斗争手段和目标之间的联系，即意识形态。因此，"反抗"一词在马克思那里就具有了双重含义：它既指代"自发反抗"，即源于失望与仇恨情感的阶级斗争形式，同时又指代

---

① 《资本论》第 1 卷，北京：人民出版社 1975 年版，第 471 页。
② 《资本论》第 1 卷，北京：人民出版社 1975 年版，第 476 页。
③ 《资本论》第 1 卷，北京：人民出版社 1975 年版，第 469 页。

"意识形态反抗",即由一种包含手段和目标的理念控制的阶级斗争。总之,"反抗"一词就是指情感与意识形态超越了单纯的自发形式的阶级斗争阶段。

那么反抗运动到底在资本主义危机开启的革命形势内部扮演什么角色呢?要回答这个问题,绝对不能只将危机看作"纯粹"的经济现象。要将危机与"主观行动"的联系概念化,必须从危机本身更宽泛的意义上来理解,即把危机理解为同时涵盖政治和意识形态维度的社会危机。如果我们认真思考阿尔都塞关于资本主义矛盾的特征、经济基础的最终决定作用以及危机时期主要矛盾转移的分析,就会得出如下结论:首先,任何一种经济危机中都不会自然产生反抗运动;其次,一种革命形势既可以由一种经济危机孕育(当这种经济危机扩展到政治与意识形态层面时,如1848年与1905年的革命形势),也可以在一种政治或意识形态危机中诞生(这时的经济因素并不立刻构成决定因素)。例如1870年或1917年的形势就是这种情况,主要是军事失败引发的政治危机孕育了革命形势。

由此我们可以将"革命形势"定义为一种"辩证空间",它介于一种纯粹的经济危机(不会引发任何社会反抗)与一种"革命危机"(所有的经济、政治、意识形态、国内与国际条件以及这些条件之间的相互联系推动危机向革命转变)两者的"限制情况"之间。总之,革命形势就是这样一种背景:所有的主观和客观条件同时具备,使得危机向革命时机的转变势在必行。

如果只讨论社会反抗,即阶级斗争的一种形式问题,我们的分析就应当限制在研究主观条件范围内。因此,我们要研究上面提到的两种"限制情况",主要是"纯粹反抗"(所有能够利用革命时机的主观条件都没实现）和"象对待艺术那样对待起义"①（所有主观条件已经具备）。在这种研究框架内部，我们必须要明确什么是"自发反抗"和"意识形态反抗"，并指出两者是否推动或阻碍了能够利用革命时机的主观性的形成。

"自发反抗"是面对危机的主观反应最直接的形式。被剥削阶级（农民阶级、小资产阶级和无产阶级）由于对物质条件恶化的失望以及对资本主义矛盾（财富生产与社会贫困）激化的不满而奋起反抗。鉴于这种斗争形式的自发性与直接性特征，每个阶级都只能孤立地去反抗，即为"自我"而反抗；但这种反抗的情感同时也是一种团结和凝聚的因素，这种因素能够促使各阶级放弃相互猜疑，从而进行共同斗争。

即使这种斗争阶段并不能使人预见到革命时机，但它能够创造出一个统一的大众群体，这是所有革命的一个必要条件。换句话说，对剥削的仇恨和对悲惨境况的失望是人民大众主观化的首要形式，同时也是所有革命运动的源头。这种仇恨和失望推动各个被剥削阶级进行反抗，并促使各个阶级间形成情感的统一。这就是为什么马克思和列宁一直赋予这种自发斗争形式一种积极的评价：马克思将其称为革命的"学校"，列宁认为这是革命的"萌芽"（胚胎）形式。

"意识形态反抗"是指小资产阶级在革命力量中占据统治地位的阶段：在资本主义生产关系中，由于小资产阶级处于资产阶级与无产阶级的中间地位，它根本无法形成一种独立的阶级观。因此，小资产阶级的意识就是资产阶级的自由原则与无产阶级的社会主义原则的矛盾混合体，这就直接导致了在小资产阶级的理论中，反抗的价值与目的总是在

---

① 《列宁全集》第 2 版第 32 卷第 236 页。

经济与政治两个维度间摇摆不定，以至于完全将两者盲目、抽象、武断地分割开。

从其不可实现的层面来看，小资产阶级的意识形态与无政府主义的观点是一致的：通过对政治维度和社会压迫的国家维度的直接认同，小资产阶级将政治与经济割裂开来。这就导致了两种后果：一方面，阶级斗争的政治时机（即夺取国家政权的时机）被否定；另一方面，限制在单纯的经济斗争领域的革命被视为一种"总罢工"，从而在实现社会解放的同时也摧毁了斗争的政治维度。无政府主义者希望实现的革命目标是消灭国家和剥削，却不考虑接受实现目标的必要手段。

从其缺乏逻辑的层面来看，小资产阶级的意识形态是一种机会主义：通过无产阶级斗争的两个独立机构（工会与政党）将政治与经济机械地分割开来。工会是为逐步提高无产阶级物质条件的改良斗争工具。与其说工会是一种社会反抗政治化的工具，不如将其称为社会反抗的疏导工具更为确切。政党主要负责培育群众的政治意识，并对其进行开化和教育。政党的政治行动已经完全脱离了社会反抗运动的那种活力和生机。这种机会主义的内容实际上与无政府主义同出一辙：它将罢工理解为斗争的一种纯粹经济形式，同时将政治斗争简化为单纯的议会斗争。这种机会主义只是简单地通过资产阶级议会制中的表面自由来教化大众，并期望资本主义本身能创造出超越自我的客观条件。因此，本来应当成为阶级斗争一个重要工具的议会斗争已经无法再履行这种职能。

罗莎·卢森堡在《群众罢工、政党和工会》中评价群众的自发运动时就曾批判过这两种观点。1896年以来的俄国罢工史以及1905年革命对群众罢工的利用即可成为佐证。一方面，以罢工形式出现的社会反抗运动的发展能够成为一种比议会制更强有力的群众教育工具。罗莎·卢森堡指出，一年的革命使俄国无产阶级所受的教育要远胜于30年的议会和工会斗争给德国无产阶级带来的教育效果。① 另一方面，罢工并不仅仅是一种纯粹的经济斗争形式。罗莎·卢森堡认为，在大规模的罢工中，经济因素与政治因素并不是明显区分并相互排斥的，俄国无产阶级斗争中的经济与政治因素是交织在一起的。② 而独立的工会斗争与议会斗争则是斗争的"改良"形式，它们在实践中的辩证结合使其成为革命斗争的重要手段。③

总而言之，"意识形态反抗"占据统治地位的时候就预示着反抗变成了一种消极和反动的力量，从而分化和削弱了革命阵营。无政府主义状态下缺乏真正的革命斗争策略，机会主义状态下将斗争局限在狭窄的议会斗争范围内，这两种情况都阻碍了群众有效地利用危机提供的革命时机，从而使群众的自发反抗完全变为被动：他们在面对资产阶级的反动企图时，只能表现出束手无策。

为什么马克思和恩格斯认为只有无产阶级才是真正革命的阶级呢？这是由无产阶级在资本主义生产关系中的特殊地位所决定的：只有无产阶级才能用其独立的阶级观来反对资产阶级的自由主义，并找出达到政治目的的有效手段。因此，确立无产阶级对小资产阶级和农民阶级的领导支配权就意味着革命主体性的成熟，而反抗的情感也将服从于斗争的革命目标。

通过以上分析，我们可以尝试回答社会反抗在革命形势中到底扮演

---

① R. Luxemburg, *Grève de masse, parti et syndicats*, Paris: Maspero, 1964, p. 63.

② R. Luxemburg, *Grève de masse, parti et syndicats*, Paris: Maspero, 1964, pp. 45–46.

③ M. Löwy, *La théorie marxiste du parti*, Actuel Marx, No. 46, second semestre 2009, Partis/Mouvements, pp. 27–51.

什么样的角色。一方面，社会反抗是群众主观化的第一种"自发"形式，意味着革命的开端；另一方面，从斗争的手段与目的来分析，社会反抗的一个重要特点就是"意识形态的混乱"，因此反抗也可能成为一种反动力量。由于社会反抗具有这种双重含义，它也因此成为了革命形势中的辩证选择时刻。当反抗的情感服从于革命目标时，就实现了将危机转变为革命时机的主观条件；相反，当"意识形态反抗"的层面占据统治地位时，解决危机的方法就沾染了反革命的色彩。

二、马克思如何看待危机、反抗与革命时机

马克思将社会反抗形容为群众的"学校"，即从青春期逐渐走向成熟的过程，这也向我们指出了反抗向革命的过渡是一个自我解放的过程。阶级斗争的具体经验，即革命实践，不仅使群众积累了自身状况逐渐成熟的经验，也使他们具备了自身解放的清晰意识。"自发反抗"与"意识形态反抗"在马克思那里其实就是群众学习的两个阶段，因此也是形成革命主体性的两个连续步骤。

在上述分析框架下，危机应当起到什么作用呢？危机时期其实就是这样的历史时刻：社会关系的神秘面纱被揭开，统治阶级的政治软弱性凸显，两者的同时作用促使阶级斗争以最激进的形式发展。而革命形势则是检验群众成熟程度的时刻，同时也是群众以后继续学习的历史背景。换句话讲，革命形势就是这样一种背景："革命实践"使群众在具体行动中完成了对"自发反抗"和"意识形态反抗"阶段的超越，并达到一种更加成熟的革命主体性形式。

从以上分析中我们可以看出，马克思的观点遵循一种线性逻辑。只有通过社会反抗运动，组织混乱的群众才能形成真正的革命主体性。这

种线性逻辑可以被视为一种历史趋势，但我们不能将其与历史过程的目的论相混淆。构成主观活动特殊场所的革命形势包含着全新的阶级斗争形式，而我们不可能事先掌握。因此，与这种历史的形势与事件紧密相连的社会反抗必然是阶级斗争中一直存在的因素。从反抗过渡到革命的历史时刻也应当被视为一种"趋势"，即主体掌握革命时机的可能性不断增加，但这并不意味着完全实现了革命胜利的主观条件。

三、马克思的行动主义和1848—1871年间的形势

1848年二月革命到巴黎公社期间，从自发反抗到起义革命，法国这个国家几乎试验了所有阶级斗争的形式。通过对这些事件的分析，我们可以从实践上证明革命主体性的成熟，即能够抓住危机提供的革命时机。

1845—1847年英国爆发的经济危机为整个欧洲开启了一个新的革命形势。危机波及法国，导致了1848年的二月革命，同时也拉开了频繁阶级斗争的序幕：危机加深了人民的苦难以及资产阶级政府的政策引发的不满情绪，两者同时作用推动被剥削阶级（无产阶级、小资产阶级和农民阶级）奋起反抗。由于这种对危机的自发反应，每个阶级都成为历史活动的积极主体。

1848年6月，无产阶级被迫起义。"工人们没有选择的余地：不是饿死，就是斗争。他们在6月22日以大规模的起义作了回答。"[①] 掌握政权的资产阶级实行反无产阶级的政策，尤其是颁布解散"国家工厂"的法令，更加恶化了本来就让无产阶级失望的生存条件，进一步激化了

---

① 《马克思恩格斯选集》第2版第1卷第398页。

无产阶级的不满情绪,彻底摧毁了他们"相信能在资产阶级身旁谋求自身解放"的幻想。① 六月起义也因此成为无产阶级的一所"学校"。

"1848年12月10日是农民起义的日子。"② 资产阶级的税收政策使法国农民的悲惨境况更加恶化,从而导致了农民起义。以路易·波拿巴为代表的"富人共和国"是农民失望与仇恨的对象。农民的这种反抗对于他们来说也是一所"学校":"议会制共和国的三年严酷统治,使一部分法国农民摆脱了对于拿破仑的幻想。"③

面对《友好合同》(Concordats à l'amiable)法案被否决以及法国资产阶级的反革命趋势,小资产阶级以自己的方式于1849年6月19日发起反抗运动。小资产阶级本来是要举行维护宪法的和平示威游行,但"游行队伍在和平路口转入林荫大道时遇到了尚加尔涅的龙骑兵和猎步兵的完全不是议会式的接待"。④ 正是在游行失败后,小资产阶级才意识到自身势单力薄,并认识到与无产阶级联合的必要性。

被剥削阶级反抗运动的失败经验使他们学习到联合对抗资产阶级的必要性,并且要走向阶级斗争更加成熟的形式。因此,在1848年革命形势的末期,群众主观性形成的一个新阶段拉开了序幕。马克思认为1850年3月10日的选举是一个真正的革命时机:一方面,被剥削阶级联合成立社会民主党;另一方面,在反对波拿巴的战斗中,资产阶级被削弱和分化。选举的胜利本来可以被认为是阶级斗争走向革命的开端,然而小资产阶级领导的社会民主党并没有将选举的成功视作革命的手段,恰恰相反,只是将这种成功解释为"自身目标"的实现。革命时

---

① 《马克思恩格斯选集》第2版第1卷第385页。
② 《马克思恩格斯选集》第2版第1卷第411页。
③ 《马克思恩格斯选集》第2版第1卷第679页。
④ 《马克思恩格斯选集》第2版第1卷第438页。

机就这样消逝了，资产阶级又获得了胜利。

然而，这种"意识形态反抗"占据统治地位的情况也是群众进行学习的阶段。反革命的激进化既是小资产阶级改良主义的后果，同时也证明了任何和解与妥协方案都是不可行的。然而，这种反革命的激进化也是摒弃小资产阶级意识形态统治的一个重要手段，同时也确立了无产阶级作为先锋阶级的革命领导权。

1871年革命形势的出现主要是由于法国在法德战争中的失败引发的社会政治危机。得益于1848年的革命经验，1871年的革命形势是检验革命主体性成熟度的时刻：一方面，无产阶级确立了自己成为革命力量中的先锋阶级的地位；另一方面，凭借1848年革命以及第二帝国的教训，其他被剥削阶级接受了无产阶级的领导权。首先是农民阶级："农民曾经是波拿巴派，因为在他们的眼中大革命及其带给农民的所有利益都体现在拿破仑的身上。这种在第二帝国时代迅速破灭的（而且就其本质而言是和乡绅议员相敌对的）幻觉，这种过去时代的偏见，怎么能够抵得住公社对农民切身利益和迫切需要的重视所具有的号召力呢？"① 其次是小资产阶级，他们被第二帝国从政治和经济上摧毁，面对公社只能持中立态度："公社拯救了这个中等阶级，因为公社采取英明措施把总是一再出现的中等阶级内部纠纷之源，即债权和债务问题解决了。"②

群众面对危机的态度与1848年时的态度完全不同。1848年的危机使资产阶级利用了无产阶级的失望和不满情绪，并对其进行残酷镇压。1871年的形势正好相反，无产阶级巧妙地利用了资产阶级的政治经济

---

① 《马克思恩格斯选集》第2版第3卷第63页。
② 《马克思恩格斯选集》第2版第3卷第61页。

软肋：针对资产阶级通过妥协的方式来解决危机的企图，无产阶级将危机转化为"革命时机"，用自己的方式来解决危机。由于将危机积极转化为革命，作为先锋阶级的无产阶级将被剥削阶级的反抗情感成功纳入到革命目标之中，由此在实践中完成了向阶级斗争最成熟形式的过渡：发起革命。

四、列宁如何看待危机、反抗与革命时机

列宁将1905年的革命经验视为1917年革命胜利的一个先决条件。我们同样可以用分析马克思观点的方法来分析列宁关于危机与社会反抗的联系问题。我们首先对比两种革命形势：第一种形势是群众的"学校"，为进入第二种形势做好准备。通过这种对比，我们可以分析要达到革命主体性成熟必须完成的不同阶段。需要强调的是，通过对1848年与1905年革命形势的粗略对比，足以说明这种试图将马克思与列宁之间建立一种历史观与方法论的连续性的理论方法很可能会忽略我们的研究对象。

实际上，1902年的工商业危机以及随后爆发的日俄战争同时作用，导致了1905年革命形势的出现。面对沙皇政权下的这种政治与经济危机，列宁设想了两种历史可能性：第一种，人民利用危机提供的历史时机来领导革命，通过革命道路来实现超越资本主义的客观条件；第二种，资产阶级通过达成反动阶级与大资产阶级间的各种妥协走向改良道路。

与马克思对1848年的情况分析以及罗莎·卢森堡对1905年的情况分析不同，列宁并没有过多关注社会反抗维度下的形势，他提出了如何抓住革命时机的问题。如果按照马克思的分析思路和框架，即把反抗与

革命视作同一过程的两个相连阶段，那么我们认为列宁并没有提到社会反抗的问题。因为面对革命问题的紧迫性，研究反抗的问题已经显得过时了，抑或是社会反抗问题只是以消极的方式显现出来：反抗的概念只是涉及到无纪律的大众自发性，即回应压迫的一种无序的社会暴力型自发运动，或是涉及到小资产阶级思想意识下的反抗。

但是，当列宁将苏维埃定义为群众自发性组织的最先进形式时（即作为继1848年六月起义与巴黎公社后革命主体性形成过程的第三个阶段），他似乎准确使用了马克思的分析逻辑，即通过革命实践逐渐从反抗过渡到革命。那么，列宁到底赋予这样一种革命主体性（在实践中）的发展什么意义呢？列宁是否认为当群众参与到革命实践中时，社会反抗本身才能具备向革命过渡的能力？抑或是列宁提出一种不同的理论分析，通过其他方式来提出社会反抗问题？

要回答这些问题，我们首先要从列宁对苏维埃在革命形势中的角色分析入手。苏维埃也面对双重可能性：要么成为人民政权机关，要么变为资产阶级统治制度下的机构。1917年，这种双重可能性必须在"一切权力归苏维埃"和"革命失败"两者之间作出选择。① 列宁认为："苏维埃只有在取得全部国家政权之后，才能真正发育起来，才能发挥自己全部的潜力和才能，否则就会无所作为，或者仍不过是个胚胎（而过久地作为胚胎存在是不可能的），或者成为一种玩物。"② 我们看到列宁在这里谈到了革命力量的成熟与革命之间的关系问题，但是他采取了与马克思相对立的方式来阐述。马克思认为革命是革命力量达到成熟后产生的结果，而列宁的观点恰恰相反：只有革命（即夺取政治权力）

---

① A. Negri, *Trentatre lezioni su Lenin*, Roma, Manifestolibri, 2004, pp. 109 – 151.

② 《列宁全集》第 2 版第 32 卷第 298 页。

才能促使革命力量达到成熟。实际上,列宁以自己独到的见解阐述了从反抗过渡到革命的问题。马克思提出的"学校—成熟"分析框架将反抗到革命的过渡设想为一个通过群众实践达到自我转变和自我解放的过程。而列宁提出的"胚胎—组织"分析框架重点强调的是通过先锋政党、理论甚至是国家政权来赋予反抗一种具体的形式。具体来说,列宁不再将"自发反抗"与革命视为同一过程的两个不同阶段,而是将其视作阶级斗争的两种不同性质的方面:反抗是群众的自发性组织层面,它总是处在一种双重演变中(要么成为革命力量,要么成为资产阶级统治的组织)。我们现在要面对的问题不再是促使反抗转变成革命的过程问题;在列宁看来,问题的核心是要完成从阶级斗争的自发层面到其革命层面的"质的跨越"。①

那么,什么力量能够实现这种"质的跨越"呢?列宁认为要准确定义先锋政党与群众的辩证关系,由此来解决理论与实践的关系问题。但列宁的表达方式与马克思相反。马克思认为革命实践是形成主体性和革命理论的决定力量。而列宁认为"没有革命的理论,就不会有革命的运动"。②

在列宁的理论中,"自发反抗"、"意识形态反抗"与"革命"是历史,尤其是革命转折的三个组成部分。然而我们需要明确这些词汇在列宁的理论中到底有何种意义。

"自发反抗"是试验所有斗争形式的场所:从恐怖主义斗争到群众起义,从议会斗争到抵制运动,从经济罢工到政治罢工,从农民的暴力

---

① D. Bensaïd, "Leaps! Leaps! Leaps!" in S. Budgen, S. Kouvélakis, S. Žižek (dir.), *Lénine Reloaded. Towards a Politics of Truth*, Durham and London, Duke University Press, 2007.

② 《列宁全集》第2版第6卷第23页。

反抗到贫苦农民夺回土地，从和平示威到武装斗争。无论斗争采取怎样的形式，这种"自发反抗"总是由反抗的情感或各种意识形态支配。在自发斗争领域，无产阶级远不能占据先锋队的地位，无力从反抗中脱颖而出，因为无产阶级在自发斗争中的阶级意识并不是革命性的，而是改良性质的，即工会主义思想。

从自发阶级斗争产生的阶级力量关系来看，马克思理论的作用在于为群众指明推动斗争前进的道路，即超越这种自发性。马克思的理论通过在每一个历史转折时刻为群众指出达到政治目标的最佳策略来实现向革命斗争的"跨越"。换句话说，在每一个历史转折时刻，理论应当成为群众的"行动指南"。

但是小资产阶级的意识形态却与之相反，它与群众的自发性相比总是显得落后：小资产阶级的思想并不能将反抗的情感作为斗争的起点，从而赋予这种情感一种意识和一个指导方向，也不能推动群众的自发性继续向前发展，它（小资产阶级意识形态）既不懂得历史矛盾与阶级斗争，也不能作为群众的"行动指南"。由于小资产阶级的意识形态脱离了现实，它只能是一种抽象和无力的"主义"，只能服从于自发意识。

五、列宁的行动主义与1917年的形势

当危机强化了人民的革命激情并推动人民群众自发进行反抗时，理论与意识形态面对社会现实的不同态度会在革命形势中清晰地表现出来。理论能够使群众的激情服从于革命的目标，因此理论是一种能够使反抗完成向革命"跨越"的力量；相反，意识形态在革命形势中是一种反动力量：由于它无法为群众指明革命的手段与目标，因此意识形态

只能将斗争限制在它的胚胎状态,这就意味着群众斗争的解体、革命时机的丧失以及将革命颠倒为反革命。

下面我们来分析一下在既定的历史形势中这种观点是如何体现的:我们以1917年的形势为例(1917年的革命形势源于帝国主义战争导致的俄国内部的政治危机)。通过分析布尔什维克党与群众之间的关系我们可以得出如下结论:意识形态并不仅仅代表与理论相对立的态度,它也是理论自身最大的危险;党与群众的辩证关系很可能由于群众的自发反抗与"革命的抽象教条"之间的意识形态分离而互相颠倒。列宁在《关于目前政治形势的决议草案》中写道:"党的任务决不是加速事态的发展,相反地,应该尽一切努力赶上事态的发展,并及时向工人和劳动者做力所能及的解释工作,说明形势的变化和阶级斗争进程的变化。目前党的主要任务,就是要向群众说明:形势非常危急,任何行动结果都可能变成爆发,因此,过早的起义会带来极大的危害。"[①]

当处于革命转折时刻时,党的组织任务显得非常困难:布尔什维克党面临落后于事态发展的危险,因为各阶级之间的力量对比关系发生了改变。这就意味着:一方面,没有理解正在发生的历史转折,无力制定一个适合的策略,只能从意识形态层面去面对群众的自发性;另一方面,人民的革命激情有随时爆发的危险,资产阶级对群众反抗的镇压以及革命时机的丧失。

1917年7月是第一个历史转折时刻:当时的布尔什维克党只能无奈地从意识形态层面来面对群众的反抗。无产阶级于4月20—21日以及6月18日先后发起两次游行示威,这种自发斗争最终以7月初资产阶级的残酷镇压谢幕。这个历史转折时刻无疑体现出反抗运动的特点。

---

① 《列宁全集》第2版第32卷第144—145页。

(列宁在《六月十八日》中写道:"这两次游行示威都没有打算指出革命今后发展的方向,而且也不可能指出。这两次游行示威都没有向群众和代表群众提出具体的、明确的和迫切的问题:革命应当向何处去,应当怎样进行。"①)面对无产阶级的这种自发反抗,当时的布尔什维克持什么态度呢?列宁认为:"我们党在7月3—4日这两天所犯的真正错误,就在于党对全体人民的革命情绪估计不足,党认为政治改革还可以通过苏维埃的改变政策而和平发展。"② 布尔什维克本应当通过自发的阶级斗争来制定党的正确策略,但是它只停留在口号阶段,即倡导权力向苏维埃的和平过渡,这其实在实践中已经被无产阶级的反抗斗争所否定,因而只能成为空洞和抽象的教条。这样,布尔什维克不仅没能将群众的革命激情有效组织起来,反而间接地帮助资产阶级取得了反革命的成功。

同年9月,当孟什维克和社会革命党人召开民主会议时,布尔什维克再一次落后于事态的发展:"对所谓民主会议的意义愈深入思考,站在旁观者的地位(常言道,旁观者清)对民主会议愈仔细观察,就会愈加确信,我们党参加这个会议是犯了错误。本来应当抵制这个会议。"③ 列宁认为抵制政策是起义条件成熟时要采取的策略。然而,1917年9月,布尔什维克党不仅没能利用有利形势来引导群众走向革命,反而将群众的注意力引向"民主会议"这样的错误目标,因此丧失了革命时机。

最后,在同年10月份,当所有有利于起义胜利的条件都具备之时,布尔什维克党再一次面临危险:党内一部分人认为在苏维埃代表大会没

---

① 《列宁全集》第2版第30卷第334页。
② 《列宁全集》第2版第32卷第143页。
③ 《列宁全集》第2版第32卷第251页。

有赋予革命合法性之前不能发动革命。面对这样的危险状况，列宁写道："我深信，如果我们'等待'苏维埃代表大会，放过目前的时机，就等于断送革命。"① 不利用革命时机只能意味着背叛革命，仅仅凭借群众的自发性无法完成从反抗到革命的"跨越"。②

（本文编译自法刊 *Actuel Marx* 2010 年总第 47 期，原文标题为"Crises, révoltes et occasion révolutionnaire chez Marx et Lénine"）

（张春颖 编译）

---

① 《列宁全集》第 2 版第 32 卷第 278 页。
② S. S. Žižek, *tredici volte lenin*, Trad. It. F. Rahola, Milano: Feltrinelli, 2003, pp. 7–15.

帝国主义论及新帝国主义

《帝国主义论》是把握现代世界经济的基本理论观点[*]

〔日〕中川信义[①]

列宁的《帝国主义论》1916年撰写于瑞士的苏黎世，1917年发表于俄国的彼得格勒。关于这部著作的基本课题，列宁在《法文版和德文版序言》中已经作了说明。列宁说："本书的主要任务，无论过去或现在，都是根据不容争辩的资产阶级综合统计资料和各国资产阶级学者的自白，来说明二十世纪初期，第一次世界帝国主义大战前夜的全世界资本主义经济在国际相互关系上的**总的情形**。"[②]

我在这里引用这句话，是要实现我自己的决心：在二十世纪八十年代的今天，而不是在"二十世纪初期"，根据"资产阶级综合统计资料"和"资产阶级学者的自白"，来说明"全世界资本主义经济在国际相互关系上的总的情形"。我是专攻世界经济理论的。我的目的是学习列宁的《帝国主义论》，并通过学习它来确定把握现代世界经济的基本理论观点，而不把这篇文章仅仅局限在"经典著作辅导"和"名著解说"上。

---

[*] 本文选自《马列主义研究资料》1985年第6辑。
[①] 作者是大阪市立大学教授。——译者注
[②] 《列宁全集》第1版第22卷第181页。

一、马克思的经济学和《帝国主义论》

(一)《资本论》和《帝国主义论》

在马克思的《资本论》中有三部分资本积累理论,即第一卷第七篇《资本的积累过程》、第二卷第三篇《社会总资本的再生产和流通》、第三卷第三篇《利润率趋向下降的规律》。在这三部分理论中,第二卷第三篇《社会总资本的再生产和流通》是列宁在《论市场问题》中思考的中心问题。同时,也是列宁在《俄国资本主义的发展》中批判民粹派经济学家理论错误的依据。第一卷第七篇《资本的积累过程》和第三卷第三篇《利润率趋向下降的规律》在《帝国主义论》中则是列宁理论的出发点。利润率下降产生过剩资本,过剩资本输出到国外。列宁的资本输出理论是从输出过剩资本这一角度来论述的。这一点,与同时代的其他马克思主义理论家的资本输出理论相比具有明显的特色。

在研究《资本论》与《帝国主义论》的关系或前者向后者的发展时,必须特别注意到资本积累理论是两者在理论上的连结点。从《资本论》第一卷第一版发行到《帝国主义论》发行,时间相隔整整五十年。在这五十年中,资本主义经济发生了许多重大变化。其中,最大的变化就是资本积累方式的变化。

列宁在《帝国主义论》第七章《帝国主义是资本主义的特殊阶段》中给帝国主义下了一个定义:"帝国主义是资本主义的垄断阶段。"① 同时,还给帝国主义下了一个包括如下五个主要特征的定义:"(1)生产

---

① 《列宁全集》第 1 版第 22 卷第 258 页。

和资本的积聚已经发展到这样高的程度,以致造成了在经济生活中起决定作用的垄断组织;(2)银行资本和工业资本已融而为一,在这个'财政资本'的基础上形成了财政寡头;(3)与商品输出不同的资本输出已具有特别重要的意义;(4)分割世界的资本家的国际垄断同盟已经形成;(5)最大资本主义列强已把世界上的领土瓜分完毕。"① 列宁的定义可以和今天资本积累方式结合起来加以考虑。

资本积累的发展造成了生产和资本的高度集中,结果形成了垄断组织;银行资本和工业资本的溶合或混合生长,形成了以它们为内容的财政资本以及在此基础上确立起来的财政寡头的统治。这些变化组成了垄断资本主义或资本主义垄断阶段的国内经济体制的框架。与此同时,资本的积累和再生产则被垄断的本质,即"统治的关系和由此而产生的强力"② 所左右。

然而,在两个世纪的过渡时期产生的变化不仅影响到国内经济体制,而且也影响到世界经济体制。这超出《资本论》叙述的范围。世界经济体制即帝国主义的世界体系,究竟应该怎样来表述呢?

(二)政治经济学批判体系和《帝国主义论》

关于政治经济学批判体系,马克思最初提出的设想是由五部分组成的。这个计划,马克思在《政治经济学批判导言》的《政治经济学方法》一章的末尾曾经作过叙述,即:"(1)一般的抽象的规定……(2)形成资产阶级社会内部结构并且成为基本阶级的依据的范畴。资

---

① 《列宁全集》第 1 版第 22 卷第 258—259 页。
② 《列宁全集》第 1 版第 22 卷第 199 页。

本、雇佣劳动、土地所有制。……（3）资产阶级社会在国家形式上的概括。……（4）生产的国际关系。国际分工。国际交换。输出和输入。汇率。（5）世界市场和危机。"①

马克思的设想几经曲折和改变，终于确定了由六部分组成的计划，即在《政治经济学批判序言》中提出的：(1) 资本。(2) 土地所有制。(3) 雇佣劳动。(4) 国家。(5) 对外贸易。(6) 世界市场。关于这一计划的六个项目之间的关系，马克思说："在前三项下，我研究现代资产阶级社会分成的三大阶级的经济生活条件；其他三项的相互关系是一目了然的。"②

围绕现行《资本论》究竟属于这个计划的哪一部分的问题而展开的争论，就是众人皆知的所谓计划争论。然而，不管坚持"资本一般"说，还是坚持"前三部分"说，显而易见，"后三半部分"，即国家、对外贸易、世界市场不包括在《资本论》三卷中的任何一卷里。《帝国主义论》从理论上概括了帝国主义是资本主义的最高阶段。那么，究竟怎样来看《帝国主义论》呢？关于这个问题，现在有一种颇为独到的见解，而且我本人也赞同这一见解。这就是认为，"《帝国主义论》不单纯是对上述计划某一个项目的'资本'部分或'资本一般'篇的具体发展，而且是把包括世界市场在内的整个马克思的'政治经济学批判体系'具体化，并应用到垄断阶段"。我们不能忽视，在这种情况下，焦点是世界市场，它才构成了政治经济学批判体系和《帝国主义论》之间在理论上的连结点。

列宁接着在上述定义之后写道："帝国主义是发展到这样一个阶段

---

① 《马克思恩格斯选集》第 1 版第 2 卷第 111 页。
② 《马克思恩格斯选集》第 1 版第 2 卷第 81 页。

的资本主义，在这个阶段上，垄断组织和财政资本的统治业已确立，资本输出具有特别重大的意义，国际托拉斯已开始分割世界，最大的资本主义国家已把全球领土瓜分完毕。"① 这里没有我们在下边将看到的马克思的世界市场理论，有的则是列宁的帝国主义世界体系，诸如"资本输出"、"资本家垄断同盟分割世界"、"最大的资本主义列强分割世界"等等。

因此，在这一节即将结束的时候，我准备谈一谈马克思的世界市场理论。正如上述计划所表明的，马克思的世界市场理论是在"生产的国际关系"之下论述的国际分工、国际交换、输出和输入、汇率、"世界市场和危机"。其理论基点是以揭露国际剥削为基本课题的国际价值理论。关于这一点，过去，我曾经三次归纳过论点，以求把理论体系化。

第一，国际价值理论的主要问题包括四点：（1）价值规律在国际上的修正；（2）国际剥削和国际不等价交换；（3）货币的相对价值在国际上的不同；（4）竞争和国际价格在世界市场上的形成等。

第二，构成研究国际价值理论的中心论点有三个基础概念：（1）世界劳动；（2）国际价值；（3）国际市场价值。

第三，逻辑体系，即：（1）国际价值理论；（2）建立在这一基础上的国际剥削理论；以及（3）对外贸易产生的一般利润率上升理论。

《帝国主义论》给国际价值理论提出的最大问题是，如何统一把握世界市场的竞争和垄断、国际贸易和国际投资（尤其跨国企业和对外直接投资），以及如何构筑其一般理论。这就是确定把握现代世界经济的基本理论观点，这就是活用《帝国主义论》于现代的正确道路。

---

① 《列宁全集》第 1 版第 22 卷第 259 页。

二、帝国主义是资本主义的最高阶段

（一）帝国主义的国内经济体制

这里说的帝国主义国内经济体制，就是垄断资本主义或资本主义经济垄断阶段的"内部结构"。列宁在《帝国主义论》前三章即第一章《生产的集中和垄断》、第二章《银行和银行的新作用》、第三章《财政资本和财政寡头》中，考察了这个问题。

列宁说过："在五十年前马克思写《资本论》的时候，绝大多数经济学家都认为自由竞争是一种'自然规律'。马克思的著作对资本主义作了理论上和历史上的分析，证明自由竞争引起生产集中，而生产集中发展到一定阶段，就会引起垄断。"① 正如列宁说的，第一章是按照《资本论》第一卷资本积累篇写出来的，自由竞争在所有发达资本主义国家中都推进了生产集中。"生产集中发展到相当程度，可以说，就自然而然地直接走向垄断"②。这句话，就是列宁理论的出发点。

"生产集中引起垄断，是资本主义发展到现阶段的一般的基本法则"③。这个基本规律不仅是贯串于分析国民经济体制的前三章的原理，而且也是贯串于叙述帝国主义世界体系的后三章的原理，并且也是贯串于整个这部著作的原理。《帝国主义论》从历史上概括了这种垄断的产生，然后把它划分为下述三个时期：（1）十九世纪六十年代和七十年

---

① 参看《列宁全集》第 1 版第 22 卷第 192 页。
② 《列宁全集》第 1 版第 22 卷第 189 页。
③ 参看《列宁全集》第 1 版第 22 卷第 192 页。

代是自由竞争发展达到顶点的最高阶段;当时垄断组织还只有一点不甚明显的萌芽;(2)1873年危机之后,是卡特尔广泛发展的时期,但是卡特尔当时还只是一种例外;(3)在十九世纪末的高涨和1900—1903年的危机时,卡特尔已经成了全部经济生活的一种基础。

"资本主义进到帝国主义阶段,就使生产完全达到全面社会化的地步"①。但是,占有制仍然是私有性的,资本主义的,少数垄断者对大多数居民的压迫更加百倍地沉重和显著,令人难以忍受。列宁指出,这就是垄断资本主义的基本矛盾之一。

接着,列宁谈到了垄断的本质,即统治的关系和由此产生的强力。垄断取代了自由竞争,自由竞争原理只不过执行资本主义生产的各种内部规律。列宁归结说:"垄断正是'资本主义发展最新阶段'的最高成就。"②

既然这种垄断的本质贯串于《帝国主义论》全书中,我们也就必须进一步地去研究垄断的发生与发展,以及由此而带来的新现象。列宁在第七章中就所谓垄断和竞争之间的矛盾斗争论述说:"从自由竞争中生长起来的垄断并不消灭竞争,而是凌驾于竞争之上,与之并存,因而产生许多特别尖锐特别剧烈的矛盾、摩擦和冲突。"③ 并且断定说:"垄断是从资本主义进入更高级的制度的过渡。"④ 列宁还指出垄断原理贯串于给帝国主义下的定义中,他说:之所以说帝国主义是资本主义的垄断阶段,这是因为,在国内方面,"财政资本是工业家垄断同盟的资本溶合起来的少数垄断性的最大银行的银行资本";在世界方面,"世界

---

① 《列宁全集》第1版第22卷第197页。
② 《列宁全集》第1版第22卷第202页。
③ 《列宁全集》第1版第22卷第258页。
④ 《列宁全集》第1版第22卷第258页。

的分割，就是由无阻碍地扩张到未被任何一个资本主义强国占据的地区的殖民政策，过渡到对已经分完了的世界领土进行独占的殖民政策"①。列宁在第八章里分析了"资本主义的寄生性和腐化"。他指出这种寄生性和腐化产生于垄断。因为"帝国主义最深的经济基础就是垄断"，"这种垄断……必然要引起停滞和腐化的趋势"②。与此相联系，列宁指出了垄断有可能人为地阻碍技术进步。而且，列宁在第十章《帝国主义的历史地位》中断定：帝国主义就其经济本质来说，是垄断的资本主义，"这一点也就决定了帝国主义的历史地位"③。

然而，如果不注意到"银行和银行的新作用"，那就不可能完全正确地认识垄断的实力和意义。列宁在第二章里论证了银行业集中于少数几家银行和垄断在银行业中的形成。随着银行业的集中，"银行就由简单的中介人变成万能的垄断者，几乎所有的资本家和小业主的全部货币资本，以及本国和许多国家的大部分生产资料和原料来源都处在它们支配之下"。④ 在这里，我们看到了适应垄断阶段的银行的新作用。工业开始依赖于银行。银行开始替一些资本家办理活期存款，执行着一种辅助性的业务。"而这种业务的范围扩展到很大的时候，少数垄断者就支配着整个资本主义社会所有工商业的业务"⑤。正如马克思说的，银行造成了社会范围的公共簿记和生产资料公共分配的形式，但这种生产资料的分配制决不是社会的，而是私有的，资本主义的，从而引起矛盾。工业资本依赖于银行，通过两者之间的"个人联合"日益加深，而且

---

① 《列宁全集》第1版第22卷第258页。
② 《列宁全集》第1版第22卷第268页。
③ 《列宁全集》第1版第22卷第292页。
④ 《列宁全集》第1版第22卷第202页。
⑤ 《列宁全集》第1版第22卷第207页。

这种关系又通过与政府之间的"个人联合"而臻于完善。结果,银行资本和工业资本日益溶合起来,以至于最后混合生长。列宁归结说:"总之,20世纪是旧资本主义进到新资本主义,一般资本统治进到财政资本的统治的转折点。"①

在第三章中,最为重要的是列宁批判了希法亭关于财政资本的概念,并在此基础上提出了自己关于财政资本的定义。"生产集中;由集中而产生垄断组织;银行和工业溶合或混合生长,——这便是财政资本产生的历史和财政资本这一概念的内容"②。接着,列宁谈到了资本家垄断组织的"经营""必然会变为财政寡头的统治"的问题:(1)首先谈到了最为重要的"参与制"的问题;(2)并且谈到:财政资本不仅在工业高涨时期,而且在工业衰落时期,贱价收买倒闭的企业,或通过"整理"和"改组",大发横财;(3)指出:用大城市近郊的土地来做投机生意。但从文章的前后内容来看,最重要的有两点:第一,财政资本通过创办企业、发行有价证券、经营国家公债等等而获得大量的利润,巩固财政寡头的统治,向整个社会征收贡税;第二,财政资本处在一切其他形式的资本之上,这表明在国内食利者和财政寡头占有统治地位;也表明在国外少数拥有财政"实力"的国家处在其余一切国家之上。

(二)帝国主义的世界体系

这里所说的帝国主义世界体系就是上面已经引用过的在《序言》

---

① 《列宁全集》第1版第22卷第218页。
② 《列宁全集》第1版第22卷第218页。

中说的"全世界资本主义经济在国际相互关系上的总的情形"。列宁在前三章之后,在第四章《资本输出》、第五章《各个资本家同盟分割世界》、第六章《列强分割世界》中分析了这个问题。

第四章是出发点,它从确认下面的事实开始,即"自由竞争占完全的统治地位的旧资本主义的特征是**商品**输出。垄断占统治地位的现代资本主义的特征是资本输出"①。随着垄断的形成,产生了大量过剩资本。这个过剩资本输出到国外,而不是用于提高广大居民的生活水平。在这里,由"许多落后的国家已经卷入世界资本主义的流通范围……发展工业的起码条件已有保证等等"产生的"输出资本的可能",不同于由"资本主义在少数国家中已经'成熟过度了','获利的'投资场所已经不够了(在农业不发达和群众贫困的条件下)"②所创造的"输出资本的必要"。但是,资本输出是帝国主义世界体系的一环,它之所以重要,是因为分割世界,"从假借的意义来说,输出资本的国家已经把世界分完了"③。

第五章叙述了各个资本家同盟分割世界。这一章分析了资本家的垄断同盟即卡特尔、辛迪加、托拉斯。资本家垄断同盟已经把国内市场分割完毕,开始分割世界市场。在这里,一被称为"超级垄断"的"全世界资本集中和生产集中的新阶段"④,则成了问题的中心。列宁考察了电气工业协定、煤油托拉斯、航运业协定、国际钢轨卡特尔、钢铁辛迪加、国际锌业辛迪加、国际火药托拉斯等事实。从这些事实考察中得到的结论是,一国的集中与别国的集中紧密相联;分割必然引起重新分

---

① 《列宁全集》第 1 版第 22 卷第 232 页。
② 《列宁全集》第 1 版第 22 卷第 233—234 页。
③ 《列宁全集》第 1 版第 22 卷第 238 页。
④ 《列宁全集》第 1 版第 22 卷第 238 页。

割,"财政资本时代的私人垄断和国家垄断是怎样交错在一起的,实际上这两种垄断都不过是最大的垄断者瓜分世界的帝国主义斗争中的个别环节而已"① 等等。国际垄断组织从经济上分割世界、"世界资本集中"、"超级垄断"等构成了帝国主义世界体系的核心部分。

第六章叙述了帝国主义英国、德国、法国、俄国、美国等分割世界领土。这一章从理论上概括了帝国主义世界体系。列宁首先从肯定"世界分割完毕"开始。"所谓完毕,并不是说不可能重新分割了,——恰巧相反,重新分割是可能的、不可避免的——而是说在资本主义各国的殖民政策之下,我们这个行星上无主的土地都被占完了。世界是第一次被分完了。"② 所以将来只有重新分割,即只有帝国主义战争。联系到这一点,列宁指出:(1)全世界殖民政策同财政资本有极为密切的联系;(2)资本主义进到垄断阶段,进到财政资本阶段,是同分割世界的斗争的尖锐化联系着的;(3)财政资本甚至支配一些政治上完全独立的国家;(4)垄断同盟一旦将所有原料的来源掌握在自己手里,就巩固无比了。原料愈缺乏,追逐原料的来源愈紧张,占据殖民地的斗争也就愈激烈;(5)资本输出的利益也促进了掠夺殖民地的斗争;(6)财政资本的政策和思想体系,加强了夺取殖民地趋向,等等。而且还提醒注意:(7)"财政资本和同它相适应的国际政策,即归根到底是列强为了在经济上政治上分割世界而斗争的国际政策,造成了许多过渡的国家依赖形式"③。正如人们所知道的,关于这最后一点,列宁曾经在《帝国主义论笔记》中作过研究,而《帝国主义论笔记》是为撰写《帝国主义论》作的庞大准备材料。

---

① 《列宁全集》第 1 版第 22 卷第 243 页。
② 《列宁全集》第 1 版第 22 卷第 247 页。
③ 《列宁全集》第 1 版第 22 卷第 255 页。

三、关于跨国企业和资本输出的理论问题

第二次世界大战后,我国曾围绕《帝国主义论》开展了争论。争论的主要问题是,《帝国主义论》这部经典著作作为分析现代资本主义的方法究竟在多大程度上有效?《帝国主义论》和全面危机理论究竟有什么关系?列宁的资本输出理论对分析今天的跨国企业和对外直接投资究竟是否有用,等等。

关于上述最后一个问题,我准备放在后边来谈。这里,先来谈谈有关《帝国主义论》的其他几个理论问题。首先,就和《资本论》联系而言,就有一系列问题,例如"资本的积聚和集中"和"生产的集中"或"生产和资本的集中"的关系、"垄断"和"垄断组织"或"垄断资本"的关系、垄断利润的源泉和垄断的平均利润率规律,以及从理论上确定股份公司的地位,等等。就和政治经济学批判体系的联系而言,"世界市场"和《帝国主义论》的第四、五、六章的关系引起了大量争论。如果说《帝国主义论》是对《资本论》的继承和创造性发展,那么,我们就必须探讨这些论点的内部联系,并进行深入的研究。

与列宁同时代的马克思主义理论家,还有希法亭、罗莎·卢森堡、布哈林等。联系到他们叙述的财政资本概念,以及联系到对帝国主义性质的规定等,《帝国主义论》也引起了大量争论。而且,在第二次世界大战后,在下述一系列问题上,也不断对《帝国主义论》提出了许多争论的问题,例如对现代帝国主义,特别是对美帝国主义的评价问题、殖民地体系崩溃的意义、新殖民主义的本质、经济统一理论问题以及"自由贸易帝国主义"问题,等等。其中有些问题,虽然争论得十分激

烈，但比较起来取得的成果并不大。

我是专攻世界经济理论的，最后从我专攻的题目中提出有关跨国企业和资本输出的理论问题来作一探讨。今天，在从事理论创造的学会和研究会那里都是怎样来研究这些问题的呢？我准备介绍一下这方面的争论情况。不过，这里也只谈谈要点。

（1）如何确定《帝国主义论》中的资本输出理论和马克思政治经济学批判体系中的"资本输出理论"的地位？二者之间有何联系？

（2）对资本输出的必然性的把握和对《俄国资本主义的发展》的对外贸易必要性的把握有什么不同？二者之间有何联系？

（3）国际资本转移不同于国内资本转移，它的独特性是什么？

（4）资本输出的一般理论及其内容是什么？

（5）以过剩资本为前提的资本输出和以各国利润率不同为前提的资本输出有什么差别？

（6）重新探讨《帝国主义论》的资本输出的根本命题；

（7）《资本论》第三卷信用篇的借贷资本和现实资本中的过剩资本，与资本输出理论有什么联系？

（8）过剩资本理论在危机和资本输出中各自不同的叙述；

（9）过剩资本理论在工业资本阶段和帝国主义阶段的不同叙述；

（10）工业资本阶段的利润率和帝国主义阶段的利润率不同，阐明产生这种不同的机制是什么？

（11）为什么直接投资在现代资本输出上占首位？

（12）国际上是如何应用资本积累理论的？作为国际资本积累理论的资本输出理论如何？

（13）跨国企业与《帝国主义论》以及与《帝国主义论》的资本输

出理论有何联系？

（14）海外生产或国际生产在现代资本输出中的意义是什么？

（15）跨国企业和发展中国家的关系以及新殖民主义问题；

（16）跨国企业和社会主义国家的关系如何？

（17）不平衡发展规律在分析现代资本输出中的有效性如何？

（18）资本在发达资本主义各国之间渗透的意义；

（19）对外援助，即国家资本输出和民间资本输出相结合的机制；

（20）支配股份公司的形式的跨国企业理论；

（21）股份公司内部纯剩余的资本过剩问题；

（22）在分析现代资本输出中引进国际分工理论的观点。

在上述问题中，有的论点已经清楚了，有的意见取得了一致，或意见接近一致［（6）（11）（12）（14）（18）（22）］，但绝大部分问题都还没有能够解决，尤其和（6）有关的（4），以及和（4）有关的（5）、和在今天评价《帝国主义论》有关的（13）（17）、还有宫崎义一和佐藤定幸之间就（21）等进行的争论等，都至为重要。

虽然有这么多问题还没有解决，但从理论和现状分析，两个方面所进行的研究却不断地取得成果。我们坚持马克思主义经济学的立场，在今天批判地摄取这些成果已经越来越重要。在这种情况下，我们即使拥护《帝国主义论》的每一个命题，也不能无视现实中出现的新情况以及围绕这些新情况所进行的新研究。我的这篇文章的主要课题，就是为了确立把握现代世界经济的基本理论观点，因而，关于《帝国主义论》以外的一些重要课题，也就不得不在此全部撇开不谈了。特别是和《帝国主义论》后半部分各章有关的作为资本主义特殊阶段的帝国主义和批判考茨基的超帝国主义理论、资本主义的寄生性和腐化、超额利润和由此而产生的收买工人贵族、批判帝国主义的思想体系以及其他各个政治课题等，这些部分都使得这部著作的水平远远超过了同时代的其他同类著作的水平。我们应该像列宁对待先驱者马克思那样，正确地理解列宁的《帝国主义论》，在现实中应用它，并创造性地发展它。

（原载日本《经济》杂志 1985 年 5 月号）

（李成鼎 译）

关于列宁对超帝国主义论的批判等问题的再思考*

〔日〕静田均①

一

1960年2月，我在京都大学学报《经济论丛》第85卷第2号上发表的《考茨基的超帝国主义论》一文中，曾提到考茨基在第一次世界大战期间发表的3篇论文，其中收录了他的超帝国主义论的要点。对这种超帝国主义论的重要批判，在列宁的《帝国主义是资本主义的最高阶段》一书的第7—10章中已提到，可以说，列宁既挖苦又讽刺地进行了一系列严厉的反驳。接着，一阵猛烈炮火，使敌人无喘息的余地，战斗完全以一方胜利而告终。不可否认，在第一次世界大战后，考茨基一方没有直接地进行反驳。今天重新回首往事，一旦同当代的问题联系起来，冷静地进行反省，恐怕提出某些问题是很难避开的。当然，考茨基的超帝国主义论是否正确，这另当别论。

二

列宁在分析和反驳考茨基关于帝国主义的概念规定之后，进而把批判的焦点集中到对超帝国主义论的批判上。他说："如果把纯粹经济的

---

* 本文选自《马列主义研究资料》1989年第1辑。
① 静田均是日本京都大学经济学会研究员。——译者注

观点看作'纯粹的'抽象概念，那么唯一可能得出的结论是：发展的趋势是走向垄断组织，因而也就是走向一个全世界的垄断组织，走向一个全世界的托拉斯。这是不容争辩的，不过也是毫无内容的"①。

作为抽象理论，说它正确，但又说它荒谬，这究竟意味着什么呢？这是一个缺少具体性的观念理论，过于脱离现实。取代死的抽象的是面对活生生的现实。考茨基是怎样空谈的，我们会立即判明。现在来看一看列宁的基本思想。

列宁引用理·卡尔韦尔对世界经济现状的分析，指出经济和政治条件惊人的多样化，各国发展速度的极不均等以及帝国主义各国之间的狂暴斗争，阐明了整个世界被划分为数个领域，铁路在近20年间在以怎样的速度铺设以及是怎样分布的。一句话，他从中得出了资本主义发展不平衡的结论。而只要发展是不平衡的，国际间的政治和经济的平衡就只能是暂时的状态，不可能具有持久性。"金融资本和托拉斯不是削弱而是加强了世界经济各个部分在发展速度上的差异。既然实力对比发生了变化，那么**在资本主义制度**下，除了用**实力**来解决矛盾，还有什么别的办法呢？"②

当然，在现实世界，类似考茨基所说的超帝国主义的萌芽也不是绝对没有的。例如，列宁虽然承认国际卡特尔和国际间的资金协调和通融之类的情况的存在，但并不情愿。但是列宁对它们的评价是截然不同的。他认为，这不能持久地消除国际间的对立和竞争，而只能暂时起到缓和的作用。"试问，**在资本主义基础上**，要消除生产力发展和资本积累同金融资本对殖民地和'势力范围'的分割这两者之间不相适应的

---

① 《列宁选集》第2版第2卷第813页。
② 《列宁选集》第2版第2卷第815页。

状况,除了用战争以外,还能有什么其他办法呢?"① 考茨基则认为,关于帝国主义的未来,存在着两种可能性,列宁针对这一提法,坚决强调帝国主义不可避免地要同战争联系起来。

总之,我们不得不承认,两者的对立,对帝国主义的本质的理解的不同,毕竟是有来由的。列宁认为,帝国主义和垄断资本是一种不可分的关系,更正确地说,是一个同一的存在。这是政治体制、经济体制本身。不过,帝国主义要导致战争,而战争会同革命联系在一起。超帝国主义即继续和平的这种路线在现实中是不可能存在的。与此相反,考茨基认为,帝国主义是高度工业资本主义阶段的大国政策。政策是由各种因素决定的。应充分认识到,形势的变化会导致政策的改变。为了更加清楚地说明考茨基的这种观点,我们来援引一下他的论文。

考茨基在《帝国主义战争》一文中说:"的确,不理解帝国主义,也就不理解现在的战争。帝国主义是资本主义国家政策的最明显、最强大的推进力,但不是唯一的推进力。例如,帝国主义具有来自资本主义发展的必然性,对资本主义国家的发展是不可缺少的。贯穿帝国主义的是一种努力,即追求超额利润的努力,虽然这一点不单单是帝国主义所具有的特征。这种努力当然同资本主义密切相关。这一点会随着资本主义的消灭而消灭,通过社会主义才能得到克服。不过,帝国主义虽然是获得超额利润的手段之一,但不是唯一的手段。如果这条道路不通,资本还会另寻一条道路。"他又说:"帝国主义政策不是在这种意义上的经济必要性,就是说生产并不是如果没有它就不能在资本主义的范围内有效地进行,因此不如说,帝国主义政策只是从某些资本家阶层的利润意图产生的,资本主义的发展使这些阶层越来越强大;因此一个国家是

---

① 《列宁选集》第 2 版第 2 卷第 817 页。

否实行帝国主义政策的问题就是它的对内政策方面的实力问题，它取决于国内能从帝国主义获利的阶层和反对帝国主义的阶层强大到什么程度。……不过帝国主义就其整个本质来说，不仅是对内政策方面的实力问题，而且也是对外政策方面的实力问题。帝国主义的政策正是实力政策，别无其他。"①

总之，考茨基认为，帝国主义是一个国际的权力政治的问题。这是一个强国大国的问题，而不是弱国小国的问题。既然帝国主义是一个国际政治问题，一方面由于资产阶级的理性的狡猾，另一方面由于作为反帝势力的无产阶级的成长，就要充分考虑到它有改变的可能性。帝国主义向超帝国主义升华的可能性以及对这一政策的研究，如果不是迂回地进行的，就毫无意义了。可以认为，这就是考茨基的观点的本质。就这一意义来说，考茨基的超帝国主义论可以说是一种设想。

三

《帝国主义是资本主义的最高阶段》的第 8 章的标题是《资本主义的寄生性和腐朽》，这一章在该书中是很值得注意的一章。在双重意义上值得注意。第一，关于帝国主义所固有的寄生性问题，被当时大多数人，甚至马克思主义者所忽视，而列宁重新强调这一点，就是要唤起世人的注意。第二，不仅如此，他以此为据点，果敢地发起向考茨基的挑战。

帝国主义的寄生性和腐朽究竟何指呢？其次，导致这些现象的是一些什么原因呢？列宁针对这一问题谈了以下三点。

---

① 见《新时代》杂志 1917 年（第 35 卷）第 1 期第 475、482 页。

第一，存在着资本主义垄断阻碍技术进步的趋向。他说："这种垄断也同任何垄断一样，必然要引起停滞和腐朽的趋向。既然规定了（虽然是暂时地）垄断价格，那么技术进步、因而也是其他一切进步的动因，前进的动因，也就在相当程度上消失了；其次**在经济上**也就有可能人为地阻碍技术进步。"① 虽然他只是举出一个事例，但我认为这类事例必定还有。在今天，我们会轻而易举地再举出一些更新、更有说服力的实例。私人垄断是有阻碍技术进步的一面，这一点无可否认。这是一个严峻的事实。但是问题的重心在于，它已达到何种程度以及怎样理解这一点。

自19世纪70—80年代以来，德国和美国私人垄断的确立和迅猛发展显然开辟了一个新纪元，宣告了所谓垄断资本主义的到来，与此同时，新发现、新发明接踵而来，而这是尽人皆知的事实。作为新工业能源的电力和石油出现了，利用柴油和石油的内燃机车制成了，在钢铁工业中研究出转炉法、平炉法、托马斯法，合成化学工业得到迅速发展，等等。随之而来的是，产业的重心由轻工业转向重工业。有人称这种转移为新的产业革命，也有人称此为第二次产业革命，因为它涉及面很广，影响深刻。

这种技术革新同上一代相比有何特色呢？第一，当时进行革新的不是从经验和直感中得出的业余发明家，而是依靠科学，根据足够的理论的知识分子，是他们的发明登上了新的舞台。爱迪生和西门子只不过是证明这一点的两个例子。他们中有些人是技术人员，同时又是企业家、经营家。第二，新技术的完成，从最初起，就已产生了垄断的大企业。无论是机电工业还是化学工业都具有这样一种性质，如果不投出巨额资

---

① 《列宁选集》第2版第2卷第818页。

本，不大规模地经营，就无法核算。因此，企业的命运在起点上就应当是一个巨大垄断体。第三，这些垄断的大企业，为了改进技术，要进而成立大规模的研究机构，雇用众多的专门技术人员，专心不断设计新产品。所以，能否认为垄断是创造新技术，促进经济发展的一种原动力呢？另一方面，我提倡这样一种见解——技术的跃进是形成垄断的杠杆。

列宁是怎样考察当时的技术革新的，这一点我虽不好判断，但是不能认为垄断长期以来在全面阻止生产力的发展。列宁在我前面引证的那句话后继续说，"当然，在资本主义制度下，垄断决不能全面地、长久地排除世界市场上的竞争"，又说，"这也是超帝国主义论荒谬的原因之一"。可以说，在这一点上他没有忽视资本主义的有生气的性格。而"当然，用改良技术的办法可能降低生产成本和提高利润，这种可能性是促进着各种变更的"这句话，可以看作是以他所说的资本主义发展不平衡为根据的一根支柱。但是问题在下面一句："但是垄断所特有的停滞和腐朽的**趋势**还继续在发生作用，而且在一定的时期还会在个别工业部门、个别国家占上风。"[①] 这究竟意味着什么呢？垄断有妨碍技术进步的一个方面，但是能不能说，垄断不是有关资本主义的全局的东西，而是所谓部分现象、过程中的现象呢？换句话说，垄断是否只具有相对的意义呢？如果是这样，那么能否得出这样一个结论，即不必如此重视作为造成寄生性和腐朽的动因的技术停滞呢？

---

① 《列宁选集》第2版第2卷第818页。

四

造成寄生性和腐朽的第二个动因是对殖民地的剥削。列宁说："垄断地占有特别广大、特别富饶或地理位置方便的殖民地的事实，也在发生同样的作用。"① 这是不言自明的道理。

看起来殖民地的意义以至作用是与资本主义的发展阶段相适应而发生变化的。在竞争的资本主义时代，殖民地作为宗主国的工业产品的销售市场具有主要的意义；在垄断的资本主义时代，殖民地作为宗主国的过剩积累的投资领域逐渐增加了重要性。不过这种变化同本国产业结构的变化具有相应的关系。就是说，在竞争的资本主义阶段，生产纺织品和其他商品的轻工业扮演着主要角色，与此相反，在垄断的资本主义阶段，金属、机器、化学工业等重工业的比重增加了，产业结构提高了。随着这种产业结构的变化，资本输出越来越增大了它的重要性。

不过，当前的问题不是竞争资本主义阶段的殖民地，而应当是垄断资本主义阶段的殖民地。列宁在第7章阐明殖民地的意义时，不是从商品输出的角度出发，而是专门从资本输出的角度出发，而这一点我们已经看到了。这不是使我们在默默之中想起了上述的差异了吗？不管怎么说，我们认为，只要殖民地吸收宗主国的过剩资本，就会缓和过剩积累和过少投资的矛盾，其次，只要把对殖民地的超额利润的掠夺归还给宗主国，就会阻止利润率下降的趋向。因此，如果承认这些设想，例如承认殖民地能暂时活下去，就必须承认资本主义体制具有增强和延长寿命

---

① 《列宁选集》第2版第2卷第818页。

的效果。在这种意义上我们不得不说,把殖民地的意义单纯地同寄生性和腐朽结合在一起这一点就过于片面了。

五

最后,作为寄生性和腐朽的第三个动因,列宁指出了食利者阶层的形成。在股份公司制度盛行时,虚拟资本以至证券资本同实体资本以至职能资本明显地分离了。股票、公司债券的持有人可以依靠红利和利息过活,已经同企业经营本身彻底地分离了。于是这批人成了靠红利生活的人,成了寄生虫。列宁的观点大体上就是如此。但问题果真就此结束了吗?

不言而喻,股东具有二重权利,其一是参与利益分配的权利,其二是出席股东会议参与决策的权利。他们对后者是不关心的,一般来说关心的是满足利益的分配。分配多寡是问题所在,对经营不必费神。这样他们就成了食利者。多数是这类股东。委任投票制和无表决权的出现无非是上述事实的证明。不过最重要的是行使表决权的股东。通过股份财产,A公司支配B公司,持有企业和企业之间的股份这样的事例,在今天多得数不胜数,而参与这种经营的股东实际上是应当引起重视的。这类股东就不单纯是食利者了。

股份的分配是利润的一部分,实质上等于利息。资本主义越发展,利息率就越低,这是总的趋势。在这个限度内,食利者也许在等待安乐死吧!不过在这里议论要分成两点去说明。第一,不管是股份还是公司债券,证券财产所带来的收入是相当可观的,但其中大部分与其说用于消费,毋宁说用来储蓄,过不久用于投资。不过,在储蓄和投资之间是不相吻合的。结果,如果储蓄过剩和投资过少同时存在,就会妨碍扩大再生产，阻碍经济的成长。资本主义一旦陷于停滞，就要强行把资本输出国外。这一点是众所公认的。第二，如果食利者将所得到的大部分利润用于消费，用于享乐，那就会阻碍储蓄，使扩大再生产产生困难，使经济发展停滞。生产力的发展接近边缘，就难于发展再生产。资本主义得了动脉硬化症，等等。不过，这种意见在某种意义上说是对霍布森的寄生帝国主义论的篡改，是随意的发挥。在上述的两种逻辑中，列宁是否总是把重点放在发展自己的观点上呢？老实说，让我作出判断是很难的。不过我相信，列宁太强调寄生性和腐朽了，需要警惕不要陷入对不劳而获的素朴的弹劾论中。

另一方面，是否要考虑以下的情况呢？这就是，随着证券数量的不断增大，它分散的范围也就越来越广，甚至向普通群众普及了。结果，涉及到了中小企业阶层和所谓的劳动阶级，成了他们的第二收入源泉。而这种事态会使他们欢迎这种变革，虽然不至于导致对现状的肯定以至对现体制的拥护，不过即便不如此，也会逐渐形成极其温和或渐进的改良主义趋势。可是我们看到，列宁感到没有必要对这种问题浪费他的精力，而把彻头彻尾脱离生产过程，只顾埋头剪息票的人当成他的研究对象。

实际上食利者阶层的形成不是一国的问题，它在国际上也具有重大意义。

根据霍布森的观点，列宁不仅注意到从先进资本主义国家的对外投资中取回的利润和利息确实已经超过了通过贸易所得到的利润，而且进而得出形成了寄生国家的结论。他说："帝国主义最重要的经济基础之一——资本输出，更加使食利者阶层完完全全脱离了生产，给那种靠剥削几个海外国家和殖民地的劳动为生的国家打上了寄生的烙印。"① 他援引一些非马克思主义学者的著作,鲜明地描述了先进资本主义国家怎样变成了食利国。不过给人印象最深的是,他对霍布森的看法格外重视。因此不管愿意与否,我们对霍布森要多着几笔。

列宁通过巧妙的归纳,把霍布森论述的古代帝国主义的典型大罗马帝国的自毁作用归结为两个原因,这就是经济上的寄生性和利用从属民族编成的军队。霍布森说:"第一种情况是经济寄生习气,这种习气使得统治国利用占领地、殖民地和附属国来达到本国统治阶级发财致富的目的,来收买本国下层阶级,使他们安分守己。"② 关于第二个原因,他说:"帝国主义盲目症的最奇怪的症候之一,就是英法等帝国主义国家走上这条危险道路时所抱的那种漠不关心的态度。"③ 简单地说,把当地民兵编成军队,用以统治殖民地。

总之,霍布森所说的,就是把当代帝国主义国家比作古代帝国主义国家,他推论前者如踏前辙将导致没落的过程,并进而就瓜分中国和非洲对西欧的影响问题,发表了如下见解:"到那时〔分割完毕〕,西欧大部分地区的面貌和性质,都会像现在有些国家的部分地区,如英国南部、里符耶腊以及意大利和瑞士那些游人最盛、富人最多的地方一样,产生出极少数从远东取得股息和年金的富豪贵族,连同一批人数稍多的职员和商人,为数更多的家仆以及在运输业和成品精制工业中工作的工人。主要的工业部门就会消失,而大批的食品和半成品会像贡品那样由亚非两洲源源而来。"④

---

① 《列宁选集》第 2 版第 2 卷第 818 页。
② 霍布森:《帝国主义》1938 年第 3 版第 194 页。
③ 霍布森:《帝国主义》1938 年第 3 版第 316 页。
④ 霍布森:《帝国主义》1938 年第 3 版第 314 页。

就是说，浮现在霍布森的头脑中的寄生的帝国主义国家的最后命运无非是本国生产经济的残废化和畸形化。换句话说，西欧先进资本主义国家的基本产业将显著衰退，不再是生产中心，而成为消费中心，靠亚洲和非洲的生产经济寄生。**霍布森对未来的描述，可以说使世界局势处于极限的状况。**

这是不是对世界历史的讥讽呢？今天的中国彻底地背叛了霍布森的预想。中国依靠自己的力量从帝国主义列强的铁锁下把自己解放出来，现在进行着新的开发和建设，并取得了巨大成就。在非洲，民族主义的高涨已达高潮，相继在独立。归根到底，虽然霍布森的预想不过是夸大了的幻想，但是我们不应忘记霍布森作为警世家的片面性。

六

现在我们再返回到列宁上来。列宁在第 10 章《帝国主义的历史地位》中说："垄断制，寡头制，代替了自由趋向的统治趋向，极少数最富强的国家剥削愈来愈多的弱小国家，——这一切便产生了帝国主义的一些特点，使人必须说帝国主义是寄生的或腐朽的资本主义。"① 这是他本人的概括。不过问题在于，**应当怎样去评价呢？**我们是否应当这样去理解，即资本主义越成熟，**经济发展的速度就越慢**，就越强烈具有长期停滞的倾向呢？不，似乎不应这样理解。列宁断言："如果以为这一腐朽趋势排除了资本主义的迅速发展，那就错了。不，在帝国主义时代，个别工业部门，个别资产阶级阶层，个别国家，不同程度地时而表现出这种趋势，时而又表现出那种趋势。整个说来，资本主义的发展比

---

① 《列宁选集》第 2 版第 2 卷第 842 页。

从前要快得多，但是这种发展不仅一般地更不平衡了，而且这种不平衡还特别表现在资本最雄厚的国家（英国）的腐朽上面。"①

列宁的这段话意味着什么呢？虽然在这里出现了腐朽化的斑点，但通观全局，当时的世界资本主义依然在健壮成长，——这似乎是列宁想说的真意。

我们转换一个方向。大体说来，在第一次世界大战前，资本主义体制的矛盾在什么地方表现得最露骨呢？我们马上会想起列宁的如下一句话："垄断资本主义使资本主义的一切矛盾尖锐到什么程度，这是大家都知道的。只要指出物价高涨和卡特尔的压迫就够了。这种矛盾的尖锐化，是从世界金融资本取得最终胜利开始的这一过渡历史时期的最强大的动力。"② 这里谈到物价高涨和卡特尔的压迫。总之，这是否是无产阶级的贫困化问题和中小企业的没落问题呢？关于前一问题，我们必须看到，取代绝对贫困化的理论，出现了相对贫困化的理论，当时工人的经济地位已经有了改善；关于后一问题，已经从单纯的没落论，转向间接从属大资本的理论。

其次，我们进而想到，第一次世界大战前夜，在欧洲列强之间正在进行白热化的军备扩张的竞争。随着军备扩张，非生产财政开支是否已经成为国民生活中的沉重负担了呢？如果是肯定的，作为帝国主义的矛盾，列宁所未加暴露的理由在什么地方呢？

无论如何，在第一次世界大战前的确尚未出现大批慢性失业，我们认为，对这一问题的认识同后期相比，其深刻度是不同的。如果谈到30年代的大批失业、资本主义体制的矛盾和危机，一般说来尚无这种

---

① 《列宁选集》第 2 版第 2 卷第 842 页。
② 《列宁选集》第 2 版第 2 卷第 842 页。

实感。不管愿意与否，把资本主义成熟和长期停滞问题提到日程的同时，这个问题对经济理论和政策都提供了新的大量兴奋剂。

不过，这样一来我们的视野扩大了，而这种扩大对当前这一课题来说也许使人摆脱了离谱的讥讽。我这里所指的是如下见解：第一次世界大战前和第一次世界大战后，特别是和30年代相比，情况是相当不同的，进而同第二次世界大战后的今天相比就更加不同。因此对列宁的观点的评价，就是在他的追随者之间，其见解也未必一致，甚至可以说是发生了动摇。为了更加慎重起见，我们论证如下：

首先是斯大林的论文，换句话说，无非是这样一个问题——列宁在《帝国主义是资本主义的最高阶段》中有这样一句话，即尽管资本主义腐朽，但"整个说来，资本主义的发展比从前要快得多"①，而这一命题在现在是否仍然有效？关于这一问题，斯大林的解答如下："我认为，不可以这样断言。由于第二次世界大战所产生的新条件……应该认为是已经失效了"。② 关于列宁的命题是否适用于今天的这场争论始于1951年11月的讨论，斯大林的解答，作为苏联的权威解释，成为这场争论的最后一言。

但是，斯大林逝世后所刮起的一阵旋风采取了批判斯大林的形式，对这一课题进行了正反两方面的评价。在1956年2月召开的苏联共产党第20次代表大会上，赫鲁晓夫的报告说得十分清楚。他驳斥了斯大林的见解，重新证明列宁的这一论题的正确。他说："应当说，认为资本主义总危机意味着完全停滞，意味着生产和技术进步的停止，这种想法始终是同马克思列宁主义者的观点不相容的。列宁指出，资本主义的

---

① 《列宁选集》第2版第2卷第842页。
② 《斯大林选集》第1版下卷第562—563页。

总的腐朽趋向并不排除技术进步或者在某一个时期内出现生产增长的可能性。……因此，我们必须仔细考察资本主义经济，不是对列宁关于帝国主义腐朽的学说采取简单的看法"。

在斯大林看来，统一的世界市场的瓦解和资本主义经济范围的缩小进一步加速了市场的狭隘化，而赫鲁晓夫认为，技术革新会给资本主义国家带来加倍的效果。不过他们二人都缺少精确的论证，其断言的命题都带有神谕的语调。

七

关于帝国主义的寄生性和腐朽问题，列宁多半是根据霍布森的观点，这一点我已经谈过了，但并不是无条件的、全面的倾慕。列宁在有关欧洲联邦的可能性问题上冗长地援引霍布森的话后说："作者说得完全对：**如果**帝国主义的力量不会遇到抵抗，它就正会走向这种结局。"[①] 但实际情况并非如此。看起来列宁是有保留的赞成，实际上却是加了注释的。他说："要补充的只有一点，就是**在**工人运动**内部**，目前在大多数国家暂时获得胜利的机会主义者，**也是**经常地一贯地朝着这个方向'努力'的。"[②] 这就是说，列宁认为霍布森有一个漏洞。这个漏洞是什么呢？这就是，"帝国主义意味着分割世界而不只是剥削中国一个国家，意味着极少数最富的国家享有垄断高额利润，所以，它们在经济上就有可能去收买无产阶级的上层，从而培植、形成和巩固机会主义。不过不要把反对帝国主义、特别是反对机会主义的那些力量忘掉"[③]。因此，

---

① 《列宁选集》第2版第2卷第822页。
② 《列宁选集》第2版第2卷第822页。
③ 《列宁选集》第2版第2卷第822页。

可以说正是这一命题成了列宁的信条的核心。所以他一而再、再而三地说了这样的话。"帝国主义有一种趋势，就是在工人中间也造成一些特权阶层，并且使他们脱离广大的无产阶级群众。"① 显然，这就是所谓的工人贵族理论。不过，其特点是通过马克思和恩格斯的光环赋予了权威性。

列宁认为，工人让帝国主义分裂了，在他们之间加强了机会主义，工人运动暂时衰退了，而这种衰退趋势在英国比19世纪末20世纪初更清楚地表现出来。列宁说，这是因为当时的英国"具备了帝国主义的两大特点：拥有大量的殖民地领土；在世界市场上占垄断地位"②。而为了证明这一点，他引证了恩格斯写的好几封信和恩格斯给《英国工人阶级状况》一书的新版写的序言。最早的信写于1858年，最晚的序言写于1892年，最后的结论是，第一，英国一部分无产阶级已经资产阶级化了；第二，一部分无产阶级正被资产阶级收买，或者至少受领取资产阶级报酬的人领导。

不过，问题的性质不单单是暴露客观的事实；这一点自然要同战术结合起来，而且必须结合起来。他要使工人群众脱离开工人贵族和腐败干部的领导，激化反对帝国主义的运动。因此，我们可以理解言外之意。同时，用来结成第三国际、共产国际，夺回国际工人运动的主导权的理论跳板就在这里。

如上所述，列宁援引恩格斯的话，是要论证自己学说的正确性。不过我怀疑，这种企图能否真的得到成功。在这两者之间，是否存在着不小的距离呢？为了证明这一点，我想从恩格斯晚年为《英国工人阶级状

---

① 《列宁选集》第2版第2卷第824—825页。
② 《列宁选集》第2版第2卷第825页。

况》一书1892年英文版写的序言中援引极为重要的一节。恩格斯说："真实的事情是：当英国工业垄断地位还保存着的时候，英国工人阶级在一定程度上是分沾过这一垄断地位的利益的。这些利益在工人中间分配得极不均匀：取得绝大部分的是享有特权的少数，但广大群众有时也能沾到一点。正因为如此，所以从欧文主义灭绝以后，英国再也没有过社会主义了。当英国工业垄断一旦破产时，英国工人阶级就要失掉这种特权地位，整个英国工人阶级，连享有特权和占居领导地位的少数在内，将跟其他各国工人弟兄处于同一水平上。正因为如此，社会主义将重新在英国出现。"① 现在我们来比较一下恩格斯的话和上述列宁的主张。如果我们把1915年的论文《第二国际的破产》和1916年的论文《帝国主义和社会主义运动中的分裂》也包括进来一起去读，找出前后的脉络，指出不同之处，那么要点如下：

第一，恩格斯作为问题提出的是特指由于英国工业在国际上的优越地位所带来的超额利润，而从占领殖民地中得到的超额利润则另当别论。与此不同，列宁不限于英国，他想到的是帝国主义列强；而且，他不仅把工业垄断当成问题，还把从殖民地流进的超额利润当成问题。不过他强调的是后者。

第二，恩格斯认为，英国在保持工业上的国际优越地位期间，会因此增加超额利润，不过一部分超额利润主要是分给工人阶级的上层分子，广大群众也能沾到一点。这是英国社会运动一般低落的原因。相反列宁认为，英国即便失去世界工厂的地位，问题也不会改变。殖民地所产生的一部分超额利润装进工人阶级上层的腰包，成了他们囊中之物，而一般工人大众却没有得到任何实惠。在工人贵族和工人群众之间隐藏

---

① 《马克思恩格斯全集》第1版第22卷第323页。

着一个断层。

第三，恩格斯认为，由于德国和美国等新兴工业国的急剧发展，随着英国失去昔日的霸权，英国工人阶级也将全面地被夺去特权地位。这种变化过不了多久就会使工人左倾，成为使社会主义势力再次活跃的转折点。当时非熟练工人结成的"新工联"和各色各样的社会主义议员的当选，就是这种预兆。而列宁认为，资产阶级虽然把工人贵族当作傀儡，把工人群众拉到自己一边，但在工人阶级内部存在着断层，所以一旦工人群众觉醒，看破事情真相，就必然会离开他们，投身到反对帝国主义的运动中。而这正是马克思主义战术的要点。

八

在恩格斯和列宁之间虽然存在着若干分歧，但是显然列宁从恩格斯那里吸取了重要指示，因此我们看到列宁试图创出一种外加补充法。如果我们从这种意义出发，那就没有必要拘泥于列宁对恩格斯的解释是否正确。我们宁可大体上容忍两者的不同，并提出这样一个问题——两者根据对形势的判断都有更多的恰当性。关于这一点我们援引施莱辛格的见解也许不无裨益。他说："从帝国主义那里得到利益的只有'工人贵族'这一列宁的观点是有益于主要资本主义国家的共产党的主张的，但尽管利润分配得不平等，不过，在某种程度上全体居民却都分沾利润这种恩格斯的论断，对明显处于垄断地位的国家来说却是实情。"[①] 恩格斯从工业出发，通过超额利润，为英国工联和社会主义政党的保守性质寻找理由这一见解，对我来说虽然是一个疑问，但我不打算深入研究。

---

① R. 施莱辛格：《马克思，他的时代和我们的时代》1950年版第200页。

让我们保留疑问继续前进吧!

工人阶级的状况是一切社会运动的事实上的基础,是出发点。恩格斯年轻时是确信这一点的。正因为如此,他在19世纪40年代尖锐地解剖了英国工人阶级的状况。然而列宁在20世纪初关于主要资本主义国家的工人处于何种状况,就是说工资多少,劳动时间多长,失业保险和灾害补偿怎样进行等等状况,在他的帝国主义理论中却没有进行任何分析。这是不是一个不可思议的漏洞呢?

施特恩堡认为,第一次世界大战前一度享受高生活水平的只有工人阶级的极少数人,只有工人贵族的说法是完全不正确的。真实情况是,欧洲大工业国的整个工人阶级生活水平都得到了改善。当然,在各个部门之间,工人的生活水平是有差异的。但是重要的是,这种差异是整个工人阶级一般地说处于改善中的差异。仅这一点来说,任何欧洲国家都不例外。他说:"列宁在他的论述帝国主义的书中尽管发表了许多统计数字,但是却省略了世界大战前这一时期欧洲大工业国工业工人的实际工资变动的统计资料,这一点十分明显,而指出这一点是非常有意义的。"他又说:"的确,在帝国主义时期,资本主义的帝国主义各国的社会对立并不像列宁想象的那样激化了,而是后退了,正是这一事实成了改良主义(列宁把改良主义称为社会的排外的好战主义)不仅受到所谓工人贵族,而且还受到绝大多数工人阶级支持的理由。结果,向列宁及其追随者证明了,无论是在战争期间还是在战争以后,绝大多数工人绝对不可能同他们的领导人相脱离。"①

施特恩堡的批评在某种意义上的确击中了要害。不过,第一次世界大战后存在着大量慢性失业这种深刻的问题,而战前却不是这样,所以

---

① F. 施特恩堡:《资本主义和社会主义在世界法庭之前》1951年版第201页。

战前同战后的情况完全不同。而施特恩堡有把战前形势同战后形势同等看待之嫌。我之所以这样认为，是因为第一次世界大战后，资本主义国家的实际工资减少了，大批失业固定化了，危机的形势出现了。当时最大的问题还不是工资而是失业。这一点暂且不论。如果谈到列宁对第一次世界大战前西欧资本主义各国的形势的判断，那么不应否认在观念的把握和历史的事实之间存在着一条很深的鸿沟。而列宁关于实行分裂的教条，在他逝世后依然发挥着不可思议的生命力。他所创立的第三国际长期以来遵循他的遗训献身于同社会民主主义进行坚决的斗争。而两者相剋的结果，却使纳粹党坐收渔翁之利。自从《帝国主义是资本主义的最高阶段》一书问世以来，已经过去了几十年的岁月。人们在今天是否应当重新反省这一期间的历史，就理论和实践两方面进行某种程度的批判以丰富自己的精神呢？

（原载日本京都大学《经济论丛》第 85 卷第 5 号）

（刘焱 摘译）

列宁的帝国主义论：神话与现实[*]

〔俄罗斯〕叶夫泽罗夫

按语：俄罗斯《近代史和现代史》杂志 1995 年第 3 期发表了俄罗斯科学院比较政治学和工人运动问题研究所研究员罗·雅·叶夫泽罗夫的题为《列宁的帝国主义论：神话与现实》的文章。他的文章对列宁的帝国主义论重新作了评价。他认为，长期以来，人们把列宁的《帝国主义是资本主义的最高阶段》这本通俗小册子奉为关于帝国主义问题研究的经典著作，有意识地掩盖了小册子是列宁在吸收了众多研究帝国主义理论的先行者们的观点基础上写成的这样一个事实。人们在夸大列宁功绩的同时，却把列宁的真正贡献给忽略了。作者认为，列宁对帝国主义理论研究所作的贡献，与其说是总结出帝国主义的"五个基本经济特征"，不如说是发现了通过这些外在特征反映出来的内在的社会生产关系的变化，即发现了"最新资本主义的经济关系体系"。列宁关于"垂死的资本主义"即是"向社会主义过渡的资本主义"的论点，与后来出现在现代的"不完全的资本主义"社会（即垄断与竞争两个对立物并存的社会）的发展过程是吻合的。不足的是列宁过高地估计了无产阶级社会革命的力量，低估了社会发展的另外一些趋势所起的作用，如资产阶级改良主义和社会改良主义对于缓和社会矛盾所起的作用。列宁关

---

[*] 本文选自《马克思恩格斯列宁斯大林研究》1996 年第 1 辑。

于世界社会革命日益迫近的预言在当时是有客观依据的，关于世界革命进程的观点也反映了20世纪初活生生的现实。关键是对世界社会革命的进程不能作片面的理解，不能把"进化"与"革命"对立起来。

现将该文编译如下。

列宁写于1916年、发表于1917年的《帝国主义是资本主义的最高阶段（通俗的论述）》（以下简称《帝国主义论》）这部著作以及他在1915—1916年间就同一主题所写的几篇文章几十年来一直被看作是列宁关于帝国主义理论的最重要的观点的精华，如果称《帝国主义论》是一本通俗的小册子——尽管列宁本人就是这么认为的[①]——则人们是绝对不能接受的。凡是在资本主义发展中出现的新材料、新过程，当时都用《帝国主义论》中的话来硬套。而凡是这一理论难以解释的现象，则避而不提。现在又出现了相反的情况，人们竭力抹杀列宁在帝国主义问题上所作的一切贡献或至少要将其从社会思想史中一笔勾销。"正统派"则紧接着作出回应——反对——"亵渎圣物"。这说明，曾在我国社会科学界作祟的理论上的专断和偶像崇拜仍旧阴魂不散。遗憾的是，这无助于探索真理，本文试图澄清列宁对帝国主义、"资本主义的垂死"、20世纪世界社会革命与现实过程这几个问题的观点。

什么是帝国主义？

对我国几代人来说，这个问题只有一个回答——资本主义的最高阶段。小册子的标题就作了这样的回答：《帝国主义是资本主义的最高阶段》。

---

① 参看《列宁全集》第2版第47卷第366、499、509页。

"帝国主义"一词,从19世纪末起,尤其是在20世纪初被大量的世界经济和政治著作日益广泛使用,它有其自己的来源和极为不同的涵义。最早它是从"帝国"这个概念引申出来的,从两个世纪之交起人们开始把帝国主义的概念同金融资本是帝国主义的一种政策联系起来。德国社会民主党著名活动家鲁·希法亭的《金融资本——资本主义最新发展的研究》一书于1910年出版,他在书中把帝国主义定义为金融资本政策,金融资本的经济政策①。

尤·马尔赫列夫斯基于1912年在德国发表了一部关于"帝国主义时代"的著作,他在书中指出,"资本主义达到了自身发展的最高阶段"。"另一时期已经开始,这一时期的特征是资本主义的生产关系和所有制关系的内部结构发生了非常巨大的变化,资本的新的更为强烈的**向全世界的扩张**也出现了。"然而他仅是把"帝国主义"概念归结为资本家要将自己的国家变成"世界国家,变成一个幅员辽阔、在其疆界内就足以满足资本的一切经济需求的帝国"的愿望。米·巴·巴甫洛维奇(米·韦尔特曼)在其1912—1913年间发表的著作中对帝国主义的实质作了如下的表述:"帝国主义是征服政策的现代形式,这一政策首先是在现今每一个先进工业国中作为最重要的主导性工业的冶金工业的利益驱使下实行的。"伊·伊·斯克沃尔佐夫-斯捷潘诺夫在他的题为《帝国主义》的著作中从国际和对外政策的角度研究了"资本主义的帝国主义阶段",分析了保护主义政策、资本输出和殖民政策。

在第一次世界大战爆发的条件下,"帝国主义"概念是被当作揭露交战对方的立场、粉饰己方在酝酿、发动和进行战争中的作用的套话来使用的。与此同时,为了"团结本国"政府,帝国主义和帝国主义政

---

① 参看鲁·希法亭《金融资本》第425页。

策也往往得到辩护，甚至得到推崇。战争的反对者则把帝国主义主要解释为侵略政策。在列宁倡议下于1915年9月出版的《共产党人》杂志发表的许多文章探讨了帝国主义时代和第二国际危机引起的理论问题和策略问题。有的文章无视"帝国主义"概念的具体历史内容。比如，米·尼·波克罗夫斯基在1915年曾断言："帝国主义与'现代'资本主义并不是非联系起来不可的"。格·叶·季诺维也夫认为，"旧的和新的殖民政策"尽管区别很大……但"两者都是帝国主义"。尼·伊·布哈林反对这一观点，他写道，在帝国主义时期，"问题可能不仅仅在于殖民地"，"最重要的是**不能**用同一个词表示所有征服政策（进而所有殖民政策）"。在尤·皮达可夫编写的《皮达可夫、博什、布哈林集团纲领（1915年）》中写道："帝国主义是金融资本时代的资产阶级的政策"。布哈林在其《世界经济和帝国主义》小册子（小册子原文在1915年经列宁阅过，大概列宁给作者提出过忠告和意见）中得出结论说：**"金融资本的这种政策就是帝国主义"**。同时，他还强调指出"金融资本**只能**实行帝国主义政策"，它与"现代资本主义结构的特征和国家资本主义托拉斯的形成"相联系。① 显然，这种研究方法使列宁有理由写道，布哈林考察了"世界经济中有关帝国主义的基本事实，它把帝国主义看成一个整体，看成最高度发达的资本主义的一定的发展阶段"②。

在这一时期，关于如何理解帝国主义，即是作为资本主义发展的一个"阶段"、"时期"，还是作为一种政策的问题，在德国社会民主党的出版物中辩论得相当激烈。亨·库诺写道，帝国主义这个"受经济历史

---

① 尼·伊·布哈林《世界经济和帝国主义》第81、111页。
② 《列宁全集》第2版第27卷第141页。

条件制约的资本主义的发展阶段"、"新的帝国主义发展阶段"、"金融资本的新经济时代"是从资本主义的新的、内在的金融生存条件中生长出来的"发展时期"。他在"帝国主义政策与现代金融资本主义政策"之间划上等号,把"帝国主义"理解为"金融资本政策"。

考茨基早在1914年就对那些把现代资本主义的一切现象:卡特尔、保护关税、金融统治以及殖民政策全都理解为帝国主义的人表示了不满。在辩论中他强调指出,不同作者尽管说法有所不同,但全都把帝国主义说成是政策而不是经济发展阶段,不像库诺那样,"在帝国主义与现代资本主义之间"划"等号"。看来我们今天得出的结论,即"完全一致地把这一世界历史的阶段称作帝国主义",与实际情况相距甚远。

所有这些研究方法在列宁关于帝国主义的阐述形成过程中无疑都有所反映。列宁在1914年秋把注意力集中在"各先进国家资本主义发展的最新阶段即帝国主义阶段"①的研究上时,他并不反对把帝国主义作为一种政策来理解,他没有忘记这是"一个在任何地方和任何时候都通用的旧术语"②。他认为关于"帝国主义的问题"属于"研究当代资本主义形式变化的经济科学领域"的问题。③

这种考虑问题角度的重大意义,远不是一下子就为人们所认识的。列宁当然不是要简单地指出资本主义发展中的一个特殊阶段。列宁的考察也与邀请他写这本小册子的编者波克罗夫斯基的初衷有所不同,他当初是让列宁为《战前和战时的欧洲》丛书写个导言性的小册子,从经济角度论述帝国主义。巴甫洛维奇同样也没有注意到列宁研究的特点。他认为列宁所阐述的理论仅是在论证和发展关于帝国主义是金融资本的

---

① 《列宁全集》第2版第26卷第12页。
② 《列宁全集》第2版第28卷第61页。
③ 《列宁全集》第2版第27卷第140页。

政策的学说方面向前迈出了一大步。

错误的评价在我们的今天也时常可见。比如,《布哈林传（1888—1938）》一书的作者 C. 科恩写道:"列宁在其《帝国主义是资本主义的最高阶段》中在分析帝国主义和殖民主义之前先考察了垄断资本主义。但他只是随便提一下……令他感兴趣的主要是国际方面的问题。"类似的还有如"由五个基本特征中的三个来说明帝国主义"一类说法。

然而,如果谈到对帝国主义概念的众多解释中哪一个合理的话,那么最能说明问题的是,在 20 世纪初巴甫洛维奇在其《帝国主义的政治基础》等书中提出的观点被广泛用来说明帝国主义的概念。而布哈林的《帝国主义与世界经济》一书在该作者被打倒之前,多次与列宁的书一起再版,被政治教育体系广泛采用。只是列宁的《帝国主义论》渐渐被奉为经典。

在这种奉为经典的过程中,列宁根据需要,在广泛叙述前人的观点的基础上写了一本普及性的小册子这一点被想方设法地加以掩盖。人们主要是通过复述他的《帝国主义论》中的内容来介绍"列宁的帝国主义理论"的,而且多半是作些说明。结果就形成了一种概念,似乎这一切都出自列宁。其实在小册子序言中他就引用了英国自由主义经济学家约·阿·霍布森和希法亭的话。因此,仅仅把帝国主义五个基本的结论性的经济特征的定义视为"列宁的帝国主义理论"的核心未必是合适的。更何况列宁是借助于他仔细研究过的大量书籍中的材料来证明这些特征,而且他给自己提出的也正是这样的任务。

《帝国主义论》首先是为俄国读者写的,但俄国读者在列宁的书出版之前就已从本国著作中了解了关于垄断资本主义的一系列问题,而列宁却没有利用这些著作,因为他当时很难搞到俄文书籍。其实米·伊·杜冈-巴拉诺夫斯基就对辛迪加作了详细的论述,并把卡特尔化作为资本主义所特有的、包含着无法消除的社会对抗的进步形式加以分析。列·弗·霍茨基详尽地考察了辛迪加的活动以及它们进步的一面和"黑暗"的一面，包括它们对技术进步的阻碍。弗·雅·热列兹诺夫从"垄断组织的形成和发展植根于现代经济制度的最深厚的基础"这一观点出发，分析了垄断组织产生的过程。他还强调，"最新资本主义发展的一个最鲜明的特征"是"从组织的私营经济型向社会经济型的逐渐过渡"。И. M. 戈尔德施泰因提醒人们注意英国政治帝国主义的发展。总的来说，在俄国有大量著作专门研究帝国主义的发展问题，首先是垄断组织问题。当然，这些著作的特点是平铺直叙，理论知识贫乏。总之，显然不能认为"是列宁科学地发现了帝国主义是资本主义生产方式发展中的一个新阶段"。

这是否说列宁对帝国主义理论的发展没有作出任何新的贡献呢？绝对不是。为了夸大列宁的功绩而一味吹嘘他的贡献，结果却适得其反，列宁的真正成就却未被发现。那么列宁在分析早已为人所知的"帝国主义的基本特征"时，他作出的有重要原则意义的贡献是什么呢？他认为这些特征是"正在变化的社会生产关系"、"基本的生产关系，"他注意到了"帝国主义的基本经济（生产）特征"，发现了资本主义经济实质本身发生的变化。① 在这本小册子中列宁从其他作者那里汲取来的所有说明性的和理论性的材料，都是为了要通过对帝国主义基本属性和趋势的研究竭力搞清最新资本主义的"经济关系体系"②。列宁的这部著作尽管篇幅不得不短、内容又要尽可能通俗易懂，而且还要应付严厉的书报检查，仍对帝国主义基本经济特征的联系和相互关系作了研究。细心

---

① 《列宁全集》第2版第27卷第438页，第54卷第255、247页。
② 列宁的这一任务在他给布哈林的小册子作的序中已经提出，但未能完成。

的读者透过这一研究还是能够看出正在变化中的社会关系体系的。因此，在介绍"列宁的帝国主义理论"时应该着重注意的是这一"内涵"，即帝国主义"基本经济特征"的深刻基础。遗憾的是，我国社会科学界却采取了另一种方法。

至于谈到列宁思想真正的运行轨迹，那么，只要我们摒弃把别人的功绩都说成是他的功绩的陈腐做法，就会看到他所起到的创新作用。尽管他不是作这方面分析的第一人，但他却比前人都走得远。他比曾指出过"资本主义生产方式在资本主义生产方式本身范围内的扬弃"① 的马克思的笼统说法走得远；比提出了"资本主义的生产关系和所有制关系的内部结构发生了非常重大的变化"的问题并且分析了包括竞争与垄断、银行资本与工业资本的交织、金融资本的统治、资本输出等等问题的马尔赫列夫斯基走得远；比指出帝国主义是金融资本的政策，"它支撑金融资本的结构；它使全世界服从于金融资本的统治；它以金融资本的生产关系代替古老的前资本主义生产关系和旧的资本主义的生产关系"② 的布哈林走得远，认识也更深刻。

列宁在分析作为帝国主义的基本经济关系的帝国主义基本经济特征的实质、相互联系和相互关系的基础上，试图揭示帝国主义"同一般资本主义相比"所占的"历史地位"③。众所周知，在论帝国主义的小册子写完之后，他很快就作出了关于作为资本主义特殊阶段的帝国主义三个特征的概括性表述：垄断的资本主义、寄生或腐朽的资本主义、垂死的资本主义。

今天，这些论述引起了许多困惑的、批评性的、有时甚至是尖酸刻

---

① 《马克思恩格斯全集》第 1 版第 25 卷第 495—496 页。
② 尼·伊·布哈林《世界经济和帝国主义》第 88 页。
③ 《列宁全集》第 2 版第 27 卷第 401—402 页。

薄的评价和看法,尤其是在把"垂死的资本主义"与"发达的"或称之为"现实的社会主义"的国家的情况加以比较时更是如此。然而,实际上那些评价一般说来都不是针对列宁的真正的观点的,而是针对根深蒂固的把列宁观点庸俗歪曲的做法的。

资本主义是否正在死亡?

关于这一问题的"习惯看法"有几类。在学术上,人们通常把资本主义的"垂死"归结为资本主义矛盾的极其尖锐化以及对世界革命过程发展的简单化的解释、这种说法现在已被驳倒。还有将"垂死"和"解体"一起使用的,相应地也就提出了重新认识关于资本主义的"腐朽"和"垂死"的论点的问题。在人们通常的意识中,一说到资本主义的垂死,就会联想到活的机体的死亡这个庸俗的概念,而这个概念实际上与发达资本主义国家的现实生活是不相符合的。

然而,既然不满首先是针对列宁的,那么我们就来搞搞清楚,列宁本人是如何理解"垂死"的,他本人为何提出"垂死"的同时又提出整个说来资本主义"的发展比从前要快得多"[①]的论点。列宁写道:"不难理解为什么帝国主义是**垂死的**资本主义,向社会主义**过渡的**资本主义,因为**从资本主义中成长起来的垄断已经**是资本主义的垂死状态,是它向社会主义过渡的开始。帝国主义造成的大规模的劳动**社会化**……其含义也是一样。"[②] "应当说帝国主义是过渡的资本主义,或者更确切些说,是垂死的资本主义。"[③]

[①] 《列宁全集》第 2 版第 27 卷第 436 页。
[②] 《列宁全集》第 2 版第 28 卷第 71 页。
[③] 《列宁全集》第 2 版第 27 卷第 437 页。

要想搞清资本主义的"垂死",是否与社会变化的过程相符,这就要搞清一系列并非具有单一答案的问题,而首先是关于什么是社会主义和什么是资本主义这类问题。

关于社会主义问题的各种看法涉及的面非常广,尤其是现在,甚至在社会主义拥护者的队伍内意见也不一致,近年来出现的众多的争论也证明了这一点。而世界上存在的并不仅仅只有社会主义的拥护者。

而对什么是资本主义,对什么是它的特征:一般资本主义的、尤其是现代资本主义的、马克思所分析过的资本主义向我们今天的资本主义运动的特征等问题,回答也是极不一致的。一般说来,主要分歧在于,一种看法认为,在马克思和恩格斯时代资本主义根本还没有。名副其实的资本主义生产方式是"垄断资本主义"或者是"当代资本主义",因为这时资本主义的属性和潜力才得到了最大程度的表现。至于说"自由竞争的资本主义",它曾在有限的时间(70—80 年)、有限的空间(仅仅在欧洲国家)里存在过。类似的观点还体现在关于"初始的资本主义"的见解中,认为从 18 世纪后半叶到 20 世纪中叶在西方工业化国家中存在的是初始资本主义,而且从 19 世纪末到 20 世纪中叶这一时期还是一个特殊阶段。

另一种看法则认为,马克思和恩格斯分析了"个人主义的或古典的资本主义",即 19 世纪的资本主义,它既不同于"垄断资本主义"(19—20 世纪),也不同于"国家垄断资本主义"(20 世纪 40 年代),而"当代资本主义"则根本不同于它以前的一切资本主义。的确,也有人提出这样的看法,说"当代资本主义"的概念只是偷换了社会的定义,从社会结构标准的观点来讲,社会具有混合的、过渡的性质。但无论怎样,有一点是肯定的,这就是西方先进国家的社会经济制度"已经不能纳入我们传统理解的资本主义的框架内,这不完全是资本主义"。

既然我们要讨论的中心问题是证实列宁关于"过渡的资本主义",即资本主义向另一种社会的过渡的观点是否有根据,那么,看来首先必须遵循这一观点据以形成的那个"坐标系",这就是那个"对资本主义的传统看法",它是以马克思所分析的资本主义一般基础、"一般资本主义"、"古典资本主义"为出发点的,这样看来,列宁关于"过渡的资本主义"的论断是极为正确的,因为出现在我们面前的在很大程度上"不完全是资本主义"。

这一点在当代的研究和理论结论中都得到了证实,这些研究和结论判定在高度发达的西方国家中所有制关系、生产关系、作为经济生活调节机制的经济机制都发生了重大的变化,社会结构、社会的阶级构成、人在生产体制中的地位、生产的动机、劳资之间的关系、资本主义自我发展机制、国家及其作用也发生了变化。总之,资本主义的经济、社会、政治关系,资本主义社会经济特征和政治特征都发生了变化。

在社会生活中的社会倾向、社会的质的变化、社会化趋势都得到相当大的扩展。在西方高度发达的国家的社会生活中,出现了资本主义的某些基本属性向其对立面转化的过程,其中包括剩余价值的私有化向社会化发展的趋势。"社会主义因素"的形成过程明显加快,正如列宁所写,正是这个过程使他确信,在资本主义制度内正在产生"一种新的东西,它构成社会主义整体的一部分"①。现在人们已经看到,在当代资本主义社会中,无论是在经济中,还是在社会保障方面,以及在政治上层建筑中,都形成了许多社会主义社会结构的构件和机制。甚至还有人提出:"世界最发达的部分……现在正向市场社会主义的方向运动"。

---

① 《列宁全集》第 2 版第 29 卷第 435 页。

总之，尽管各发达的资本主义国家的民族国家特点不同，但现代社会在本质上都不同于过去的社会：不同于马克思所判定的资本主义即"资本主义一般"的那些基本特征。因此，不管怎样，列宁关于"过渡的"资本主义的论点，关于在19世纪存在过的那个资本主义"垂死"的论点得到了后来社会发展过程的证实。

这里仍然存在这样一个问题：列宁当时在分析"垂死的"，即"过渡的"资本主义时是不是完全正确？

正如历史过程所表明的，远不是完全正确。然而，20世纪初，尤其是第一次世界大战时期的实际情形促使他得出了关于资本主义发展的最高和最后阶段的论断。这一论断之所以会作出，不仅由于成了"过渡历史时期的最强大的动力"的资本主义的一切矛盾尖锐化了，还由于过渡时期本身的发展，即社会主义在经济上的成熟。① 列宁从由于战争的作用而发达的国家垄断资本主义中看到了"社会主义的最充分的**物质**准备"、"社会主义的**前阶**"，它"是历史阶梯上的一级，在这一级和叫作社会主义的那一级之间，**没有任何中间级**"。② 而且列宁在考察战争条件下加速成熟的"社会主义革命的客观前提"时还研究了虽然"**还不是社会主义**，但是**已经不是**资本主义了"，而"是一种新的东西，它构成社会主义整体的一部分"这样一种关系的发展脉络。③

关于"直接在社会主义社会之前的阶段"这种思想，早在战争之前希法亭就提了出来。他还认为"在今天，占有柏林六大银行也意味着占有大产业的最重要的部门，社会主义政策的最初步骤就非常容易进

---

① 《列宁全集》第2版第27卷第435页，第32卷第218页。
② 《列宁全集》第2版第32卷第219页。
③ 《列宁全集》第2版第32卷第219页，第29卷第435页。

行"①。这一点与列宁1917年提出的关于用革命民主主义的手段实现"走向社会主义的步骤"的要求②极为吻合。

库诺也谈到帝国主义是"走向社会主义的必需的过渡阶段",是"实现社会主义的历史准备阶段",它会"创造社会主义经济方式的某些组织前提"。但他在战争之初对党内公认的观点,即资本主义的发展已经达到历史上必需具备的实现社会主义的前提条件这一阶段的观点提出了异议。在他看来,"我们更像是处在一个新的更高的资本主义时期,这一时期看来将持续几十年并产生出新的资本主义经济结构",而"创造社会主义前提条件的那个新的金融资本主义经济时代"只是刚刚开始。

结果,历史似乎是"按库诺的说法"发展的。然而他提出这一观点时还没有预见到下面这样一些社会历史的激变:第一次世界大战的过程,战后的革命时期,此后的世界发展,包括1929—1933年的世界经济危机、法西斯政权的确立、第二次世界大战的悲剧、战后的转折等。这些激变综合起来加快了资本主义的重大变化,但远不是简单地沿着"金融资本主义经济时代"向前发展的路线变化的。

说列宁在考察"过渡的、垂死的资本主义"时并不完全正确,还表现在他夸大了社会发展的一些趋势的意义而低估了另一些趋势的意义,并在一定程度上过于注重对历史的回顾和受某种理论公式的束缚。

鲜明的例证是在列宁的帝国主义定义中占有重要地位的"寄生或腐朽的资本主义"的这一评语。列宁的这个评语包括下列内容:各种垄断必然产生停滞和腐朽的倾向,脱离生产的庞大的食利者阶层得到发展,

---

① 鲁·希法亭《金融资本》第427页。
② 《列宁全集》第2版第32卷第217页。

在殖民地、半殖民地、附属国机体上滋生了宗主国的寄生性；资本输出发挥了相应的作用；主要资本主义国家转化为食利国。就20世纪初的情况而言，对这个评语未必有人会持异议。何况关于这种寄生性或腐朽性的论据和评论并不是来自列宁本人的考察和定义。这是列宁从前人首先是霍布森那里拿来的。

20世纪初资本主义的整个历史证明，霍布森指出的趋势在继续发展。世界帝国主义战争证实了许多社会主义者关于资本主义会使人类陷入灾难，会威胁到人们的生活基础、人类文明的预见。因此，从这方面来说，列宁对当时的资本主义的评论是正确的。不仅如此，他还指出了资本主义发展的另一种可供选择的过程："决不排除资本主义在某些工业部门，在某些国家或在某些时期内惊人迅速的发展"①，"整个说来，资本主义的发展比从前要快得多"②。在此基础上，他得出了关于停滞和腐朽的趋势的概括性的表述，即"在某些工业部门，在某些国家，在一定的时期，这种趋势还占上风"③。

如果认为这一切都已成为过去那就错了。自由竞争是过去的产物；几乎在所有经济部门，几个公司的实力、统治（少数制造商控制市场）可以有效地阻碍新的竞争者的产生，而在现代的少数制造商控制市场的竞争中，斗争很容易被暗中交易所取代，这样一来，既有阻碍生产力发展的趋势，又有完善生产力的强大动力。大的康采思，由于几乎碰不到竞争，"变得懒惰起来"，而且在科学技术进步领域，还使用一些限制竞争的方法和手段。在20世纪60年代后5年，形成了一种为浪费、停滞打开大门的市场垄断。只是由于1973年和1979年的"石油危机"，

---

① 《列宁全集》第2版第28卷第70页。
② 《列宁全集》第2版第27卷第436页。
③ 《列宁全集》第2版第27卷第411页。

垄断对市场的控制才开始变得不可能或无利可图。总的说来，对当代比较公正的结论大概是，"任何一种所有制（其中包括国家所有制），只要它反对竞争并产生垄断，就都会妨碍进步"。

但是在谈到资本主义的前景时，列宁与霍布森的观点并不一致。霍布森警告说，如果统治势力"不遇到什么抵抗"，西欧就会变成大陆的寄生部分，但他认为，即使在资产阶级阵营内也可能发生抵抗，但只是随着"真正民主的确立"才有可能。

列宁认为，只有革命无产阶级，而且只有采取社会革命的形式，才能实行这种"抵抗"①。至于说资产阶级改良主义趋势，他显然对它们的可能性估计不足，认为"一切'改良'都是无聊的骗局"②。他在论帝国主义的小册子中得出的最重要的结论是："私有经济关系和私有制关系已经变成与内容不相适应的外壳了，如果人为地拖延消灭这个外壳的日子，那它就必然要腐烂，——它可能在腐烂状态中保持一个比较长的时期（在机会主义的脓疮迟迟不能治好的最坏情况下），但终究不可避免地要被消灭。"③

这一论断在许多方面是正确的。的确，资本主义在20世纪初以及后来的状态表明，"一般资本主义"的私有经济关系和私有制关系与发展了的工业型生产社会化的过程不相适应。关于这个"外壳"必然被消灭的结论同样也为工业化大机器生产历史所证实，这一历史展示了"资本主义垂死"的过程。这一过程是极为矛盾的，完全不是直线的，但却是现实的。而且显然不该忽视当代私有制基础上的小生产的复兴现象，它一方面"伴随着"大机器生产的发展而出现；另一方面也标志

---

① 《列宁全集》第 2 版第 28 卷第 73 页。
② 《列宁全集》第 2 版第 22 卷第 212 页。
③ 《列宁全集》第 2 版第 27 卷第 438 页。

着一个新的非工业化的、非大机器型的生产的开始。

总之，如果考虑到，"必然"并不意味着即刻，而可能意味着类似"终究"的意思的话，那么列宁的结论就是正确的，况且他还认为，"消灭外壳"可能拖延"比较长的时期"。他着意刻画的是未来社会生活可能的变化，这一点从1914年秋他的思考中可以得到证实："也许在社会主义革命之前还要有半个世纪的奴役"。①

然而列宁描绘的这一变化看来还是"掐头去尾的"、受到局限的。这大概是一系列因素相互作用的结果。其中许多因素源于20世纪初世界客观形势的发展，如资本主义矛盾的尖锐化等。同时也由于在理论上存在着某种程度的公式化，热衷于对历史的回顾。好像一切都是按预定的道路走的，如同在过去、在资本主义以前已经发生过的一样。现存的社会制度正在衰老，自我否定，表现出寄生性和腐朽性。该制度的一切矛盾都在激化。就是说，对社会的革命改造即将来临。相应地就提出了要把这一切都彻底澄清的任务，包括具体证明使全世界都卷入到这场战争的"真实阶级性质"，对第二国际领导人在谈到"即将到来的战争和无产阶级革命之间的联系"②时所说的那场战争作出评价。因此，在确定不同的可能性时出现了局限性：对某种东西可能估计不足或者是阐释不当。以为"必然"已经成了"正在实现的"东西。更何况社会大众心理对形势的发展的感受，尤其是考虑到"今天"比"昨天"更是风雨飘摇，即使没有理论也足以作出革命的预报。

看来，1917年的十月革命及随之而出现的世界局势使列宁有理由在1920年确信："帝国主义是无产阶级社会革命的前夜。从1917年起，

---

① 《列宁全集》第2版第26卷第32页。
② 《列宁全集》第2版第27卷第326、328页。

这已经在全世界范围内得到了证实。"① 今天，有人把一切统统都简单地归结为跟着那个炮制出来的神话人云亦云。我则认为对这个论断正确与否需要进行冷静的分析。

无产阶级世界社会革命是个神话吗？

当今关于这个问题的看法大致如下："急不可耐的"社会主义的拥护者打着科学的社会发展理论的幌子制造了关于世界社会革命的神话，认为这场革命不可避免，而完成这场革命的非无产阶级莫属。这些拥护者千方百计地"把神话变成现实"，把笃信革命或心存侥幸的群众吸引到自己身边，要么干脆迫使他们走上这条路。结果，一切都"不是按照理论"所说的那样，预言的无产阶级世界社会革命并未发生。1917年的十月革命没有证明鼓吹的社会进步进程的正确，而成了"偏离"人类发展"常规"的开始。

其实，对20世纪初实际情况的研究表明，整个情况并不是这么简单。在那些年代里，有许多人——不仅社会主义的信徒，而且社会主义的敌人——都从事态的发展中看到了社会主义的前景，认为这一前景的实现在很大程度上取决于即将来临的无产阶级革命。在社会主义理论家的队伍中，这种观点是普遍的，至少是占统治地位的。其中包括考茨基和希法亭以及让·饶勒斯都是从这个观点出发的。甚至不要忘记，"修正主义之父"爱·伯恩施坦的那些对革命所进行的尖锐批判通常都不是针对革命，更不是针对社会革命的，而是针对起义的。

关于日益迫近的革命性变革的结论是依据世界社会发展的现实趋势

---

① 《列宁全集》第2版第27卷第330页。

得出的，这既包括各国内部政治的发展，也包括国际的发展，既包括资本主义制度中心地区的发展，也包括它的边缘地带的发展。最能说明问题的是，无论是温和的希法亭，还是列宁，在他们的论述中，都极为相似地反映了这一结论。此类评价不仅出自于远非倾向革命的人，而且出自于积极反对革命的人。

因此，十分有必要指出，根据列宁的思想，工人阶级争取改变自己在这一社会中的地位、状况的斗争是与争取改变这一社会的斗争密不可分的，无论如何，这一斗争把资本主义本身的存亡问题提了出来。列宁的一个见解是非常值得注意的：只有在国内享有充分的政治自由、建立了发达的民主制度，社会主义的问题才能提到首位，因为这里可以提出保障所有工人家庭得到像样的、每个正常人所应当得到的收入，实行不太长的工作制的要求。① 列宁认为，无产阶级世界社会革命是在"全球各地各种形式的世界解放运动"的发展进程中日益成熟的，它是一个复杂而又矛盾的过程："社会革命不是一次会战，而是在经济改革和民主改革的所有一切问题上进行一系列会战的整整一个时代。这些改革只有通过剥夺资产阶级才能完成"。②

列宁在断言这样的革命已经成熟时是否正确？可以认为，他大体上是正确的。然而，如果谈到政治革命、无产阶级夺取政权的斗争的问题，那么我们认为，他在1913年指出"欧洲先进无产阶级夺取政权斗争的开始"③ 时，他是错的。列宁本人后来也指出，在1918年德国十一月革命过程中，无产阶级没有同资产阶级划清界限。同时，关于社会革命过程中的无产阶级政治革命的问题，看来也不能作极为片面的解

---

① 参看《列宁全集》第2版第22卷第221页，第24卷第284—285页。
② 《列宁全集》第2版第27卷第78页。
③ 《列宁全集》第2版第23卷第161页。

释，似乎一切都得从政治革命开始。

总之，可以断言，虽然列宁所作的评价、预测和期望并非总是对的，但把一切都归结为"神话"也是不正确的。但这就产生了一个反题：对世界社会革命的期望不就是落空了吗？确实如此，列宁所设想的情况并没有出现。然而我们认为，不能据此得出结论说，表现为一个漫长而又复杂的过程的世界社会革命没有成为现实。回顾一下20世纪所发生的事件，就会看到，世界革命的进程一直在进行之中。笼统地宣布"世界革命进程的构想与现实的世界发展不相符合"是大可不必的。世界革命这一表述反映了活生生的现实。

上面已经谈到了20世纪发生的现存社会向另一社会转变的过程。这一过程被评价为"重大的社会革命时代"，它包括当代科技革命，尤其是新的工艺革命，其结果使"革命"一词获得了它的真正意义。然而纳入"革命弹夹"里的不仅仅是近些年来的变化。即使仅以资本主义的西方为例，在那里，20世纪也发生了许许多多重大的社会变革和动荡，构成了整整一条世界革命各种事件的链条，资本主义制度因而发生了许多根本性的进步变化。把所发生的一切归纳起来就是："我们难道不是诞生于20世纪的风暴之中、为马克思主义所未曾预见的、资本主义向一种新的社会形态转变这一方案的见证人吗？"

这种见解可能会被解释成对世界社会革命过程的否定，因为这是进化而不是革命。因此我们还得对把"进化"与"革命"截然分开和对立这一问题进行考虑。把"革命"与"进化"对立起来的做法是徒劳的。这种对立，把"进化"看作"渐进的"或"合乎常规的"发展（可是对什么是合乎常规的发展也没人给下个定义），而把"革命"则看作发展的"中断"。谁要是不越出这个实际上纯属口头的关于"进化"的定义，谁就势必把"革命"也归结为它的外部特征，而看不到隐藏在外部特征之中的内核。一方面，"革命的转变"和"革命的行动方式"常常混合在一起，尽管前者要求采取各种行动，其中包括改革的行动、在一定条件下甚至是改良的行动。另一方面，由于几十年以来"改革与革命"的对立已在我们的社会科学界根深蒂固，所以对"革命转变"过程的思考是很不够的，是受到阻碍的，更确切些说，是不被容许的。甚至马克思主义的那些广为人知的关于用改革的方式实现"自上而下的革命"的观点，关于改革与革命之间的界限是活的、变动的观点，都被纳入刻意强调的"改革与革命"对立的范围之中。

只是最近几年，在重新界定这些概念以及这些概念的相互关系和互相联系方面才有了一些进展。在很大程度上，人们是在总结资产阶级革命的历史经验的基础上，并且是从对人类社会、文明过程的发展的视角来分析革命的类型的。这些革命由于不仅与社会经济形态之间的过渡有着联系，而且与社会经济形态之中的、阶段的、阶段之中的过渡以及与文明的质的过渡及其起因和前提有着联系，因而是各不相同的。所有这一切使得人们按照新的方式来解决"进化"范畴与"有机发展"范畴之间的相互关系问题；恢复了我国社会科学界使用"有机发展"范畴的权利；把革命界定为不是保障有机发展链条的中断而是保障有机发展链条的不停顿的一些最重要的环节；得出了因文明革命主要通过改良道路解决社会革命的任务的可能性的结论。我认为，说通过"改革道路"更为确切。在我看来，不应该把关于改革与革命相互渗透、相互过渡、相互融合这一正确的结论同"革命的改良主义"相联系。显然这里谈的应该是"革命的改革"或"改革的革命"，与把改良绝对化并把改良与革命对立起来的改良主义是两码事。

现在进行的社会革命过程带有真正的世界性，这不仅就其规模而言，而且主要是由于这个过程受那些具有全世界意义的问题的制约。正因为如此，罗马俱乐部总干事施奈德才下了这样的断言："有史以来第一次在所有国家同时发生一场社会革命，它是流血的或不流血的……这就是我们为什么称它为全球性革命。"

可否认为，无产阶级的社会革命进程也在进行呢？我认为不能。这一进程在很大程度上是开始了，而且在某种程度上也在继续，但不能只归结为这一点。这既是因为还有另一些革命民主主义力量在活动，也是因为还有另一些纯粹民主主义的力量在活动，他们的目的是要所有的人都享有作为一个正常人所应享有的生活的权利和机会，还因为资产阶级也在进行变革性活动。资产阶级并不是在任何情况下和任何时候都表现为一个"下降的、没落的、内在死亡的、反动的"阶级，资产阶级的斗争也没有导致"最反动的、衰朽的、过时的……金融资本反对新生力量的斗争"，而资产阶级斗争的本身却成了继续发展的发动机，金融资本由于发展的作用而没有径直"走下坡路"，"趋向没落"。[①]

列宁在其对资产阶级的评价中把某些现实趋势绝对化了，他不顾自己看到并指出过的另外一些趋势，如资本主义的发展比以前快得多、资产阶级试图通过改革来挽救资本主义等等，却把这种意图简单地归结为"自由派教授们的空谈"[②]，其实这是一支现实的政治力量并取得了一定的现实成果。列宁认为无产阶级处于时代的中心是正确的，但同时也明显地低估了另外一些力量其中包括受无产阶级影响的力量发展的可能性。与此同时，低估工人阶级对资本主义世界发生的和正在发生

[①] 《列宁全集》第 2 版第 26 卷第 146 页。
[②] 《列宁全集》第 2 版第 22 卷第 211 页。

的一切变化的影响作用、尤其是十月革命对这一过程、对在世界社会革命的发展中所表现出来的整个矛盾甚至消极面所起的作用也是不正确的。而列宁之所以作出那样的预测都是由这位无产阶级革命家的立场决定的。

(原载俄罗斯《近代史和现代史》杂志1995年第3期)

(刘淑春 编译)

列宁《帝国主义论》的科学性

——关于当代该书理论的继承和发展问题*

〔日〕一之濑秀文①

70年前,当1917年的二月革命到十月革命期间,俄国国内正处于激烈动荡时,流亡在瑞士的列宁写的《帝国主义是资本主义的最高阶段》一书,由彼得堡孤帆出版社出版了。以该书为起点,对20世纪的资本主义经济的新结构和运动,对以此为基础所展开的政治特点,换句话说,对资本主义的帝国主义经济特点以及政治特点,进行了科学分析和建立了理论体系。我们根据列宁的这一著作可以科学地理解和分析帝国主义和垄断资本主义。对从该书出版起已经过了70年的现代资本主义、现代帝国主义来说,列宁的《帝国主义论》一书并不是完全适用的。但是,正像《资本论》为科学分析现代资本主义提供一把钥匙——理论指针一样,《帝国主义论》为阐明现代帝国主义提供了一把钥匙。直到今天为止,列宁的《帝国主义论》虽然已经过了70年,但仍具有划时代的意义,或具有现代的意义。那么,这里所说的钥匙究竟指的是什么呢?

---

* 本文选自《马列主义研究资料》1988年第1辑。

① 作者是日本大阪经济法科大学教授,本文是作者的《现代资本主义和〈帝国主义论〉》一文中的第一部分,略有删节。——译者注

一、列宁以前的帝国主义理论的特征

早在列宁的《帝国主义论》问世以前，就有人概括地论述过帝国主义，或者说，已经出版过若干著作，试图从体系上进行理论分析，而这些著作在国际上已经引起人们的注意，其中有的著作就是以《资本论》为基础，站在马克思主义的立场上写出的。那么，没有列宁的《帝国主义论》一书，我们能否在理论上对帝国主义进行科学的解剖呢？如果这一点解释不清，就几乎无法理解列宁的《帝国主义论》一书的划时代意义，无法说明现代的这把钥匙。

早在1902年，英国经济学家约·阿·霍布森出版了《帝国主义》一书，1910年奥地利的马克思主义者鲁·希法亭发表了《金融资本》，1915年俄国革命家布哈林发表了《世界经济和帝国主义》。其次，献身于波兰和德国革命的女革命家罗·卢森堡在1912年发表了《资本积累理论》，当时在欧洲社会主义运动中占有很大比重的、属于德国社会民主党中派的卡·考茨基在该党的机关报《新时代》杂志上发表了自己关于帝国主义的特殊见解。考茨基的这种帝国主义论由于披着马克思主义的外衣，被称为"超帝国主义论"，在革命运动中包含着最危险的理论内容，并已经产生了有害的影响。因此，为了推进科学的社会主义运动，首要任务就是应对同考茨基结合在一起的帝国主义理论进行批判，但是霍布森和希法亭等人的著作都没有充分地完成这种批判。卢森堡和布哈林的著作也不能完成这种批判。因此，积极地建立科学的帝国主义理论体系，对20世纪资本主义的新结构及其特征进行全面分析，在体系上重新建立无所不包的理论，就成了迫在眉睫的一个课题。而巧妙地完成这一任务的正是列宁。

列宁在探讨帝国主义论的新的体系结构时，曾批判地吸收了霍布森和希法亭的著作中的观点。他在《帝国主义是资本主义的最高阶段》的《序言》中写道："现在献给读者的这本小册子，是1916年春天我在苏黎世写成的。在那里的工作条件下，我当然深感法文和英文参考书的缺乏，尤其是俄文参考书的缺乏。但是，论帝国主义的一本主要英文著作，即约·阿·霍布森的那本著作，我还是利用了的，并且我认为已经给了它应有的注意。"[①] 列宁在正文的开头指出："1902年，在伦敦和纽约出版了英国经济学家约·阿·霍布森的《帝国主义》一书。这位作者所持的观点是资产阶级社会改良主义与和平主义的观点，这同过去的马克思主义者卡·考茨基今天所站的立场实质上是一样的，但是，霍布森对帝国主义的基本经济特点和政治特点，作了一个很好很详尽的说明。1910年，在维也纳出版了奥地利马克思主义者鲁道夫·希法亭的《金融资本》一书……虽然作者在货币论的问题上犯了错误，并且有某种把马克思主义同机会主义调和起来的倾向，但是这本书对'资本主义发展的最新阶段'……作了一个极有价值的理论分析。"他又说："实际上，近年来关于帝国主义问题的论述……恐怕都没有超出这两位作者所叙述的，确切些说，所总结的那些思想的范围"[②]。这样，列宁便把霍布森和希法亭的著作当成了理解当时帝国主义的基本的或具有代表性的理论模式。

尽管如此，列宁写了不同于这二人的新的独立的《帝国主义论》，使帝国主义在理论上体系化，并进行了分析。为什么一定要这样做呢？我们读了列宁的《帝国主义论》和上述二人的著作并加以比较，就会

---

① 《列宁选集》第2版第2卷第730页。
② 《列宁选集》第2版第2卷第738页。

发现，霍布森和希法亭尽管曾详细地记述了"近代帝国主义"、"新帝国主义"的基本经济特点和政治特点，从理论上很好地分析了"资本主义的最近形势"，但是没有根据整个理论体系的基本论点分析"帝国主义是资本主义的垄断阶段"和20世纪初资本主义在世界史上正向新的阶段过渡。霍布森在他的《帝国主义》一书的上卷第6章《帝国主义的经济基础》中虽然分析了托拉斯和联合企业、过剩积累、过剩资本输出，在某些章中分析了列强所占领的殖民地领土，并在下卷第7章《结论》中论述了"新生的金融势力"、"新的金融贵族政治"（金融寡头制度），但是没有形成以世界史上向垄断资本主义阶段的转化为基轴的理论体系。希法亭在他的著作中醉心于从抽象的单纯的经济学范畴逐渐向复杂的具体的范畴发展这种形式的理论展开，在部分的叙述中分析了资本主义垄断（卡特尔、托拉斯、联合大企业、辛迪加、垄断和商业），进而从理论上详细地分析了"资本主义垄断和银行资本向金融资本的转化"（第14章）、"围绕资本输出和经济领域所展开的斗争"（第22章）等等。但是，正如列宁所批评的，他同霍布森一样，缺少金融资本的定义。在金融资本问题上，列宁除向希法亭学习外，还严密地研究了舒尔采-格弗尼茨、利夫曼、厄伊得尔斯、阿加德等人当时有关这一问题的著作和资料，从而完成了自己的金融资本理论。这样一来，列宁得出了众所周知的他特有的定义——"生产的集中；由集中而成长起来的垄断；银行和工业的溶合"。这个定义不是仅仅从表面上部分地改进了希法亭的见解，而是根据以帝国主义论体系为基轴的"帝国主义即垄断阶段"的这一规定得出的。这一点对学习列宁的《帝国主义论》的人来说是不言而喻的。

以上这一点集中地说明了列宁在他的《帝国主义论》中科学地确立了帝国主义论体系以及在帝国主义理论中完成了具有历史意义的根本

转变。关于这一点，列宁在该书的第 7 章和第 10 章中曾反复加以强调。生产集中，垄断组织的形成，银行业的集中，在这一基础上银行同产业的融合或溶合，金融资本和金融寡头制，金融资本下的资本输出，国际垄断组织对世界经济的瓜分，列强对领土的垄断，这些就成了"帝国主义即垄断阶段"的内容；20 世纪初向这种资本主义阶段过渡，是在世界史范围内实现的；——这就是列宁的帝国主义论的基本骨架。

因此，当前反马克思主义阵营攻击列宁的《帝国主义论》的焦点正是集中在这一点上，相反，批判者们的"新帝国主义论"的基本弱点或致命弱点也正是在这一点上。

二、现代资本主义的特点和对《帝国主义论》的否定

在第二次世界大战后的 40 多年间，世界资本主义、世界帝国主义发生了极大变化，世界形势本身发生了根本变化。首先，社会主义领域已经越出一国，扩展到整个地球的三分之一。列宁时代的帝国主义统治整个世界的形势越来越不存在了。旧殖民地、半殖民地各国（特别是中国）摆脱了殖民地体制，垄断地统治殖民地领土的这种旧形式已经崩溃。在帝国主义世界中，绝对强大的美国掌握着领导权，帝国主义阵营的其他各国都降为小伙伴，在军事、经济、金融等各个领域都形成了以自己为盟主的帝国主义同盟体制。在这种业已发生变化的新形势下，这种同盟体制在保卫着帝国主义的统治体制，防止世界资本主义免遭体制危机。现代资本主义经济的形式和结构也都发生了极大变化。这种变化显然是以美国资本主义经济为基轴的，并形成了世界经济体系。各国经济在结构上都加入了这一体系之中。取代金本位制的以美元为中心的国际货币制度形成了。在这一范围内，随着

各国资本主义经济的发展,随着生产和资本的积聚和集中的空前发展,随着大企业的进一步庞大,汽车工业、电子工业、计算机工业、石油工业、石油化学、合成纤维工业、原子能工业、宇宙航空等新的高级技术所形成的工业以及经济部门,都极快地成长起来了。交通、运输和流通也相应地发生了变化。银行的活动范围进一步扩大了,银行业的集中和银行垄断组织的统治力量进一步扩大或强化了。各国的国家垄断资本主义体制都得到了高度的发展。国际垄断组织进一步强化了跨国际企业的性质,其活动越来越具有全球的性质。在以借贷资本形式出现的"资本输出"中,银行和"证券"的国际化,以巨额欧洲美元①进行的信用贸易这种新的形式得到了发展。第三世界各国的工业和经济正在开发,它们的经济结构和社会结构正在发生急剧的变化。在现代世界资本主义中,20世纪初尚未出现的经济现象现已普遍化了。帝国主义成了所谓"没有殖民地的帝国(主义)"。可见,资本主义在结构上发生了极大变化。于是,什么"列宁的《帝国主义论》过时了"、"他的理论已不适用于当代了"、"需要一种同列宁的帝国主义论不同的新的理论体系"等论调,喧嚣一时。

　　的确,关于当代资本主义、当代帝国主义世界的整个面貌,目前显然正面临着这样一个时期,要求我们重新提出一个可与列宁的《帝国主义论》相匹敌的全面的无所不包的科学理论体系。列宁的《帝国主义论》是应时代的要求而产生的。20世纪初的世界资本主义所发生的巨大变化要求建立新的理论体系,其次,霍布森和希法亭著作中象征性的理论成熟也进一步促进了这一体系的建立。革命运动的成长也要求这一

---

① 由于美国国际收支发生巨额逆差,其他国家的中央银行及私人积存了大量美元,他们把这些美元投放在欧洲金融市场上,以赚取高利,这种资金称为欧洲美元。——译者注

点。同样，目前摆在我们前面一项燃眉的任务，就是创造性地从体系上建立现代世界资本主义论、现代帝国主义论。不过，在这种情况下，我们要正确地继承列宁的《帝国主义论》一书的理论核心，必须立足于创造性地将这一理论核心运用于现代，用它去进行分析。为此，同时我们必须全面地、彻底地分析既复杂又多样的各个方面。生产的进一步的集中，越来越巨大化的现代垄断体，以少数巨大银行为顶点的银行业的垄断体制的发展，包括越来越复杂的相互结合的体制在内的金融资本和以此为基础建立的金融寡头制，资本输出越来越浓密化的国际网络，巨大的现代国际托拉斯即跨国企业的全球性的经济统治，在旧殖民地体制的崩溃基础上建立起来的以现代帝国主义为"中心"的国家群体及其种种从属形式，具有不同从属程度的"第三世界"，以美国为中心的"帝国主义同盟"的形成和对其内部不断产生的矛盾的调整以及"同盟"关系的再建，以核导弹为核心的军事经济和军国主义在新形势下的发展，战后具有新的特征的资本主义经济的不平衡发展，原料、能源等资源的垄断（国际的共同支配），发达的资本主义"小国"的国际地位，现代资本主义的寄生性和腐朽性在新的形式下的加深，国家垄断资本主义，生产的社会化和国际化，社会主义的物质基础的进一步成熟，等等，总之，对所有这些现代帝国主义、现代资本主义结构和体制的分析，都应运用列宁的《帝国主义论》一书的观点。

但是，这样一来，果真能解决把现代经济范畴同《帝国主义论》体系简单地和平行地放置在一起这一问题吗？列宁通过"帝国主义即垄断阶段"和概括式的典范，总结了始于19世纪的资本主义经济向20世纪初的资本主义经济的过渡。现在，在帝国主义、垄断阶段上，这一点虽然没有错误，但是，如何具体地展开这一典范呢？我们认为，这就是问题的所在。

其次，当前我们面临的一项任务是，必须针对以新的形式对列宁《帝国主义论》进行反马克思的攻击，在理论上给予反批判。这种攻击在理论或思想上已经形成一股潮流，而且是带有国际性的，而非只在日本一国发生。从50年代末到60年代，在日本出现了修正主义者俱乐部，教条地运用列宁的《帝国主义论》，提倡结构改革的社会主义革命论。

最近，这股反马克思主义的潮流披上了时髦的外衣，以马克思主义的激进的外观登场。由于他们追溯了历史，分析了世界史、世界经济史，提出了宏伟的远景，所以更易迷人。不过，如果我们追查一下源流，就会发现，源流来自英国剑桥大学研究英国帝国主义史即殖民地史的学者对列宁《帝国主义论》一书的批判（1953年就提出过所谓"自由帝国主义"论）。现在，正在起领导作用的代表人物有剑桥大学的D. K. 菲尔德豪斯和杜塞尔多夫大学的J. 蒙森。他们形成了批判列宁《帝国主义论》的最新型的国际思潮。这些人攻击的焦点集中在否定列宁关于"帝国主义即垄断阶段"的命题上。因此，他们的"新"理论体系必然在逻辑上强调"没有垄断的帝国主义"论和"通过离开经济的政治""宏伟地"建立和展开"帝国主义论"，或者强调不去分析帝国主义的"中心"的内部结构，去建立和展开"'中心'—'周边'关系即帝国主义"论（"世界资本主义体系论"，即流通主义）。A. G. 弗兰克、萨米尔·阿明、伊曼纽尔·沃拉-施泰因的理论就属于这一理论体系。而美国的每月评论派新马克思主义者哈利·马库托布则处于"自由贸易帝国主义"论和科学社会主义（特别是列宁的《帝国主义论》）之间。此人不断地同弗兰克、阿明、沃拉-施泰因进行交流，在理论上相互交织在一起。但是，马库托布同这些人非属一派。

"自由贸易帝国主义"论者不但不能说明19世纪到20世纪初的殖

民"帝国"和"新帝国主义",而且还认为论述"帝国即殖民地"崩溃后的现代帝国主义是多余的。不过,要通过"没有垄断的帝国主义"论、"没有金融资本的帝国主义"论是很难说明现代帝国主义的。如果说离开经济基础的"政治统治"这一因素是他们的一个重要的理论工具,那么他们的关于帝国主义的论点就是胡说八道了。对他们来说,难题之一是,现代的跨国企业究竟是不是帝国主义企业?其次,必须说明构成帝国主义的要素是否存在?他们虽然在千方百计地论述"没有垄断的帝国主义论",但是结论只能是"跨国企业不是帝国主义企业"(D. K. 菲尔德豪斯)。

通过对这些时髦的理论思潮的批判,使我们再一次认识了列宁的《帝国主义论》的理论核心或理论结构的基本正确性。"自由贸易帝国主义"论者将霍布森和列宁一视同仁,统统贴上"经济帝国主义论"的标签,而后加以否认,但是通过作为反题的"非经济的(或经济外的)帝国主义论"是不能说明20世纪的帝国主义的,其破绽是不可避免的。为了说明帝国主义,不可缺少的应从结构上分析帝国主义的经济基础。霍布森、希法亭和布哈林都是这样分析的。但是,不管是布哈林还是希法亭,他们在理论上都存在弱点,因为他们都得出"国家资本主义托拉斯"就是"有组织的资本主义"论这种错误的资本主义论。在这一点上,他们都缺少科学的严密性。列宁在这一点上没有陷入僵死的图解主义中,他在理论上能力极强,充分考虑了现实的复杂性和多样性。

不过,我们绝不能停留在列宁的《帝国主义论》的范围内。现代资本主义、现代帝国主义已同20世纪初期的资本主义、帝国主义不同了。尽管帝国主义的剥削性、侵略性、反动性等基本特点相同,但其表现方式、其结构(国际的,国内的)都已发生极大变化。我们必须从正面去解释这些变化。

三、列宁的规定和现代帝国主义的政治特点

现在我们来谈一谈最重要的一个问题,即列宁关于"帝国主义的政治特点"的规定。众所周知,列宁在《帝国主义论》中说:"帝国主义在政治上的特点是全面的反动,是金融寡头的压迫和自由竞争的消除而引起的民族压迫的加强","帝国主义是金融资本和垄断的时代,金融资本和垄断到处都带有统治的趋向而不是自由的趋向。这种统治趋势的结果,就是在一切政治制度下都发生全面的反动,这方面的矛盾也极端尖锐化。民族压迫、兼并的趋向即破坏民族独立的趋向(因为兼并就是破坏民族自决)也变本加厉了。希法亭很正确地指出了帝国主义与民族压迫加剧之间的联系"①。

列宁还在《论对马克思主义的讽刺和"帝国主义经济主义"》一文中论述了帝国主义同民主主义、民族自决(民族独立)的关系,其中一节非常有名:"从经济上来看,帝国主义(或财政资本的'时代',问题不在于字眼)是资本主义发展的最高阶段,这时生产已经达到巨大的和极为巨大的规模,**垄断代替了自由竞争**。帝国主义的经济本质就在于此。垄断既表现为托拉斯、辛迪加等等,也表现为大银行的万能、原料产地的收买和金融资本的集中等等。经济垄断主宰了一切。

这一新的经济基础,即垄断资本主义(帝国主义就是垄断资本主义)的政治上层建筑,就是从民主制转向政治反动。自由竞争要求民主制。垄断则要求政治反动。鲁·希法亭在他的'财政资本'一书中说得好:'财政资本竭力追求的是统治,而不是自由。'

---

① 《列宁选集》第 2 版第 2 卷第 828、839 页。

想把'对外政策'和一般政策分开，或者甚至把对外政策和对内政策对立起来，这是根本错误的、非马克思主义的、非科学的看法。帝国主义无论在对外或对内政策中，都同样力求破坏民主，实行反动。从这个意义上说，帝国主义无疑是**一般民主**即**一切民主**的'否定'，而决不是民族自决这一民主要求的'否定'。

帝国主义既然'否定'民主，它同样也要'否定'民族问题上的民主（即民族自决）。所谓'同样'，也就是说它还力求破坏这种民主。在帝国主义制度下，实现民族问题上的民主，从同一个意义上讲，也同在帝国主义制度下实现共和国、民警、人民选举官吏等等一样，是更加困难的（同垄断前资本主义时期比起来）。"①

"自由贸易帝国主义"论者在所谓"经济的帝国主义论"的标签下否认列宁对帝国主义的政治特点的分析。他们试图用脱离经济基础的"政治统治"的概念去说明帝国主义。列宁明确地批判了这种对帝国主义认识的非科学的错误。

我们认为对列宁的上述这一命题有重新说明的必要。在我们看来，问题在于如何理解现代帝国主义、现代资本主义的政治特点。"帝国主义在政治上的特点是全面的反动"这一基本命题，我们认为在今天依然有效，而且更具有其真实性，更为恰当。这一点表现在，在发达的垄断资本主义国家、帝国主义国家里，民主在干练的议会民主的形式下被否定，民主越来越徒具形式，新形式的法西斯化的趋势不断在加强，等等。不过，同列宁时代不同的当前的一个新问题是，自第二次世界大战后，这些政治上的反动有一个背景，这个背景就是

---

① 参看《列宁全集》第 1 版第 23 卷第 34—35 页。

美帝国主义是世界上侵略和反动的主要支柱，是最大的国际剥削者，是世界各国人民的共同敌人。而且新出现的状况都成了否定民主和压迫其他民族的基本条件。在违反历史发展的帝国主义阵营的内部，美帝国主义以军事集团和经济"援助"为主要手段，甚至还侵犯发达的资本主义国家的主权。许多独立的资产阶级国家不能以自己的力量对抗日益成长、日益团结的进步势力，因此为借用美帝国主义的力量而牺牲本国的主权。

可见，在帝国主义阵营内部，在美国和其他发达的资本主义国家之间，便产生了盟主和小伙伴的一种特定的关系。战后新的历史变化规定了美国的所谓超帝国主义的特别侵略性和反动性。

其次，我们必须再一次确认，由于美国占有核心的地位，起着核心的作用，第二次世界大战后帝国主义各国之间的关系便起了根本的变化，对这一新的历史条件应作出科学的说明。

第一次世界大战后的国际形势和第二次世界大战后的国际形势的最根本的变化之一就是，帝国主义失去了决定国际政治动向的支配力量。

第一次世界大战后，虽然在苏联一国建立了无产阶级政权，但那时还"对全世界政治能够起决定影响"[①]，规定国际政治动向的、起支配作用的力量主要是帝国主义的一般体系、帝国主义的世界体制和国际关系。而在这种关系中同社会主义苏联相对抗是最根本的一点。美、英、法帝国主义集团和德、意、日帝国主义集团之间的帝国主义互不和解和矛盾导致了第二次世界大战的爆发，在这一过程中使凡尔赛和约破产了的和得以恢复的德帝国主义成了反对社会主义和民主主义的最凶恶的突

---

① 《列宁全集》第1版第31卷第128页。

击队，德国法西斯成了全世界和平和民主势力的最大敌人，成了对世界和平的最大威胁。

但是，在第二次世界大战后，第一，作为有可能决定性地影响整个世界政治的国际无产阶级政权的社会主义体制形成了；第二，帝国主义的殖民地主义的奴隶制度开始崩溃；第三，帝国主义世界体制进一步衰落和腐朽，结果，帝国主义在国际政治中失去了统治的地位，在世界舞台上发生了社会主义力量日益明显地超过帝国主义，和平力量日益明显地超过战争力量这样一种转变。同时，第二次世界大战使帝国主义体制内部的力量关系发生了根本的变化，形成美帝国主义的压倒优势。这样两个根本转变，即帝国主义体制和社会主义体制、战争势力和和平势力、殖民地主义和民族解放运动的力量关系的决定性的变化，和美帝国主义在帝国主义体制内部的霸权的建立，第一，使现代帝国主义集结起来，首先用来对抗社会主义体制、国际工人阶级和反帝民族解放运动；**第二，在帝国主义体制的内部，由于美帝国主义的新的扩张主义和统治世界的计划，产生了使帝国主义国家结合起来，并形成了一定的从属关系这样一个基础**。因此，当前的国际政治动向不是像以前那样主要由帝国主义的相互关系来决定，而首先是由以美帝国主义为首的帝国主义体制与社会主义体制、国际工人阶级、反帝的民族解放运动以及一切爱好和平的国家和和平势力这两个对立物来基本决定的。

列宁关于帝国主义是垄断阶段的资本主义、是垄断资本主义这一经济的基本特点的规定，帝国主义是一般民主主义的否定，是全面反动，是民族压迫这一政治的基本特点的规定，在今天依然没有改变。如果认为形势和条件发生了新的变化，上述帝国主义的基本特点就发生了变化，那么这就犯了修正主义的错误。但是，在新的形势和条件下，上述的基本特点会使其表现形式和性质，使表现的机制发生变化，而科学地分析这一具体的事实就是一种创造性的态度，就是继承和发展了列宁的这一正确命题，就是以现代的内容去丰富这一命题。因此，这样就可有效地暴露采用新形式的反马克思主义和貌似马克思主义的帝国主义论的非科学性。

（原载日本《经济》杂志 1987 年 5 月第 277 期第 28—39 页）

（刘焱 译）

列宁、帝国主义与资本主义的发展阶段*

〔美〕特伦斯·麦克多诺

美国《科学与社会》杂志1995年第3期上发表了美国学者特伦斯·麦克多诺的一篇研究列宁帝国主义理论的文章,题目是《列宁、帝国主义与资本主义的发展阶段》。作者在文章中指出,上个世纪末叶,随着资本主义世界经济的发展,马克思主义关于资本主义生产与经济危机的传统解释遇到了挑战,出现了所谓"第一次危机"。列宁是克服马克思主义第一次危机的关键人物。他在帝国主义理论方面所作的研究,是对马克思主义的资本主义发展阶段理论的重大贡献。现将文章的主要内容摘译如下:

一、经济复苏与马克思主义危机

《帝国主义是资本主义的最高阶段》(以下简称《帝国主义论》)被看作是对发展阶段理论的一个贡献,它产生的时代历史背景是伯恩施坦与考茨基之间就资本主义是否要土崩瓦解而展开的辩论。19世纪末叶,正值大萧条期间,马克思主义在历史上第一次取得了煊赫的地位。当时许多人,其中包括奥古斯特·倍倍尔和爱德华·伯恩施坦,都认为

---

* 本文选自《马克思恩格斯列宁斯大林研究》1997年第1辑。

1873—1896年的那次经济衰退决不亚于"资本主义的最后危机"。然而1896年之后，已有明确迹象表明资本主义正在复苏。这些迹象与先前持续多年的停滞和动荡形成了鲜明的对照。第二国际的马克思主义者们对于自己所经历的资本主义的新生全无思想准备，不知如何应对。第二国际对马克思主义和世界作出了一种多少有些机械的解释，把一切现象都看作是事物本质内在的某种规律的表现，并用这一观念来分析资本主义经济。马克思提出的一些趋势被看作是等同于物理学规律的法则，其中包括马克思对资本主义走向危机趋势的分析。这种观点无法解释资本主义为什么会在经历了长时期的危机之后转而出现复苏。资本主义从19世纪末叶的危机之中复苏，预示着马克思主义在20世纪初叶的危机。

这一危机最直接的标志可从第二国际内展开的一场辩论中找到，这场辩论所争论的问题是，这次复苏对于社会主义运动的战略具有什么样的影响。马克思主义者所期待的是一次由于资本主义危机的恶化而引发的迅速的、世界范围的无产阶级革命。然而，当现实中出现的是资本主义经济的复苏而非革命时，一场关于经济危机在革命理论中的作用的辩论便开始了。

1. 关于土崩瓦解观点的争议

这场"关于土崩瓦解观点的争议"在这样两派之间展开，一方是正统的马克思主义者，他们声称资本主义危机将会继续恶化，从而造成一种革命形势。另一方是伯恩施坦，他辩称资本主义危机的趋势实质上已经消失。进而，如果这一制度不会自行消亡，则在现存的政治框架之内阶级斗争可以缓和。社会于是将能够实现"连贯的自由发展"。

伯恩施坦的立场 伯恩施坦的说法是以三个论点为基础的。首先，他辩称金融知识的日益增长减少了投机行为，因此也就减弱了危机的趋势。其次，随着通讯与交通的发展，商社与公司会越来越准确地预见到该生产什么和生产多少，从而消除比例失调问题。第三，托拉斯是市场合理化的组织者，他指出："我已经认识到它有能力影响生产活动与市场条件的关系以至可以减少危机的危险"。

当伯恩施坦试图从他的经济分析中提取政治结论时，他在自己关于世界的看法中突出了伦理发展的重要性，阐述了他关于自由民主国家性质的想法。伯恩施坦辩解道，随着一个发达经济体变得日益繁荣昌盛，冲突日见减少，伦理的作用就变得愈益重要。在伯恩施坦看来，向社会主义迈进的标志并不是阶级斗争而是伦理的发展。这一目标要通过自由民主这种载体来实现。

根据伯恩施坦的理论，民主国家虽然被当作资产阶级的工具使用，但它却并不是资产阶级统治的表现。对阶级来讲，国家是中立的。要使国家为社会的更大利益服务，只需改变一下它的面目就行了。这一改变将在无产阶级变得足够强大，使它能够把各个阶级的"有着良好愿望的人"团结起来，能够在选举中取得具有决定意义的多数时出现。自由民主与资本主义经济在一种阶级对抗走向结束的趋势中被和谐地联系在一起。因此，伯恩施坦主张采取一种扩大选举的战略，与其他阶级力量结为联盟。

考茨基的答辩 考茨基认为，首先，伯恩施坦借以预言资本主义已不再是危机重重的经济根据是站不住脚的。其次，革命并不要求出现经济上的土崩瓦解。考茨基用图根的数字来说明危机确确实实在恶化。他声称从长远来看生产力一定比市场发展得更快，尽管短时期内上上下下的波动还会继续。于是，考茨基总结出一个"慢性萧条"理论，即

"资本主义的生产仍有可能继续存在……但它对群众来说却是不可容忍的"。

考茨基同意伯恩施坦的看法,也认为垄断变得愈益重要。但他辩称伯恩施坦对这一问题的处理有失平衡:"我们一定不要只醉心于一个阶级的壮大而看不到其对立面的壮大。民主并不会阻碍资本的发展,在无产阶级力量增强的同时,资本的组织及政治和经济力量也在增强……诚然,工会正在壮大,但与此同时,资本及其组织也在以更快的速度进行集中,变成巨大的垄断组织"。

这段关于垄断的特别说明尽管含有一些事实,但却认为阶级斗争并没有发生变化,一切都在如从前一样地运行着,敌对的各方只是都壮大了一些罢了。与伯恩施坦的论点不同,考茨基论点的优势在于它承认阶级对立依旧在继续并且是中心问题。因此,考茨基反对以渐进的方式走向社会主义。然而,考茨基对马克思处理这一问题的看法几乎没有增加任何东西。

多少有点讽刺意味的是,在国家性质的问题上考茨基与伯恩施坦是完全一致的。与伯恩施坦一样,考茨基也认为国家完全是一个工具,他曾把国家比作铁路,说铁路的总工程师是可以迅速更换的。

考茨基曾期待"无产阶级的胜利会适时到来,以致在存在问题的被动局面出现之前发展的方向就会被扭转"。但是,考茨基最终也只是用慢性停滞这一观念取代了"土崩瓦解",而且同时他还是把它作为一种后备概念保留了下来,以备他关于无产阶级取得胜利的乐观看法不能取得主导地位。考茨基认为,社会民主党应当保持工人阶级党的性质,与有可能变得比较保守的社会力量划清界限。

修正主义与教条主义 伯恩施坦试图解决马克思主义理论所面临的危机,其结果只是更加深了这种危机。伯恩施坦试图通过引入一些马克思主义原理以外的概念来解决马克思主义遇到的问题。这包括发达资本主义社会阶级和谐论（一种从康德那里借来的唯心主义伦理观），以及自由派的无阶级国家论。这种从马克思主义以外引入观念的做法，是一种"修正主义的"知识战略。阿尔都塞认为这是解决马克思主义内部危机的一种或许可行的办法。总体上讲，伯恩施坦采用这样一种战略，表明他并不想进行建设性的工作。

考茨基对伯恩施坦的回击尽管在许多地方都是正确的，但也并不是具有建设意义的。在这场辩论中，考茨基所做工作的鲜明特点是坚持正统思想。考茨基的基本立场是否认马克思主义内部存在任何危机。考茨基拒绝承认由于资本主义的复苏积累过程又开辟出了一块新天地。既然马克思主义所面对的客观条件一如既往，那么就不需要进行任何观念上的补充，哪怕是那些可能与马克思主义的传统相一致的观念。考茨基和他的盟友尽管有能力进行理论上的革新，但在论战中却满足于重申陈旧的公式。考茨基在与修正主义进行论战时所采取的立场可以说是教条主义的。

2. 悬而未决的问题

了解社会主义运动对资本主义复苏所作出的反应，对于理解列宁的《帝国主义论》在马克思思想史中占据什么样的重要地位是极其关键的。19世纪末叶，资本主义并没有发生最后的危机，这对第二国际所接受的马克思对资本主义的认识的科学性质形成了挑战。这一挑战由于两位马克思主义理论先锋作出了不同的反应而显得更为严峻。考茨基拒绝面对现实，不肯担负起对新的形势作出解释的任务，于是他否认危机的存在。伯恩施坦对待新形势较为严肃，但他实质上是从马克思主义的理论框架之外来寻求解决办法的。当两人之间的争论在马克思主义运动内部只是以一种与世隔绝的教条主义与修正主义的紧张关系形式进行时，马克思主义便走入了一个很深的死胡同。迫切需要找到一条走出死胡同的出路。是列宁在希法亭和布哈林工作的基础上，对资本主义向积累的新阶段发展这一新形势作了分析，这一分析又恢复了马克思主义原理作为对经济和社会的一种科学理解继续向前发展的能力。

更具体地讲，这场关于资本主义土崩瓦解的争论留下了若干尚待完成的重要理论任务。其中最紧迫的是如何解释大萧条的终结和资本主义增长的恢复。这种解释一方面必须要跳出那种认为实际上一切都没有变的说法，另一方面也一定要避免陷入修正主义的窠臼，把复苏看作是未来资本主义经济和社会的发展将基本上保持和谐的证明。要在理论上取得这样一个进步，就不能不在分析资本主义阶级社会的矛盾性质的同时，对资本主义积累过程中问题相对少的一个时期作出解释。在关于修正主义的论战过程中凸显出来的第二个理论任务是，现有的马克思主义国家理论还不够完备。参战的双方所持的都是一种国家机器论和国家工具论，双方争论的仅仅是如何才能最巧妙地更换开机器的人。列宁准备完成这样两项任务。在《国家与革命》中，马克思主义的国家理论得到了新的阐述。《帝国主义论》所担负的任务是，对资本主义在1900年前后为什么会重新复苏作出解释。列宁没有否认阶级矛盾还在继续起作用，而是正相反，他试图说明由于阶级对抗而产生的变化使帝国主义在19世纪末叶上升到了一个新的阶段。正因为如此，列宁才成为克服马克思主义第一次危机的非常关键的人物。

二、金融资本与世界经济

为要准确地考察《帝国主义论》对马克思主义理论作出了多么大的贡献，重要的一点就是要承认列宁是在另外两个着手解决某些相同问题的作者所做工作的基础之上完成自己的工作的。因此，有必要来看一看希法亭的《金融资本》和布哈林的《帝国主义与世界经济》。随意地翻阅一下这几本著作就可以清楚地看出，《金融资本》是后来两本书的基础。列宁在《帝国主义论》中虽然仅是简略地提及了布哈林的著作，但他在1915年为该书所写的带有颂词的序表明，列宁曾仔细读过手稿并对之十分赞赏。

1. 希法亭与金融资本

在1910年问世的《金融资本》一书中，希法亭运用马克思主义的分析方法，对资本积累为什么会在20世纪初叶再度勃兴作出了回答。他是进行这种重要尝试的第一个人。这部著作在马克思主义者队伍中事实上被看作是《资本论》的续篇，这样的待遇不仅反映出该著作具有十分引人注目的质量，而且也反映出该书所要解决的问题已变得越来越紧迫。

希法亭显然认识到他的任务与马克思已完成的任务是密切相关的。正如马克思在《资本论》中通过对比先前占统治地位的商人资本，分析了工业资本的出现和蓬勃发展一样，希法亭在《金融资本》中对出自工业资本的金融资本这种新形式进行了分析。希法亭写道：这样一部研究作品对于"科学地理解资本主义发展最新阶段的经济特征"是至关重要的。

希法亭在书中先大段地分析了资本主义经济中货币和银行信贷的作用。此外，随着合股公司的发展，银行通过发行股票已经卷入了为工业资本筹集资金的活动。发售股票为筹集资本提供了可能，从而为资本主义企业极大地扩展其规模开辟了道路。银行资本与工业资本的日益融合，产生出金融资本。

虽然资本主义发生危机的基本趋势还依然存在，但工业的积聚趋向使资本的消极影响得到缓和。合股公司能够吸引到更多的资本并在好年景时积累一定的储备。银行和工业将商业活动多样化，从而分散了风险。集中化了的银行业还取得了这样一种地位，即它可以将投机性的资金流动限制在一定限度之内。卡特尔具有维持价格的能力，这意味着它们能够将一次危机造成的主要负担转嫁给非卡特尔化的工业部门。资本主义危机的存在于是更加速了积聚的过程。

希法亭在对社会的经济层面上出现的变化作了全面的描述之后，转而开始进行政治分析。在金融资本的强大压力之下，关税通过减少外国竞争者的数量直接支持了卡特尔化，而增大政府开支则间接地支持了卡特尔化。保护主义关税的普遍化提高了被保护地域面积大小的重要性，因而国家领土和所控制的殖民地域的大小也变得更为重要。

垄断利润使可用于投资的资本量增大，而与此同时，市场的垄断化则又限制了投资的机会。在这同一时刻，在不发达地区存在着获得较高利润的机会。要将经济活动成功地扩张到海外去，就不能不实际动用军事力量。随着世界日益被划分为几个主要经济大国的势力范围，政治上和军事上的冲突也变得愈益尖锐。领土的再分配不能不通过武力来完成，战争的可能性增大了。

希法亭还试图对伴随着经济和政治变化而出现的意识形态变化作出

解释。新的意识形态放弃了自由主义,它要求有组织而不是个别资本家的自由。金融资本需要一个既能在国内也能在国外保护其利益的政治上强大的国家。金融资本手中的民族主义已不再是民族自决权的捍卫者,而成了一个民族统治所有其他民族的权利。这种新民族主义不可避免地会带有种族主义的调子。

希法亭还考察了金融资本时代不同阶级之间相互关系上的变化。赞成建立关税和强大的国家,反对工人阶级,使资本与大土地所有者越来越联合起来。小企业越来越成为大资本的从属,同时也同大资本一道反对劳动。一个新的中间阶层出现了,他们由商业界和工业界依靠薪水收入的经理人员和技术雇员组成。这个迅速壮大的阶层在政治上依旧是与大资本和帝国主义的政策为伍。

2. 布哈林与世界经济

据布哈林的传记作者讲,希法亭的《金融资本》是布哈林所著《世界经济与帝国主义》的"出发点和重要启发"。布哈林与希法亭在处理方法上的主要区别是,布哈林把希法亭的表述顺序颠倒了过来。希法亭从金融资本出发论述到积聚、世界经济和帝国主义。布哈林从世界经济开篇:"因此,研究帝国主义问题、研究帝国主义的经济特征及其未来,归根到底是要分析世界经济的发展趋势,分析世界经济内部结构可能发生的变化"①。接下去,他开始着手描绘世界经济、国家政策、阶级关系、积聚及金融资本之间的相互联系。尽管出发点不同,但布哈林却得出了与希法亭类似的结论,看到了同样一些联系。然而,布哈林

---

① 尼·布哈林《世界经济和帝国主义》中文版第 1—2 页。

的论点与希法亭的分析相比更注重世界经济发展中的因果关系。从发展阶段论的观点来看，布哈林的著作再次肯定了希法亭的立场，增加和更新了材料。

三、列宁与帝国主义

只有在认清希法亭和布哈林分别作出了什么样的贡献之后，才有可能对列宁在《帝国主义论》中所作的具体贡献进行估价。列宁的著作是三篇著作中最短小的一篇。列宁并没有打算把他的著作写成一个重要的、独立的理论专著，而是要写成（用列宁自己的副标题来说）"一个通俗的论述"。不仅如此，列宁还有意识地对这本小册子的范围进行了限制："我们准备对帝国主义的**基本**经济特点的联系和相互关系，作一个简要的、尽量通俗的阐述。至于非经济方面的问题，我们就不谈了，尽管这还是值得一谈的"。①

在后来的一篇序言中，列宁解释说他之所以要略去帝国主义的政治方面是因为他要努力避开沙皇的书报检查。列宁确认的主要经济特征是希法亭和布哈林已经讨论过的那些特征的子集。他关于这些特征之间相互关系的讨论从总体上讲是沿袭了希法亭最初拟定的思路。

由于这部著作中存在着这样一些局限，所以我们倾向于认为列宁的作用在于他以自己的革命威望给另外两个人的思想增加分量。正是通过列宁《帝国主义论》这一媒介的传播，另外两个人的思想才得以深入到我们中间。

尽管如此，从发展马克思主义的资本主义发展阶段论的观点出发，

---

① 《列宁全集》第 2 版第 27 卷第 331 页。

《帝国主义论》还是作出了两个意义非常重大的贡献。第一个贡献在于它具体地确定了帝国主义是资本主义的一个"阶段"。第二个贡献在于它确定了帝国主义阶段是垄断的资本主义。

1. 帝国主义是一个阶段

资本主义的一个阶段的概念被列宁用来作为他的文章的副标题,并在他的著作中频繁出现。这并不仅仅是一个用词的问题。列宁给自己使用的新词汇赋予了实质性内容,他试图更清晰地确定资本主义的帝国主义阶段与其前身之间的分界。列宁在处理这一问题时态度十分严谨,他曾在某一场合争辩道,"如果去争论帝国主义究竟在哪一年或哪一个10年'最终'确立,那是荒唐的"。① 然而列宁在整个《帝国主义论》中都表现出对两个阶段之间的过渡时间问题的关注,争取尽可能接近地确定过渡时间,比如,他指出"对于欧洲,可以相当精确地确定新资本主义**最终**代替旧资本主义的时间是 20 世纪初"。②

关于帝国主义,列宁提出了如下范围广泛的定义,他说这里包含了帝国主义的五个基本特征:"帝国主义是发展到垄断组织和金融资本的统治已经确立、资本输出具有突出意义、国际托拉斯开始瓜分世界、一些最大的资本主义国家已把世界全部领土瓜分完毕这一阶段的资本主义"。③ 这五个特征在相当大程度上构成了这篇小册子章节结构的基础。列宁对说明帝国主义的每一特征是在何时得以确立的转折十分关注。

列宁在讨论垄断组织的统治地位时指出,卡特尔曾是一种暂时现

---

① 《列宁全集》第 2 版第 27 卷第 402 页。
② 《列宁全集》第 2 版第 27 卷第 336 页。
③ 《列宁全集》第 2 版第 27 卷第 401 页。

象，直至19世纪末的巨大高涨和1900—1903年的危机。这时卡特尔成了全部经济生活的基础之一。资本主义转化为帝国主义。① 接着他又更具体地讲，1900年的危机，"是现代垄断组织史上的转折点"。②

在论及金融资本的重要性时，列宁引证了耶德尔斯的话来说明1900年的危机"大大加速了工业和银行业的集中过程，巩固了这个过程，第一次把同工业的关系变成大银行的真正垄断，大大地密切了和加强了这种关系"。列宁由此得出结论："20世纪是从旧资本主义到新资本主义，从一般资本统治到金融资本统治的转折点"。③

在论及资本输出时，列宁引用统计资料来证明"资本输出是在20世纪初期才大大发展起来的"。④ 在论及资本家同盟之间瓜分世界问题时，他援引了这样几个事例：1907年德美两国电气托拉斯之间达成协议；截至1905年世界石油市场的瓜分情况；1903年达成了一项关于商轮航运业的协议；1904年国际钢轨卡特尔形成；1909年国际锌业辛迪加成立。在结尾部分，列宁引证了李夫曼的统计，"德国所参加的国际卡特尔，在1897年共有将近40个，到1910年就已经接近100个了"。⑤

主要列强之间何时完成对世界的瓜分，对这一问题列宁十分关注。他援引了霍布森的结论，认定1884年至1900年这一时期是"欧洲主要国家加紧'扩张'……的时期"。⑥ 之后，列宁把主要大国控制的地区和人口排了一个表，并得出结论："我们从这里清楚看到在19世纪和

---

① 《列宁全集》第2版第27卷第337—338页。
② 《列宁全集》第2版第27卷第344—345页。
③ 《列宁全集》第2版第27卷第361页。
④ 《列宁全集》第2版第27卷第378页。
⑤ 《列宁全集》第2版第27卷第388页。
⑥ 《列宁全集》第2版第27卷第391页。

20 世纪之交世界被瓜分'完毕'的情况"。①

这种对确定资本主义由一个阶段向另一个阶段过渡的转折点的关注，无论是在希法亭还是在布哈林的著作中都看不到。确定资本主义由前一阶段向新的帝国主义阶段的过渡点，所强调的是这一过渡的质变性质而不是量变性质。这是列宁的独到贡献。正是这一差别使列宁赋予了用来说明帝国主义是资本主义的一个阶段而不是一个时期或者时代的词汇以不同的内容。

2. 帝国主义是垄断资本

列宁著作中的另一个重要不同点在于它独到地指出了垄断市场结构的发展所起的作用。与希法亭从金融资本入手开始自己的分析和布哈林利用世界经济作为自己的起点进行分析相反，列宁选择的出发点是垄断资本在帝国主义内部的作用。《帝国主义论》中有一段常常为人所引用的话，的确，列宁在这段话里将垄断资本和帝国主义作了等同处理："如果必须给帝国主义下一个尽量简短的定义，那就应当说，帝国主义是资本主义的垄断阶段"。②

由讨论"生产的集中和垄断"入手，列宁开始了关于资本主义最高阶段的讨论。关于垄断问题的讨论，就其内容来讲，列宁与希法亭和布哈林所研究的情况是一样的，只是列宁改变了一下叙述题目的顺序。列宁若不是给垄断的出现赋予了新的意义，即认为垄断与帝国主义的其他基本特征之间存在着发展上的因果关系，那么仅是来回调换叙述题目

---

① 《列宁全集》第 2 版第 27 卷第 394 页。
② 《列宁全集》第 2 版第 27 卷第 401 页。

的顺序是不会有什么重大意义的。金融资本、资本输出以及帝国主义对世界的瓜分，这些都一概源于垄断市场结构的出现。

把垄断资本看作是决定新阶段性质的关键因素，这种做法对于尔后的几代马克思主义阶段理论家产生了深远的影响。

四、结 论

我们已经看到，列宁在完成马克思主义关于资本主义阶段理论的初创工作中所发挥的重要作用。希法亭和布哈林提出了一种关于金融资本和帝国主义的理论，这一理论将金融资本的发展看作是资本主义内部在经济、政治、意识形态和国际关系等领域发生的一系列变化。将这一理论确定为阶段理论并使帝国主义与资本主义的先前阶段之间在时间上的划分更加明确的正是列宁。列宁还论证说，正是由于发生了向垄断资本的过渡，才导致了资本主义社会内的其他变化。最后，列宁在并不否认资本主义阶级关系的对立性质，以及资本主义必然走向危机的趋势的情况下，明确地指出，资本主义的新阶段与重新恢复的经济增长之间存在着联系。

（刘淑春 摘译）

前苏联学术界对列宁的帝国主义理论的几个问题的看法[*]

刘淑春

80年代末,前苏联学术界开始对当代资本主义和列宁的帝国主义理论重新认识。现根据苏联1988、1989年一些刊物上发表的有关文章,将当时学术界对列宁的帝国主义理论的几个问题的看法作一简要介绍。

一、关于当代资本主义的概念

在传统的苏联理论著作中,"帝国主义"一词基本上成了"当代资本主义"的同义语。其用意很明确,即列宁关于帝国主义是资本主义的最高阶段的定义没有过时,列宁关于帝国主义的本质、基本特征以及历史地位的论述对于今天大大发展了的资本主义依然有效。但是,自戈尔巴乔夫提出"新思维"之后,学者们开始提出是该"认真考虑完善我们使用的一整套范畴"的时候了。B. 舍伊尼斯(苏联科学院世界经济和国际关系研究所高级研究员、经济学博士)认为,现有文献所使用的概念,没有一个能充分反映当代资本主义的本质。

---

[*] 本文选自《列宁研究》1993年第1辑。作者单位为中央编译局。

他认为,"帝国主义"这一术语早就被当作"当代资本主义"的同义语。"帝国主义"这一概念固然比较恰当地反映了资本主义从 19 世纪的自由竞争阶段向现阶段过渡时期的一些特点:进行扩张、从经济上和领土上瓜分世界、发动战争等等。但是,显而易见,资本主义经历了历史性的变化,"帝国主义"这一用以说明资本主义本质的概念也需根据变化了的资本主义进行修改。此外,舍伊尼斯还认为,这个概念对于科学范畴来说,感情色彩过于浓厚。在生产或资本国际化的过程中出现的一些合乎规律的特点都被归结为"垄断组织的扩张"。

他认为,"垄断资本主义"这个概念稍好一些,这个概念中没有明显的意识形态色彩。但是,即便如此,这个术语也过于简单:它把市场为少数制造商所控制的现象归结为垄断,从而把任何一个大公司都看作是垄断组织,结果,就看不到中小生产企业重整旗鼓的现象。其实当代资本主义发展中竞争所起的作用无论如何不比垄断调节的作用小。

同样,"国家垄断资本主义"这个概念也有偏颇之处,它把问题绝对化了。当代资本主义当然是国家资本主义,但在同样程序上也是私人资本主义,是具有不同程度的生产和市场的集中的资本主义。

总之,В. 舍伊尼斯认为,"我们还没有找到能够用以取代现有术语的严格的科学术语,而现有术语已不再适用"。所以,"最好还是使用'当代资本主义'这个概念"。

В. 莫特廖夫(莫斯科财经学院政治经济学教研室教授)则坚持认为,当代资本主义是国家垄断资本主义这一论断是符合实际的。他认为列宁早在第一次世界大战期间就指出帝国主义正在发展成为国家垄断资本主义。这个由垄断资本主义向国家垄断资本主义过渡的发展过程是在第二次世界大战后完成的。

二、关于帝国主义的历史地位

r.奇布里科夫（莫斯科大学经济系政治经济学教研室教授）认为，帝国主义是垄断的资本主义这一点毫无疑问。但是否是腐朽的、寄生的和垂死的资本主义，这个问题则不那么容易回答。列宁在《帝国主义是资本主义的最高阶段》一书中指出，帝国主义的寄生性表现为食利国（这首先是指本世纪初的法国）的出现。然而在今天的世界上已经没有主要靠剪息票为生的国家了。又如，列宁把资本输出描述为"加倍的寄生性"。但是，现在许多学者引用相当多的事例来说明，在当代条件下不能把资本输出仅仅看作是帝国主义的寄生性和腐朽性的表现。接下去必然要涉及的一个问题是列宁在谈到资本主义的垂死性时把注意力集中在大规模的生产社会化上，但是，实践表明，生产的社会化既不会自动地，也不会直接或间接地导致社会生产关系的大爆炸；资本主义能够适应新情况，扩大生产力的发展范围。

B.鲁达科娃（莫斯科大学经济系政治经济学教研室教授，经济学博士）认为应当从两个方面来理解列宁关于垄断资本主义的论述，即一方面，垄断资本主义是资本主义发展的特殊阶段；另一方面，它是资本主义的最后阶段。鲁达科娃认为，相对于19世纪的资本主义而言，列宁把20世纪初的资本主义描述为具有质的特殊性的新阶段上的资本主义或新质态下的资本主义是正确的。如果人们不否认任何物质（包括社会）都是通过质的飞跃而发展的哲学观点，那么社会发展的阶段性问题在方法论上就是十分重要的。这是问题的一个方面。问题的另一个方面是，这个阶段究竟是什么阶段？列宁认为是最后阶段，这符合当时的历史条件。俄国无产阶级的胜利和其他国家暴风雨般的革命事件，使得他有理由根据当时的条件预言资本主义将土崩瓦解。这种情况曾经是可能的，这个结论在当时也是正确的。但是后来随着时间的推移，资本主义显示出适应能力和新的活力。与此相应，资本主义又走入了一个新的发展阶段。从最近的事态看，我们或许需要放弃垄断资本主义是最后阶段的资本主义的说法，因为垄断资本主义在运动中已显示出新的质变因素（经济机制中调节关系的发展以及国家职能的发展等）。因此，讨论资本主义社会当前所处阶段的性质，是非常有益的。

и.奥萨德恰娅（世界经济和国际关系研究所研究室副主任、经济学博士）则认为，更新提法是徒劳的，无论如何列宁关于帝国主义三个特征（指帝国主义是寄生的、腐朽的和垂死的资本主义）的理论都与当代资本主义的现状相距太远。资本主义的灭亡是可能的，但那是很遥远的事情。列宁关于帝国主义三个特征的论点，对于20世纪头25年的资本主义来说是正确的。它立足于下述两个主要过程：第一是广义的垄断化趋势，即在经济上和政治上都形成了大资本权力的集中。垄断化成了进步的障碍，导致腐朽性的出现；第二是国家所有制和国家经济调节职能的发展。国有化，首先是国家所有制的发展，被认为是在为社会主义创造前提条件，由资本主义向新的社会经济制度过渡只需要改变国家的性质即可完成。但在现实生活中，这两个论点都没有完全得到证实。因此，资本主义在其自身形态内的发展是沿着消除寄生性和腐朽性的道路前进的。

B.舍伊尼斯认为，必须放弃当代资本主义是寄生的和垂死的资本主义的说法。用以说明资本主义寄生性特点的那些论据在任何社会制度中都存在。不值得把寄生性当作确定当代资本主义本质的特征。

r.奇布里科夫持相同的看法。他说，寄生性和腐朽性不仅资本主义有，其他对抗性社会制度内也有。在与直接生产相脱离的金融资本居统治地位的条件下,寄生性发展得特别快,列宁指的正是这一点。最近十年的发展表明,这种发展过程从原则上讲现在依然存在。高贴现率(比工业利润率高许多)导致资本力图用于购买有价证券,即现实资本向虚拟资本转化。

与上述观点相左,A. 波罗霍夫斯基(苏联科学院美国加拿大研究所研究室副主任、经济学博士)则认为,当代资本主义保留了垂死性、寄生性和腐朽性这样一些特征,不应将这些概念"送入博物馆"。之所以认为寄生性特征今天依然存在,是因为在当代资本主义条件下,剥削并没有消失。至于今天寄生性的表现形式发生了变化,那完全是另外一个问题。波罗霍夫斯基还认为,必须准确、完整地使用"垂死"这一概念。马克思列宁主义经典作家把社会进步看成是一个自然历史过程。他们认为,一种社会制度走向死亡并不意味着它完全消灭,而是意味着它在向新的质、新的内容过渡。而且前一种生产方式为后来的生产方式准备好了完善的物质技术基础。

B. 莫特廖夫也认为,用以说明帝国主义历史地位的一些术语,如资本主义的"腐朽性",在现今条件下仍是非常令人信服的。对帝国主义理论的研究和阐述切记不要简单化和庸俗化,而应当利用新的研究成果来揭示全面的情况。

三、关于资本主义总危机的理论

r. 奇布里科夫对这一问题的看法是:在以往的论述中,关于资本主义总危机的重要性有被夸大的成分,但还不能因此而否认总危机本身的存在。他认为,事实上,人们总是在试图用资本主义总危机的理论来解释帝国主义发展中所有尚不清楚的东西。当然，这个理论也含有不少不合理的东西。

他指出，资本主义总危机是资本主义革命性崩溃的过程。通常认为，资本主义总危机的第一个特点是社会主义国家的出现以及社会主义同资本主义之间的斗争。如果这样来概括没有错误的话，那么不可避免地会得出这样一个结论，即在论述资本主义总危机的特点时不仅要包括资本主义，也要包括社会主义。它的第二个特点是民族解放运动的发展。但现实世界的情况向我们表明，民族解放运动的发展并没有直接地威胁到资本主义的生存。通过民族解放运动获得独立的大多数发展中国家走的是资本主义道路。它的第三个特点是处在总危机之中的资本主义表现为经济发展不稳定、低增长速度和经常性失业，等等。显然，无论如何不能回避这样一个问题：上述现象是预示着资本主义正在走向崩溃，还是仅仅反映垄断资本的统治方式，或是由其他什么规律支配下出现的情况？

г.奇布里科夫认为，毋庸讳言，总危机理论中存在着许多教条主义的概念，但尽管如此，"我们依然不能否认总危机本身的存在"。虽然革命和资本主义制度的崩溃目前尚未提到日程上来，但在资本主义国家的基本群众中革命的准备过程仍在继续进行。

而B.舍伊尼斯则言辞尖刻地否定了资本主义总危机的阶段论。他认为那是某些人凭空虚构出来的理论，所谓"危机拖延了几十年"的说法是荒诞不经的，是概念的贬值。在世界范围内向新社会制度过渡的时间比十月革命后头几年和以后数十年设想的要长得多，于是就发明了"资本主义总危机阶段论"的人为理论公式。然而在资本主义演变中，越来越明显地出现了很难与资本主义"成熟过渡"、"垂死"、"总危机"

等传统概念兼容的一些过程。科学技术革命已经开始而且还在继续加速发展。在本世纪初占主导地位的垄断所固有的停滞和腐朽趋势,没有成为而且在可预见的将来也不会成为当代资本主义的主导趋势。这不仅仅对技术领域是正确的。

无疑,资本主义经济有深刻的矛盾,资本主义社会有严重的对抗性矛盾。但是承认这一点,同机械地认为资本主义所有矛盾,首先是生产的社会性质与占有的私人性质之间的主要矛盾毫无例外地会不断加剧的看法,毫无共同之处。这一矛盾的两个方面都发生了变化,占有的私人资本主义性质在社会结构的影响下也发生了一些变形。

他还谈到,资本主义的确周期性地发生危机形势,但一般的、较为经常重复出现的危机是任何一个复杂的现代社会经济结构都具有的特点。

A.波罗霍夫斯基也认为资本主义总危机的特征确实被夸大了,在不小程度上人为地使其适应于我们对世界的看法。这些特征在当时可能是对的,当时革命过程表现得很明显。现在革命的主观前提发展得不像所想象的那样顺利,出现了由主客观条件决定的新情况。在他看来,苏联社会主义发展的不成功对主观前提的成熟产生了不小的阻碍作用。我们还需要用事实来证明社会主义的绝对优越性,而不是在个别方面的相对优越性。

资本主义总危机已经开始,这是事实。同时,资本主义已表明它不能保证文明的不断发展,而是使这种发展复杂化。问题不在于有没有资本主义总危机,而在于它经历了哪些阶段和是否需要划分这样的阶段。

A.波罗霍夫斯基还提到了与此问题相关的另外一个问题,即发展中国家在帝国主义统治中的地位和作为资本主义总危机加深因素的民族解放运动的作用问题。他认为需要对此进行深入的研究。他指出，对发展中国家的描述在很多方面是把愿望当作现实。许多发展中国家的社会主义方向遇到了不少困难。大多数发展中国家走上了资本主义发展道路，甚至选择了社会主义方向的国家也加入了世界资本主义经济。这还不是主要的。主要的是当代资本主义能够在没有发展中国家积累来源的积极参与下进行再生产。我们应当承认，社会主义没有能力，首先没有物质力量使发展中国家最终摆脱帝国主义的影响。

美国学者布劳特撰文捍卫列宁的帝国主义理论[*]

刘淑春

美国《科学与社会》杂志1997年秋季刊发表了J. M. 布劳特的文章。文章以《对帝国主义的评价》为题,对约翰·威洛比1995年发表于同一杂志上的文章进行了批驳。他们之间的争论焦点在于:列宁的帝国主义理论的核心是什么?这一理论具有什么样的历史地位?它至今是否仍有其价值?现将布劳特文章的主要观点介绍如下。

一、列宁的帝国主义理论不能仅仅依据《帝国主义论》一本书来加以概括

约翰·威洛比的文章《对列宁帝国主义理论的评论》(载于《科学与社会》杂志1995年秋季刊)是学院派马克思主义者长期以来对列宁帝国主义理论进行恶意批评的最新作品。学院派马克思主义者对以列宁帝国主义理论为基础的现代帝国主义理论抱有敌意。他们批评列宁的手法几经演变,至今已经成为一种惯用的套路。首先,在列宁关于帝国主义的许多论著中,他们仅就其中的一篇,即《帝国主义是资本主义的最高阶段》(以下简称《帝国主义论》)大发议论。《帝国主义论》是一篇重要著作,但它所涉及的仅是帝国主义理论中的经济部分。其次,在

---

[*] 本文选自《国外理论动态》1998年第4期。

他们看来，列宁有关帝国主义经济特征部分的论述即是帝国主义理论的全部，而该理论的任何其他部分如政治、地缘政治、社会、文化等都与理论本身无关，它们只是从帝国主义理论中演绎出来的某种结论，或是在这一理论指导下的某种实践形式。再次，他们要表明，列宁在《帝国主义论》一书中提出的论点，在很大程度上依据的是霍布森、希法亭等人的关于帝国主义经济学的一些早期著作，因而列宁的著作不能被看作是本源性著作，至少在学术上它是不重要的。最后，他们还要表明，根据《帝国主义论》这本小册子阐述的经济理论，帝国主义并没有像列宁自己证明的那样，是资本主义最后的、走向崩溃的、并将引发社会主义革命的阶段。这些学院派马克思主义者强调指出，资本主义已经走过了好战的帝国主义阶段，如今已经成为一种相对和平的制度，这种制度虽然还不完善，但却依旧在发展进步。

《帝国主义论》一书并不是我们分析列宁帝国主义理论的最佳出发点。如果我们不得不以该书为出发点的话，那我们至少应非常认真地读一读该书的《序言》。这本书写于1916年，于1917年初沙皇政府倒台后不久发表。列宁在《序言》中写道，他为避开沙皇的书报检查，对帝国主义只是作了纯理论的、经济上的分析，要充分理解他的帝国主义理论，还需参考他于1914年至1917年在国外所写的文章。

列宁提到的这些文章常常被人忽略。威洛比在自己的文章中对这些文章一篇也没有提及。他仅仅是对《帝国主义论》这一本小册子评头品足。结果，威洛比将一种并不属于列宁而且从某种意义上讲与列宁理论相对立的帝国主义理论说成是列宁的帝国主义理论。不仅如此，在威洛比看来，列宁的帝国主义理论不过是对希法亭等人的帝国主义理论进行的普及化而已。其实，列宁对帝国主义的经济分析虽然源于希法亭、霍布森等人的理论，但从把帝国主义作为一种社会制度整体进行分析的角度说，列宁的著作是具有本源性质的。

二、列宁帝国主义理论的形成及其核心内容

列宁帝国主义理论形成的年代主要是在 1915 年和 1916 年，当时他正流亡瑞士。这是社会主义者面临深刻危机的时期。列宁以及其他革命者当时力图阻止社会主义者去支持一场一个国家的工人为了资本主义去屠杀另一个国家的工人的战争。大多数社会主义者领导人及政党都屈从于民族沙文主义，他们力图从马克思主义理论包括希法亭、考茨基以及其他理论家提出的资本主义新阶段的论点中找到根据，为自己的立场辩解。他们认为，公正的和平很快就会出现，未来的资本主义有可能和平地发展成为社会主义。这些人有这样一个经济主义的命题：既然资本主义作为一种经济制度"已经完全国际化了"，"已经超越了民族国家的疆界"，那么发动国家间的战争对于资本主义来说也就不再具有什么意义了。列宁当时的任务是要证明这一命题是错误的。与此同时，列宁还要对付布哈林等人提出的与之类似但十分怪异的论点，即资本主义作为一种经济制度已经完全国际化了，已经超越了民族国家的疆界，因此民族问题已无关大局，革命者应当摒弃在资本主义国家内部为争取民主和自决而斗争的"最低纲领"。列宁称这种论点是帝国主义时代所特有的一种经济主义，它同旧的经济主义犯的是同一个基本错误：不善于提出政治问题。

针对上述两种截然不同的经济主义立场中的前一种，列宁在其著作《第二国际的破产》、《社会主义与战争》、《帝国主义和社会主义运动中的分裂》中提出了自己的精辟论点。他对后一种立场的最充分的批驳表

现在《论正在产生的"帝国主义经济主义"倾向》、《论面目全非的马克思主义和"帝国主义经济主义"》以及《关于自决问题争论的总结》等文章之中。这些文章连同《帝国主义论》形成了一个关于垄断资本主义在政治、社会、经济上占据统治地位时代的资本主义社会以及资本主义世界的完整理论。但是，这一理论是从列宁早期理论著作那里发展而来的，而且在革命取得成功之后，列宁又对这一理论作了重大修改，形成了列宁关于帝国主义的成熟理论。因此，这一理论的形成过程应作为一个整体来考察。

列宁的最早期著述反映出一种强烈的关于社会进化的扩散主义观点（diffusionist view）。他认为，在世界体制的中心，资本主义已经成熟，因此将之转变为社会主义的条件也已经成熟。资本主义当时正在向外围发展，资产阶级革命不断取得成功。大多数马克思主义者把这种发展看作是基本经济力量的向外顺利扩展。他们当中的大多数人对殖民主义行径表示遗憾，但却拒绝接受这样的思想，即在外围地区形成的国家会极大地干扰由中心控制的、正在走向完全国际化的资本主义的稳步扩散过程。

列宁在《俄国资本主义的发展》一书中对资本主义在一个国家内的扩散过程，即在一个政治上并无差异的区域里发生的不平衡的经济发展过程进行了描述。这种扩散过程与在一个包含着多个国家的、其政治疆界和社会力量会对经济活动的流向造成影响、阻碍并使之改向的那种区域里的扩散过程是截然不同的。对后一过程是不可简称作"不平衡发展"的。从1903年至1914年，列宁在不同的文章中发展并形成了一种关于世界范围内经济和政治发展趋势的理论，这一理论迥然不同于他先前的理论。这是他关于帝国主义理论的胚胎。资本主义的扩张引发了资产阶级的民族运动，造成一种独立的民族国家不断增多的趋势。尽管这样的运动基本上是反封建的，但它们也是反对殖民主义和半殖民主义的斗争，因此也是对都市资本主义势力的扩张和积累战略的遏止。列宁认为，许多国家的民族运动很有可能在世界发达资本主义国家以外的地方取得成功，因此是反对世界资本主义斗争中的一支重要力量，这种斗争不仅是阶级之间的斗争，同时也是外围的资产阶级国家反抗发达的资本主义国家的斗争。在世界大战开始前的列宁著述中，他关于资本主义已发展到一个在质上全新阶段的观点在很大程度上还并不十分显著。帝国主义理论此时还没有形成，但形成这一理论的大部分元素已经包含在其中了。

1915年10月前后，列宁帝国主义理论的中心命题形成并得到发展。他认为，垄断资本主义如若不在殖民地以及其他外围地区连续不断增加投资和剥削劳动，它就无法生存下去。资本主义中心地区的矛盾也正是靠这种投资和剥削才暂时得以解决，因为在殖民主义和半殖民主义的政治统治下，工资压得很低，地方产业受到压制，不许它们与外来商品竞争，于是在那里产生了"超额利润"。在这里，政治与经济是交织在一起的。这样高的超额利润不仅维持了总投资的极高回报率，而且还可以从中拿出一些钱来用于"收买"工人阶级的上层，从而扼制国内反对资本主义的经济斗争和政治斗争的发展。但是所有这一切都不过是在为垄断资本主义的大危机——世界大战——准备舞台。世界的范围是有限的，将外围地区划分为殖民地和半殖民地的"分割活动"已经结束。帝国主义国家之间如若不发动战争，对这些领土进行"重新瓜分"，它们就没有余地再扩张自己的领土以进行超级剥削并取得超额利润。列宁指出，这种情况使得世界大战变得不可避免，这的确也正是那场战争的基本起因。工人们为什么会同意去进行那场战争呢？原因之一是意识形态上的糊涂。列宁指责工人阶级的领导层对此要负部分的责任，这些人已被收买，变成了驯服的沙文主义者。但是列宁还指出，除工人贵族被收买这一因素外，还有另一因素，即用帝国主义的超额利润换来的"面包渣"已经多得足以施舍给广大的工人阶级，从而赢得了他们对战争的暂时支持。但根本的原因还在于垄断资本主义。列宁将垄断资本主义看作是发达资本主义国家的一种政治的、社会的、同样也是经济的制度。在世界范围内，这便是帝国主义。

基于这一分析，列宁提出如下看法：世界范围的帝国主义的最重要特征即"帝国主义的本质"，是将世界划分为"压迫者"国家和"被压迫者"国家，前者是那些帝国主义列强，后者是包括一切殖民地和半殖民地国家在内的外围地区，其中也包括欧洲的许多小国。这个结论看来就是中心—外围模式的起源。这个论点与扩散主义模式是截然对立的。根据这个观点，在垄断资本主义时代或帝国主义时代，主要的力量已不再是资本主义向全世界的扩散（尽管这种情况仍旧在以各种方式继续发生着），而是将一个由两部分组成的世界固定下来。列宁并没有小视压迫者国家或帝国主义国家工人阶级斗争的意义，但他的确指出，被压迫国家的工人和农民是反对世界资本主义斗争中的主力军。这一斗争现在取得了某种新形式。列宁指出：资本主义在还没有发展成一种世界体制之前，就已变成了帝国主义。这一新时代的特点是，政治斗争变得更加激烈而不是更加缓和。那种认为民族主义会随着资本主义的成熟（即变成一种国际化的制度）而减弱的陈旧观点被证明是错误的。民族主义和民族斗争在帝国主义时代变得更加激烈了。

理论形成的过程在布尔什维克革命取得成功之后仍在继续。1919年，列宁批驳了那种认为帝国主义已经完成了社会阶级的划分工作的观点，驳斥了那种认为国家内的民族斗争和其他民主斗争现在都因此是纯粹资产阶级的和反动的，因而也是不符合无产阶级利益的观点。列宁指出,即使在帝国主义国家内部,社会的划分也还远没有完结,所以这些斗争依旧是进步的、重要的。即使是在革命成功后的俄国,自决和其他民主权利也还必须要坚持。因为帝国主义是建筑在资本主义之上的,打败了它们中间的一个并不会自动地将另一个也消灭掉,因此属于先前时代的民众斗争此时则是社会主义革命的一部分。

1920年,在共产国际第二次代表大会上,列宁在回答殖民地和半殖民地国家革命者的提问时指出,外围部分的斗争在世界革命中的地位决不比帝国主义国家中的斗争意义小、分量轻。后来,列宁在看到西欧工人阶级运动的悲惨局面和垄断资本主义的复苏之后,甚至更进一步推测,外围地区在世界革命中所起的作用有可能大于中心地区,原因很简单,生活在殖民地和半殖民地世界的被压迫人民从人数上讲要比生活在欧洲的多得多。这里,我们在列宁帝国主义理论中看到这样一个理论命题:外围地区的反殖斗争和其他斗争具有重要意义,这一理论命题对第三世界的解放运动产生了非常重大的影响。

列宁的理论宣布,帝国主义是资本主义的最后阶段,与先前竞争的资本主义时代不同,帝国主义时代将是一个动荡的时代。但是列宁的这个观点却时常被人误解,其部分的原因在于列宁的许多论点是论战性的或者说是为了反诘的需要,他强调这一论点或那一论点在当时的背景下是比较适当的,但却会在许多年后给读者造成混乱。在世界大战时列宁曾预言,世界将会在很长的时期里为周期性的战争包括第二次世界大战所烦扰。列宁在接近自己生命尾声的时候曾预测,资本主义可能实际上还会再存活50年。考茨基的"超帝国主义论"中有这样一个观点,认为敌对的列强有可能最终化解它们之间的分歧,从而开始一个集体剥削整个世界的和平时代。对考茨基的这一观点列宁给予了猛烈抨击,这主要是因为考茨基的观点中含有这样的意味:对沙文主义采取短时期的绥靖态度，有可能换得长时期的持久和平。列宁并没有坚持认为和平的资本主义是不可能的，而是认为这种情况作为一种常数条件，其可能性是微乎其微的，而且无论怎么说这都是一个涉及遥远未来的问题，与当前的斗争并无关系。因此，并不像某些人所认为的那样，列宁的帝国主义理论已经作出预言，断定资本主义会很快垮掉。列宁帝国主义理论所预言的是这样一个时代：罢工、战争、造反等诸如此类的动荡将不断发生，此后或迟或早将是社会主义的兴起。第二次世界大战、一次大萧条、法西斯主义的兴起和灭亡、中国革命、朝鲜战争、两次越南战争、其他解放战争、"警察行动"、由帝国主义列强挑唆和支持的血腥内战、由新殖民主义贵族为维护当地的和多国的资本主义而进行的屠杀等等，这些都应验了列宁关于帝国主义时代将是一个动荡时代的预言。

总之，列宁的帝国主义理论是以一种非扩散论的模式来看待世界的。这是一种统一论，即认为帝国主义在把革命活动引向外围地区人民的同时也将之引向了中心。处于中心的剥削者此时既要顾虑外围地区的被剥削群众，也要顾虑自己本国的被剥削群众。这时，整个世界被划分成两个部分：垄断资本主义国家和被压迫国家。处于中心地区的资本主义只有在仍能维持利润水平，用可接受的最低工资、工作条件、就业保险以及生活条件来安抚工人保持平静，加强对外围地区工人的剥削，甚至将大量的工人从外围地区移向中心地区的血汗工厂的情况下才能生存。这一理论最先向欧洲中心论的世界模式提出了挑战。

重新发现帝国主义[*]

〔美〕约翰·B. 福斯特

美刊《每月评论》2002年11月号刊登了约翰·B. 福斯特题为《重新发现帝国主义》的文章,认为美国主流媒体重新大谈新帝国主义这一情况表明,帝国主义是资本主义在垄断阶段的必然趋势,因而认为帝国主义理论已经过时的观点是错误的。文章主要内容如下。

在20世纪的大部分时间里,帝国主义这个概念被排斥在资本主义世界主流政治话语体系之外。如今这种情况突然改变了,美国的知识分子和政治精英正在热情地倡导美国履行赤裸裸的"帝国主义"或"新帝国主义"使命。在《纽约时报》和《外交事务》等知名媒体上,这一主张不断得到阐述。帝国主义升温这一现象多半与布什政府的反恐战争有关。依照布什政府的《国家安全战略》,使用军事力量保护国家利益可以不受任何限制和约束。面对美利坚帝国的这种扩张企图,知识分子和政界名流不仅重新捡回帝国主义概念,也跟从19世纪初帝国主义的鼓吹者,倡导美国肩负起推广文明的伟大使命。当前,主流媒体把美国同罗马帝国、大英帝国相提并论的现象比比皆是。

---

[*] 本文选自《国外理论动态》2004年第1期。

执教于哈佛大学的迈克尔·伊格内蒂夫（Michael Ignatieff）在《纽约时代杂志》（2002年7月28日）上写道："帝国主义过去是白人的责任，这使它背负污名。但它并不因政治上不正确而失去其必要性。"在谈到美国对阿富汗的战争行动时，他写道："事实上，美国的整个反恐战争就是在推行帝国主义。这种说法对美国人来说可能令人感到惊奇，他们不喜欢把自己的国家看成是一个帝国。但是，对部署在全球的美国士兵、间谍和特种部队来说，还能有其他称呼吗？"乔治敦大学研究地缘政治和全球正义的教授G.约翰·伊伦伯里（John Irenberry）在《外交事务》2002年9—10月号中写道："布什政府在反对恐怖主义旗号的掩护下，大肆推行美国大战略和重建当代单极世界的新理念。在使用军事力量时，他们主张美国采取单边的、先发制人的甚至是预防性的行动。如果可能，可以利用自愿者联盟，但最终却决不能受国际社会的制约。结果，就形成了这样一幅新帝国主义景象：美国以全球主宰者自居，有权制订游戏规则、决定威胁来源、使用军事力量、建立国际正义。"对伊伦伯里来说，上述言论并不意味着批评。他告诉我们："与昔日老牌的帝国相比，美国的帝国目标和做法要节制而仁慈得多。"

其他有影响的主流政界和知识界人物在支持新帝国主义方面同样这样坦诚。《华盛顿邮报》专栏作家塞巴斯蒂安·马拉比（Sebastian Mallaby）自喻为"不情愿的帝国主义者"，他在2002年4月的《外交事务》中解释说："对布什政府来说，新帝国主义的逻辑让人无法拒绝。"马克斯·布特（Max Boot）在2001年1月15日《旗帜周刊》（Weekly Standard）发表的《美帝国的理由》中认为，"目前，美国正在过去一代又一代英国殖民战士战斗过的基本一样的土地上采取军事行动。这些地方全部是过去西方军队不得不出兵维持秩序的混乱地带。阿富汗和其他骚乱地区迫切需要这种外国的开明治理，这种治理曾经由身着马裤、头戴太阳帽的自信的英国人提供过"。《大西洋月刊》评论家罗伯特·卡普南在新近出版的著作《黩武政治》中辩解说，美国的十字军东征"给世界遥远的地方带来了美式温和帝国影响下的繁荣"。卡特总统的国家安全顾问布热津斯基主张，美国要保持帝国的地位，其主要任务是"阻止附庸国家合谋和保持其依赖性，使其处于温驯的和被保护的状态，阻止野蛮人团结起米"。哈佛大学欧林战略研究所主任 S. 彼得·罗森（S. Peter Rosen）在 2002 年 5—6 月号《哈佛评论》中写道："我们的目的（即美国的军事目的）不是打败某个对手，而是保持我们帝国的地位，维持帝国秩序。"亨利·基辛格在《美国需要外交政策吗？》一文开篇即宣称，"美国正处于昔日最伟大的帝国也无法企及的权势的顶峰"。

然而，官方语言中重新使用"帝国"和"帝国主义"术语是有规则的：要强调美国独特的仁慈动机。新帝国主义的倡导者必须谨慎地把帝国和帝国主义限制在军事和政治领域之内（避免涉及经济帝国主义），而且必须回避把帝国主义与资本主义和剥削联系起来的各种激进观点。

帝国主义的经济基础

与一般意义上的帝国主义相对而言的经济帝国主义概念诞生在一个多世纪前的美国。1898 年，即美西战争期间，查尔斯·A. 科南特（Charles A. Conant）首次在《北美评论》上发表的《帝国主义的经济基础》一文中指出，在有利可图的投资渠道短缺的情况下，帝国主义对吸收剩余资本——即减轻他所谓的"资本拥挤问题"——是必要的。

19世纪末20世纪初，瓜分非洲、中日战争（1894—1895）、美西战争、南非（布尔）战争和日俄战争等大国间的冲突，标志着与垄断资本主义相伴而生的新帝国主义的兴起，它与以前的殖民主义有本质区别。这使帝国主义的支持者创造了帝国主义的经济理论。正如科南特在分析中所强调的那样，这些支持者不再把帝国主义仅仅看成是一种"情感"。帝国主义的这些变化不久也带来了对它更为彻底的批判分析。这场批判始于约翰·霍布森，他于1902年首次出版了《帝国主义论》一书，阐述了古典帝国主义理论。霍布森是布尔战争的主要的英国评论家，通过对布尔战争的分析，他展开了对帝国主义的批评。在该书著名的一章《帝国主义的经济根源》中，他指出："每一种生产方法的改进，每一次所有权的集中和控制似乎都加剧了帝国主义扩张的趋势。一个接一个国家进入机器经济时代并采用先进的工业方法，制造商、商人和金融家愈来愈难以使其经济资源换取利润。到处是生产能力过剩、寻求利润的资本过剩。所有的生意人都承认，本国生产能力的增长超过了消费的增长；生产的商品过多，以致不能正常销售出去以赚取利润；现有资本过多，超出能带来盈利的投资量。上述经济状况是形成帝国主义的根源。"①

霍布森的著作不是社会主义的。他认为帝国主义是由于经济和金融利益集中并支配整个经济而引起的；解决收入分配不公和国内经济需求的激进改革会结束帝国主义的冲动。他的著作对同一时期出现的马克思主义关于帝国主义的分析具有极大的意义。其中最重要的是列宁在1916年出版的《帝国主义是资本主义的最高阶段》。列宁分析的主要目

---

① 〔英〕约·阿·霍布森：《帝国主义》，上海：上海人民出版社1960年版，第65页。

的是揭示帝国主义列强之间的竞争导致了第一次世界大战。在他的分析中，列宁把帝国主义和垄断资本主义联系在一起，他说："如果必须给帝国主义下一个尽量简短的定义，那就应当说，帝国主义是资本主义的垄断阶段。"①"帝国主义是处于垄断阶段的资本主义"。垄断资本主义被认为是一个凌驾于资本主义竞争阶段之上的新阶段。在这个新阶段，大公司和银行资本融合形成的金融资本主导经济和国家。竞争并没有被消除，但主要在少数的特大公司间进行。这些特大公司控制了国民经济或国际经济的大部分。在这个意义上，垄断资本主义与各帝国主义国家间的竞争密不可分，它首先以争夺全球市场的形式表现出来。随之而来的结果是世界划分为帝国主义的势力范围并由此导致争夺势力范围的斗争，这种瓜分直接引发了第一次世界大战。列宁关于帝国主义的更复杂的观点不只集中在为剩余资本寻求投资出路的必然性问题上，他也强调在垄断阶段资本主义必然追求对原材料的垄断性控制和对国外市场的控制。

与列宁相比，后来的马克思主义者（及激进的非马克思主义者）的分析多集中在帝国主义的一般特征——资本主义在所有阶段的特征上，比如中心与外围分裂的问题，这个问题马克思也提出过。但列宁对一种新的、更加发达的帝国主义形式的认识，即资本集中和垄断阶段的出现，在我们的时代仍然有其重要意义。我们这个时代的特征是全球化高级阶段的垄断资本主义。实际上，这正是马克思主义者帝国主义理论的成功之处。它深刻地揭示了资本主义对外围的制度性剥削和帝国主义列强间的竞争状况。以此为视角，帝国被看得一清二楚，导致"帝国主义"一词被排除出主流话语的范围。只要苏联存在，只要强大的反帝国

---

① 《列宁选集》第 3 版第 2 卷第 650 页。

主义的革命潮流在外围社会还很明显，资本主义就不可能以推进文明为借口公开接受帝国主义这一概念。美国对第三世界广泛采取的军事干涉行动，或为了抵抗革命，或为了控制市场，但在官方的解释中，总是采用冷战的语言，而非帝国主义的语言。

帝国主义时代

关于帝国主义，哈里·马格多夫于1969年出版的《帝国主义时代》是最有影响的著作。它旨在通过量化研究来考察美帝国主义经济，以直接反驳越南战争期间美国外交政策中的主流观念。

不能只把马格多夫的著作等同于意识形态而加以摒弃，因为它的目的在于，使用美国的经济数据，以最直接的方式，审视其经济结构，从而剥掉美帝国主义的外衣。马格多夫提供的数据表明，在美国国内非金融企业中，外资税后利润已经从1950年的10%上升到1964年的22%。

这部书的引人注目之处还在于，它分析了美国资本在国际上的金融扩张。早在1969年，即第三世界债务问题还不十分突出以前，马格多夫就认为"不发达世界债务还本付息额的增长远远快于其出口的增长。因此，它们的债务负担越来越沉重，它们对主要工业国和国际组织如世界银行、国际货币基金组织等的金融依赖也会相应地增加"。

马格多夫认为，20世纪晚期帝国主义所表现出来的本质是美国霸权条件下的垄断资本的全球化。他在《帝国主义时代》结尾处写道："典型的国际商业公司不再局限于巨大的石油公司，也可能是通用汽车公司或是通用电气公司，其15%—20%的业务涉及外国企业，并竭尽全力扩大其份额。这是因为跨国公司力求在全球获取最低生产成本。它们还有一个不明说的目的，在欧洲共同体的合并运动中抢占风头，像在美国市场那样控制世界市场更大的份额。"

马格多夫 1978 年的著作《帝国主义：从殖民时代到当代》的大部分文章分析了对帝国主义历史的种种误解。在这个问题上，最重要的是他回答了"帝国主义是必需的吗？"这一问题。针对这种观点，即资本主义和帝国主义是完全可分的两个范畴，后者不一定是前者的一个特征，他认为资本主义从初始起就是一个世界体系。从广泛的意义上说，帝国主义扩张与资本主义寻求利润一样是这个体系的一部分。他也反对左派的观点。左派试图通过某一特定的经济危机理论或资本出口的必要性去分析现代帝国主义，而没有认识到从一开始帝国主义就内在于资本主义全球化趋势之中。尽管在催生现代帝国主义的过程中资本主义运动的经济法则起重要作用，但也要避免任何（脱离政治、军事和文化因素的）简单的、机械的、狭隘的经济解释。马格多夫得出结论说：最终的根源要从 16 世纪以来资本主义的历史发展中去寻找，"消灭帝国主义需要推翻资本主义"。

修正帝国主义概念

主流学者对这种帝国主义理论及其相关理论的反应是，把"帝国主义"这个词（就其与资本主义的联系而言）摒弃在可接受的话语之外，把它完全看作一个意识形态术语。同时，还特别通过主流社会科学的分割方法，把它与政治帝国主义、文化帝国主义等概念分离开来，以达到孤立"经济帝国主义"一词的目的。在帝国主义问题上，对马克思主义者和激进派的攻击十分成功，以至于到 1990 年 11 月，普拉哈特·帕特奈克在《每月评论》发表的《帝国主义到底怎么了？》一文中，提出这个词几乎完全从美国和欧洲左派的评论中消失的问题。而这是发生在美国对尼加拉瓜、萨尔瓦多、危地马拉、格林纳达、巴拿马进行军事干涉（公开和隐蔽的）的时期，发生在世界各地的跨国公司贪婪地掠夺的时代，这尤其令人吃惊。

在对反全球化斗争和新巴尔干战争的反应中、在后来的"9·11"事件及随之而来的反恐战争中，美国出现了意识形态的分裂，从中可领会到这一点的历史意义。一方面，特别是面对美国和北约军事行动的扩展以及美国支持世界贸易组织等问题，主流知识分子更愿意重新使用帝国主义一词，为世界唯一超级大国的仁慈霸权或"温和帝国主义"涂上更多的光彩。另一方面，后马克思主义者和以前的激进思想家常常批评在经典的马克思主义意义上使用这个词，把它与资本主义、全球剥削和经济帝国主义分开。

后一观点的典型就是2002年3月11日汤姆·巴里在《外交政策焦点》网上发表的《重返干涉主义》，该文认为："对美国帝国主义的批评无法解释美国干涉主义的理想主义一面，即威尔逊的把自由和民主强加给世界其他地区的理论。即使其目的是改变美国的外交政策，那么批评美国帝国主义节节上升也无济于事，无论对美国政策制订者还是公众都是如此。看起来有效的方法是挑出美国在第三世界支持镇压和实行军事干预的外交政策，对其进行人权批评。"

左派对帝国主义概念更有影响的批评是由米歇尔·哈特和安东尼奥·耐格里的《帝国》一书发起的。他们认为，帝国主义伴随着越南战争一起结束了。1991年的海湾战争，美国将军事打击的目标指向伊拉克，并不是要实现美国自己的国家利益，而是要实现全球正义。美国这一世界警察，其行动追求的不是帝国主义的利益，而是帝国的利益（即没有中心也没有边界的帝国利益）。在这个意义上，海湾战争的确如老布什所声称的,宣告了世界新秩序的诞生。在该书另一个地方,作者宣称:"美国不是——事实上今天也没有哪个民族国家能够成为——帝国主义计划的核心。"正是从这一立场出发,他们否定了美国与古典的剥削意义上的帝国主义间的联系,但上述立场还看到了作为"帝国"的反映和"帝国"文明化角色的美国主权和权力的扩张(美国制度扩展到世界各地)。哈特和耐格里的书中以无限溢美之词所强调的内容,也充斥在《纽约时报》、《时代杂志》、《伦敦观察家报》和《外交事务》等媒体中。

最近,哥伦比亚大学新闻和社会学教授托德·吉特林在《纽约时报》(2002年9月5日)发表的与人合写的一篇短文中写道:"知识分子和极左的激进分子很容易同情他们几乎不了解的基地组织,为他们辩护,将它归入反对帝国主义的名下。"

在直接赞美据说是仁慈的美国"帝国主义"的媒体上,吉特林认为,"极左派"对"美国帝国主义"的全部指控极度失真。但不要忘记,美国1991年发动对伊拉克战争的结局是美军永久驻扎在沙特阿拉伯,这导致伊斯兰原教旨主义者(包括基地组织在内)从沙特阿拉伯出现并攻击美国;不要忘记,正是美国在阿富汗支持的反对苏联的伊斯兰原教旨主义的战争中,本·拉丹受到恐怖主义的训练;不要忘记,萨达姆·侯赛因在两伊战争期间(实际上直到萨达姆入侵科威特时为止)受到美帝国主义的庇护;不要忘记沙特阿拉伯和伊拉克已探明的石油资源分别占世界的第一位和第二位;也不要忘记阿富汗是通向中亚的门户,是世界上石油和天然气储备丰富的地区之一。最后,不要忘记现在美国的军事基地遍布中亚并且意欲留在那里。

全球性的富者愈富、穷者愈穷

主流社会重新发现帝国主义的实质，是为美国军事和政治统治辩护，使其与造成穷国和富国的鸿沟脱离干系，而这是马克思主义的帝国主义理论所强调的，也是新的反全球化—反资本主义运动所看重的一点。

主流话语重新发现帝国主义仅仅意味着，美国所代表的，特别是其掌权者所主导的这个进程是不可避免的，已成为无法逃避的现实。然而，对帝国主义新阶段的反抗无疑才刚刚开始。世界大多数人知道美国的学究们所忘记了的历史，即美国帝国主义与过去掠夺性的帝国很相似，并将遭遇与过去的帝国相同的命运——内部的反叛不断增强，而"野蛮人"就在门口。

（王淑梅 摘译）

新帝国主义与民族国家[*]

〔美〕艾·M. 伍德

艾伦·M. 伍德在 2003 年 10 月 9 日英刊《反潮流》中发表了《资本主义帝国与民族国家：一种新的美帝国主义?》一文，认为全球化时代的帝国主义尽管基本上是通过世界市场来统治世界，但是由于世界市场结构性的不平等蕴含巨大的动荡趋势，美国作为资本主义中心，将不得不强化其政治军事权力，并且将不得不强化各民族国家的统治职能，借以达到操控全球化的目的。文章主要内容如下。

新帝国主义对世界市场的控制

人们可能会说，占领伊拉克是美国对"二战"以来外交政策的偏离。许多批评家就是这样认为的。从表面上看，美国似乎是回归到了老殖民主义的直接统治，似乎与先前避免陷入殖民主义泥潭的行为模式相违背。

但这样的看法是令人怀疑的。布什和大公司丧心病狂，这注定难逃失败的厄运，因为布什正在削弱美帝国主义的力量，即丧失对于盟国的控制。布什当局的右翼极端分子正在以新的、无度的方式部署军事力

---

[*] 本文选自《国外理论动态》2004 年第 1 期。

量。这些方式被证明是缺少可持续性的。但布什并没有背离美国的一向政策，这主要是由于以下两个原因。

一个原因是，即使是布什及其身边的右翼狂热分子也会主张置身于殖民主义泥潭之外，鼓吹回归非殖民主义的帝国主义。这是由于非殖民主义的帝国主义更少风险、更少成本、更有利。如果美国能够以绝对军事优势为后盾、利用巨大的经济力量来统治世界经济，它就没有必要陷入殖民统治的泥潭之中。伊拉克所发生的一切就证明了这点。美国在伊拉克搞得乌烟瘴气，这表明美国并不想要真正长期地占领伊拉克。正如许多人所说，布什当局所希望的只是削弱伊拉克政权、扶植一个听话的领导人以使美国公司在伊拉克牢牢扎下根。

第二个原因是，如果不以历史为背景进行观察，我们就不能从布什的所为中得出什么结论。如果美国在先前的几十年中没有建立庞大的军事实力，布什也就不能像今天这样为所欲为。不错，布什当局不加掩饰地公开其追求不受挑战的全球霸权的意图。2002年9月，美国发表了《国家安全报告》，提出要构建一支无与伦比的军事力量，其他国家——不论是朋友还是敌人，都不能梦想作为全球大国或地区性大国对美国提出挑战。但这与从前没有什么两样。美国以前历届政府可能不是如此地明目张胆。但是，如果这些政府不是原已拥有强大的军事力量，布什当局的梦想就无从谈起。而强大的军事力量不可能是在不经意间建立起来的。

布什的政策当然是极端化的和不顾后果的，但我们可以清楚地看到：布什的政策并非无源之水、无本之木，它们与至少半个世纪以来的美国政策模式相关联。"二战"结束以后，美国开始实行追求全球霸权的钳形战略：布雷顿森林体系有效地确立了美国的经济霸权，军事优势表现为它在广岛和长崎投下了原子弹。美国构建军事力量只是为了遏制苏联、维持其在"二战"后世界两极世界中的地位，这种观点是没有充分的说服力的。帝国主义国家就是要实现压倒一切潜在对手的军事优势。

在阶级剥削层面，资本可以不直接使用军事、政治、司法权等经济之外的力量剥削劳动。在资本主义制度下，工人没有任何财产的地位迫使其出卖劳动力来换取工资，也使资本对劳工行使权力成为可能。资本主义的剥削不是通过直接的胁迫性力量、而是通过市场的经济中介进行的。当然，生产场所存在着许多胁迫。但资本主义统治的显著特征不是工厂主的权力，而是市场的力量。

使资本主义统治成为可能的是直接生产者对市场的依赖。这就是资本主义社会中阶级统治的特点，它使资本主义的阶级统治不同于其他形式。同时，在资本主义的帝国主义与前资本主义的帝国主义之间也存在着类似的区别。简言之，前资本主义的帝国主义是直接行使胁迫性力量，目的是侵占领土、从臣民手中攫取劳动及资源、占领贸易通道。像资本主义阶级剥削一样，这种资本主义形式的帝国主义更多地依赖于经济因素的市场作用和帝国控制市场的能力，而不是直接的胁迫性力量。的确，被征服国家的经济不得不依赖于市场，就如同直接的生产者受到压榨而依赖于市场。向市场依赖转变通常是一桩血淋淋的事情，今天的"结构调整"也是如此。

一旦这种转变完成，帝国主义的许多使命可以通过对金融体系、债务等的控制来实现。总的说来，资本主义经济更愿意采取帝国主义的经济模式，而不愿意实行成本高昂的、危险的直接殖民统治。资本主义在政治权力和经济权力之间建立起一种奇特的关系。从这个意义上说，资本主义可以说是拥有不同于政治、军事权力的经济权力的唯一体系。这也意味着资本主义是这样一种社会形式，它能使剥削和积累的权力波及直接的政治或军事统治之外。在非资本主义形式之下，不论直接生产者生产多少剩余，剥削阶级攫取剩余的能力也仅限于政治、司法和军事权力。资产阶级权力不仅局限于此，资本主义的帝国主义也是同样。

帝国主义对世界的政治和军事统治与民族国家

资本在如此广泛的范围之内行使自己的经济权力取决于其摆脱政治、军事统治限制的能力。但它依然需要政治和军事力量的帮助来维持社会秩序、创立资本积累的条件。实际上，资本主义比其他社会形式更需要一种精心设计的、稳定的和可预测的法律、政治及行政秩序。资本通过摆脱对经济之外权力的依赖来赢利，这同时意味着它必须依赖于外在于己的政治和军事力量来提供这种秩序。就是说，它必须依赖国家权力。

现在，我们经常说全球化正在使民族国家作用削弱，经常谈起"全球治理"。似乎经济与国家之间的关系只是经济基础与上层建筑之间简单的、机械的关系：全球经济如果不意味着一个全球国家，那就必然意味着全球治理。当然，这些理论认识到了滞后的政治形式赶不上全球经济的发展。这不仅为传统的全球化理论家所宣扬，它也是米歇尔·哈特与安东尼奥·耐格里的"帝国"理论的根源。"帝国"理论建立在这样一种前提之上，即：全球资本的扩张意味着一种新型主权的发展。他们在《帝国》一书中说："我们的基本假设是主权已经采取了一种新的形式，由一系列国家和超国家组织按单一的统治逻辑组成。这种新的全球主权形式就是我们所说的帝国。"帝国的基本特征是"民族国家的主权衰落，越来越难以控制经济和文化交流……"在帝国中，权力是无所不在的，也是无集中之所在的。

资本决不是比从前更少地依赖地理上的国家。在某种意义上讲，它的依赖性更强了，世界比从前更是一个由民族国家组成的世界。诚然，民族国家必须回应全球资本的要求。某些社会、法律和行政原则已经实现了国际化以利于资本的跨境流动。某些国际组织也在按照全球资本的要求行事。但那并不意味着国家的"国际化"。全球治理的主要工具还是民族国家。

我们生活在一个发展不平衡的世界之中。全球化并不是一体化的全球经济，这是全球经济与本土化国家的破碎体系并存的原因。全球资本从全球化中受益，但它不能组织全球化。一些研究者认为，全球公司不能单独组织自己的国际经营，更不用说全球经济。无论如何，它们需要民族国家替自己来组织这个世界。经济越是全球化，经济循环就越需要国家和国家之间的协调来组织。对全球资本来说，国家而不是国际货币基金组织和世界贸易组织等国际组织是不可或缺的。

这一切都说明：资本主义的经济与政治权力之间的关系不只是上层建筑反映经济基础那样的简单、机械关系。它是一个复杂的关系。只要民族经济与民族国家之间存在着或多或少的清晰联系，矛盾或潜在的矛盾就或多或少地是可以解决的。但目前其中的非联系化正在日益凸显。而且，问题不是资本逃脱民族国家的约束、使国家作用削弱，而是全球资本的确需要民族国家。

我在这里所要说的是新帝国主义，即美国的帝国主义。它很复杂，也充满了矛盾。从本质上看，它是一种全球经济秩序，一个由许多国家组成的管理体系。这是全球资本的统治面临严重不稳定和威胁的根源。今天的帝国主义霸权国感到不得不去应对这种矛盾来控制上述多国体系。其中，军事力量将发挥重大的作用。这正是帝国战略开始出现严重问题的地方。在古典帝国主义时代，军事力量的作用是不言自明的。毕竟战争在帝国主义征服殖民地或帝国主义之间争夺殖民地方面是没有神秘可言的。但在新帝国主义（以经济统治为主）时代，军事力量意味着什么？它在维持全球资本霸权方面的作用如何？

即使是美国的十分强大的军事力量也不能在所有时候、在所有地方起作用。而且，社会无秩序及经常爆发的战争也无助于资本的积累。不仅如此，其军事行动也缺少攻占特定领土、战胜特定的对手之类的明确目标。资本主义竞争非常复杂，不限于争夺殖民地那样的零和争斗方式。资本主义大国目前彼此之间发生战争的可能性很小，因为它们需要彼此相互充当市场和资本来源。因此，全球资本时代的帝国主义霸权依赖于控制竞争者，而不是与之交战。以此观察布什主义，一种战争主义、没有特定的目标也没有空间和时间的界限，可以知道：这种疯狂和不计后果的政策最终注定要失败。

"示范效应"也是美国在伊拉克的军事行动的一个目标，即向世人显示美国军队可以在任何时候到达全球的任何地点，可以通过战争扶植听话的政权。美国固然在伊拉克有石油利益，也急于维持在中东的军事存在，但美国打击伊拉克的主要目的之一就是震慑伊拉克及中东地区不听话的国家，甚至于震慑整个世界。

美国面临的最大的难题是如何与友好的竞争者之间保持霸权关系，其原因是：苏联的解体使西方缺少一个共同的敌人，美国很难保持美国盟友的齐心协力。"二战"结束之后，美国享有稳固的经济霸权。它依赖于自己主导的联盟如北约来控制其他资本主义大国。今天，情况变得复杂了，因为美国的经济霸权不像从前那样不受任何挑战。这意味着美国要更加依赖军事优势，按照布什主义的设想，就是打造一支任何潜在对手都不能作为全球性大国和地区性大国对其提出挑战的军队。仅有军事力量是不够的，但它至少可以发挥威慑作用，可以防止盟友发展独立的军事力量。

在《帝国》一书中，米歇尔·哈特与安东尼奥·耐格里认为帝国是无处不在的，也是无集中所在的。他们是在说，今天的全球性帝国中没有资本主义权力的集中，集中的反抗力量也是不存在的，工人阶级政党是无所作为的。事实上，资本主义权力比从前更加集中了，国家便是资本主义权力集中的所在，美国是资本主义权力的主要集中地。反抗力量的存在不仅是可能的、也是必要的。

但帝国权力主要是依赖于国家内部，而不是多国的全球体系。这意味着多国中的每个国家都可能成为斗争的舞台和潜在的反抗国家。无疑，帝国腹地爆发的斗争最具有影响。但全球资本所倚重的每个国家都是反抗力量的目标和争取实现国际团结的对象。抗议世界贸易组织和八国峰会的运动改变了政治气候，但它们取代不了反抗资本权力的政治上有组织的斗争。有组织的政治斗争看起来比象征性的反抗更加艰难。但否认这种政治斗争的可能性必然走向悲观主义，即全球资本缺少有形的目标，人们没有进行斗争的可能性，只能屈服于资本主义的现实，至多也只能是在心中拒绝资本主义制度。

（王宏伟 摘译）

解析帝国主义（上）*

〔英〕克里斯·哈曼

2003年英刊《国际社会主义》冬季号发表了克里斯·哈曼题为《解析帝国主义》的文章，该文分为三部分，第一部分论述经典的帝国主义理论，后两部分论述冷战时期的帝国主义和全球化时代的帝国主义。本期先将其第二部分"冷战时期的帝国主义"的主要内容介绍如下。

20世纪30年代的帝国主义冲突表现为英法两国以其不断扩展的全球帝国与在欧洲建立大陆帝国的德国之间的冲突。随着德国被打败，类似的冲突在大战的两个胜利者之间升级。

美国希望自己的工业通过"自由贸易"渗透到整个世界经济中去。西欧大国因为被战争消耗得筋疲力尽，不能直接对美国构成挑战。但另外一个胜利者苏联却并非如此。在20世纪20年代晚期，苏联成功地推行了工业化，集中一切力量进行生产资料的积累，建立国家资本主义。这使苏联能够借助强大的陆军占领并控制了整个欧亚大陆的北部，从西欧边境一直到太平洋。可是，苏联的工业生产率水平不及美国的一半，苏联不想通过自由贸易的形式维持自己在经济竞争中的地位。

---

* 本文选自《国外理论动态》2004年第3期。

1947年和1948年，苏联决定阻挠美国染指自己控制下的各国经济，并以此来挑战美国建立全球霸权的企图。美国则通过资助亲美的政党、实施旨在复兴欧洲工业的《马歇尔计划》、建立北约组织、在欧洲建立基地来谋求对西欧的霸权。

这种不断发展的冲突不能以人们通常理解的经济因素来加以解释。两个大国的军事开支都超出了其统治者对于剥削小国而得到的预期收益。在20世纪40和50年代，美国的海外投资从没有超出军备支出。甚至是在朝鲜战争爆发前的"裁军"时期，美国的军费开支也达到150亿美元。这是私人资本输出总额的25倍，高出对外援助的许多倍。马歇尔援助在任何一年中也没有超出50亿美元。

30年后，美国的海外投资成倍增长，大约是5000亿美元。此外，还有大约3000亿美元的国外资产为美国跨国公司所控制。防务总开支上升到2000亿美元，比海外总投资少，但比来自于海外投资的利润增加额高。

苏联的情况与此相同。在1945—1950年，它掠夺了东欧，转移东德和罗马尼亚的工厂和成套设备，迫使这一地区以低于世界市场的价格向苏联出售产品。但即使在那一时期，由此而得的经济收益也少于冷战开始后苏联的军事预算。从1955年开始，由于害怕东欧爆发起义，苏联政府减轻了对各国的直接经济压力。它们的经济发展模式在某种程度上还是由苏联的战略需要所决定，但直接的剥削实际上已经消失了。

需要军费开支的帝国主义不是那种单一帝国的帝国主义。在单一帝国的帝国主义统治下，一小撮位于中心的金融资本家压迫数十亿人民，攫取了大量的超额利润。它是彼此敌对帝国的帝国主义，此时作为各国统治阶级的资本家必须要从生产性投资中分出资金用于军事开支，以确保能够把持已经占有的一切。

华盛顿与莫斯科的意图是显而易见的。降低军费开支的水平意味着将会有失去战略优势的风险。俄罗斯人恐怕美国在东欧卷土重来，这将使东欧国家的经济从苏联的控制中独立出来，反过来又使苏联的其他组成部分脱离俄罗斯中心。同样，美国统治阶级也害怕苏联将其他西欧国家或日本拉入其势力范围，使苏联增加挑战美国利益的军事、经济潜力。

这为以后30年确立了模式，两个大国都想把世界的大部分国家纳入自己的势力范围，以获得对于对方的优势。它们为控制朝鲜半岛进行了一场血腥的战争，不仅是因为那里所拥有的些许财富，也是因为它对整个东亚和太平洋地区的战略含义。它们给予那些与对手反目的政权以援助和武器。美国援助共产党的南斯拉夫以在接近俄罗斯边境的巴尔干地区立足，苏联援助古巴以在接近美国边境的加勒比地区立足。苏联武装的索马里与美国武装的埃塞俄比亚作战。不久，苏联和美国的立场发生逆转，美国开始武装索马里，苏联武装埃塞俄比亚。埃及被拉入苏联的势力范围，而中国则与美国结成临时的战略联盟。

以上这些还不足以解释冷战高峰时期的军费开支。但军事开支对于美国资本主义来说具有另外一个优势。"二战"期间，美国军备支出占国民生产总值的40%以上，意想不到地为私人资本提供了一个市场，使美国摆脱了1937年至1939年的衰退，在没有降低利润率的情况下使总产值增加了一倍。冷战时期，军备开支有着同样的收益。利润率在整个20世纪50年代基本保持了稳定，维持了投资，防止经济经历20年前的大衰退。价值的毁灭可以减轻周期性危机的趋势，这是资本主义荒诞的表现之一。但恰恰是这种荒诞性激励了两个敌对的帝国在冷战期间进行大规模的军备竞赛。

帝国之间的冷战冲突随着20世纪80年代的苏联集团解体而终结。在此过程中，世界资本主义整体结构也发生了巨大的变化。

欧洲帝国的终结

"二战"与1916年布哈林阐述的帝国主义理论吻合，但与列宁从霍布森那里继承来的对于金融资本和海外投资的强调不相符合。冷战时期的40多年也是如此。

对于德国和日本的战败，英国、法国、荷兰、比利时的反应是接替它们统治它们在远东、北非和中东的殖民地。即使是法国也时常依赖英国或美国的军队重新夺回殖民地。英国也希望保持独立的帝国主义政策，发展自己的核武器，因为它不相信美国能够在所有时候都捍卫英国的利益。英国维持在苏伊士运河以东的军事存在，直至20世纪60年代晚期。1956年，英、法无视美国，进行军事冒险，发动了苏伊士战争。

但战后的趋势与列宁、布哈林所说的殖民主义政策、西方资本主义大国的冲突不同。英国于1947年最终放弃了对于殖民皇冠上的宝石——南亚次大陆的占领，同年开始从东地中海撤退。马来西亚和非洲殖民地在之后的20年里也摆脱了殖民统治。荷兰帝国主义试图长期占领东印度群岛，但到1950年不得不承认失败。法国拒绝放弃帝国的冲动更加强烈，进行了一场长达9年的控制印度支那的战争后，又试图继续控制阿尔及利亚。但20世纪60年代，除了加勒比海和太平洋中一些岛屿，法国放弃了整个帝国。

美国在一些地区取代了西欧的影响。当法国在1954年撤退后，它控制了南越，直到20世纪70年代中期。美国成为中东大部分和非洲部分地区的主导力量。但像欧洲大国一样，它撤出了原来的殖民地，允许菲律宾独立，只对波多黎各保持直接的控制。

这种从直接殖民化的退却与西方国家瓜分世界冲突的结束有着直接的关系。它们之间进行战争的冲动似乎一劳永逸地消失了。同时，其中也伴随着列宁和布哈林的帝国主义论所始料未及的其他某些现象。一旦与殖民地脱钩，西方国家的经济就步入了持续了四分之一世纪的繁荣之中：保持低失业率，在维持利润水平的同时经常提高工人的工资。没有任何殖民地的发达国家如西德、日本和意大利经济增长最快。似乎霍布森说得对，殖民地是对经济的拖累。

实际上，繁荣的驱动力量恰恰就是美、苏帝国主义以大规模军备开支进行的冷战争斗。发达国家的资本不仅没有过剩，还出现短缺。资本输出保持在20世纪30年代大萧条时期的低水平。对外投资越来越少地流向工业化不发达的国家。与投资模式变化同时发生的是对第三世界产品需求的变化。

在"一战"之初，农业国的原材料对于西方工业生产来说是必不可少的。殖民控制是工业化国家确保自身供应、限制对手的重要方式。两次世界大战期间对贸易的阻断迫使它们寻找原材料的替代品。所以，20世纪上半叶，人们发明了人造肥料、合成橡胶、丝线、尼龙和各种塑料。在"二战"期间和"二战"以后，欧洲和北美的农业发生大变革，以工业产出和补贴来提高农业产出，减少对于进口的依赖。在一个充满了原材料和食物的世界里，从非洲、亚洲的殖民地撤出将不会有原来那种对于欧洲工业国家的威胁，公司投资多样化。到20世纪60年代初，英国较大的企业有意识地将中心从老帝国转向了欧洲和北美的新市场。

但是，石油是一个例外。它是原材料的原材料，是制造塑料、合成橡胶、人造纤维的基本成分，满足不断扩大的能源需求，推动着汽车、坦克、飞机数量的增长。石油供应越来越倚重于欧洲、北美之外的地区。

20 世纪 50 年代初期，"海湾石油"指墨西哥湾的石油储存，特别是德克萨斯的石油储存。开采那里石油的成本决定着世界原油的价格。到 20 世纪 70 年代中期，1973 年阿以战争期间石油供应的临时中断表明：举足轻重的海湾是波斯湾。沙特、伊拉克、伊朗、科威特以及环绕阿拉伯半岛的小酋长国是举足轻重的国家。控制这些国家的政策对于发达国家来说越来越重要。贿赂、威胁、武器销售、派驻军事教官等都是实现这一目的的手段。因此美国支持以色列，驱逐土著人口。正是在这一地区，关系着世界体系的战争频频爆发——1947—1948 年、1956 年、1967 年、1973 年、1980—1989 年、1982 年、1991 年、2003 年。

殖民主义解体后的第三世界

帝国的纷纷解体是一个意义重大的政治事件，因为世界人口的一半都生活在这些帝国的统治之下。许多西方社会民主党人和自由党人说，帝国主义不复存在了。比如，英国马克思主义宣传家约翰·斯特雷奇（John Strachey）在《帝国的终结》（End of Empire）一书中说，工会的压力、政府的干预提高了生活水平，以至于公司不再需要殖民地去吸收剩余、防止生产过剩。

一部分左翼人士拒绝这种论调。他们看到，原殖民地国家正在为贫困和饥饿所困扰，发迹于帝国的企业依旧根深蒂固。而且，欧洲帝国的终结并非对"第三世界"或"南方"国家人民暴力的终结。在许多地方，美国拾起了欧洲人走后丢下的暴力压迫的大棒。

拒绝帝国主义终结论通常意味着坚持列宁1916年的分析，但却没有认识到此后所发生的变化。列宁方法的有力之处在于它坚持认为西方大国被迫在彼此之间瓜分和重新瓜分世界，这一方面导致了战争，另一方面导致了直接的殖民统治。这不符合西方国家之间战争可能性似乎减少、殖民地获得独立的状况。相反，大多数左翼悄悄改变了帝国主义的定义，只是提到西方资本家阶级对第三世界的剥削，忽略了帝国主义大国之间的战争这一列宁理论的核心内容。在实践中，他们将整个世界体系看作是考茨基超帝国主义论的翻版。同时，他们简单地以"新殖民地"、"半殖民地"来取代殖民主义。

列宁笔下的半殖民地如第一次世界大战期间的中国，殖民者的军队占领了部分地区，使用武力将其意志强加给民族国家政府。在这些国家，独立只是个虚假的表面现象，下面掩盖的是在国家的部分区域内持续地受到以军事力量为依托的政治控制。在20世纪50、60年代直接的殖民主义统治终结后，有些地方的确看起来像是半殖民地。许多情况下，撤离的殖民当局能够允许殖民地为当地人所控制。但新的统治者是与殖民统治相互勾结以换取阶级特权和一小杯羹的人。无怪乎人们称之为新殖民主义。但在某种意义上说，独立的确意味着独立。政府不仅加入了联合国、在世界各地建立了驻外使馆，也干预经济，使殖民公司国有化，进行土地改革，实施拉美依附论者所主张的工业化。

1959年古巴革命之后，激进的依附理论将斯大林主义与拉美传统结合起来，占据了20世纪60年代的世界左翼思想阵地，代表性著作就是保罗·巴兰的《增长的政治经济学》和安德烈·冈德·弗兰克的

《不发展的发展》。社会主义对于巴兰来说就是"与资本主义决裂",对于弗兰克来说是遵循斯大林模式。依附论者观点主要有四个方面:发达国家在第三世界投资不会发展工业,即使能赢利也不会发展工业,因为他们害怕这会引起与本国工业资本的竞争;西方国家总是倾向于使用权力来防止任何工业化;西方国家能操纵拉美政府以防止其采取独立政策;一国的统治阶级依赖于与资本主义大国的贸易和来自资本主义大国的投资这种发展模式,将会丧失形成独立的资本积累和经济发展道路的能力。依附理论对人民来说是有吸引力的,因为它认识到了一个现实:拥抱资本主义不会自动地摆脱贫穷。

(未完待续)

(王宏伟 摘译)

解析帝国主义（下）*

〔英〕克里斯·哈曼

帝国主义与"全球化"

帝国主义从霍布森时代的帝国主义变成了"二战"的帝国主义。在20世纪60年代晚期和70年代，第三次变迁发生了。

随着德日的快速崛起，西方国家之间的经济平衡发生了变化。20世纪60年代初期，日本的制造业出口只有美国的三分之一。到70年代末，与美国持平。美国以军事支出维系了世界经济并为此付出了一定的代价。德、日两国不能生产武器，但可以更多地投资于工业，以致在生产率和竞争力方面接近美国。随之而来的是，自从20世纪60年代晚期开始，金融资本的跨境流动增加，国际货币交易量激增，国家政府控制银行系统的能力削弱。这使霍布森、希法亭、列宁所关注的资本输出现象卷土重来。

对外直接投资数量的增加反映了跨国公司的崛起。跨国公司在战前就已经存在了，但它们不是以一体化的国际研发与生产为基础的。自20世纪60、70年代起，跨国公司发生了变化。成功的企业是那些实施国际研发、生产和销售战略的公司。

---

* 本文选自《国外理论动态》2004年第4期。

国家、资本与"全球化"

金融、市场和生产的国际化导致人们作出简单化的判断：认为国家作为经济行为体即将消失，新的多国世界资本家阶级正在出现，这个判断是错误的，没有认识到跨国公司与国家之间的持续的相互联系。

大型跨国公司的销售和投资有相当大的一部分在母国内部进行。在《财富》100强中，40个公司将其50%或以上的产品在国外市场销售，只有18个公司的大部分资产在国外。同时，最大的跨国公司都是由特定国家的资本家来控制的。不论公司董事会成员的国籍为何国，民族国家仍然可以对在本国领土上经营的企业的赢利施加巨大的影响。它控制着税收和政府支出，两项措施都会影响经济活动的总体水平，影响国家对特定企业开放的可能性。国家通过影响国有银行，进而影响企业的清偿能力和借贷的利息率。政府制订的公司法和劳动法影响不同国家之间以及不同国家与其工人之间的平衡。政府与其他国家达成开放市场的贸易谈判，保证其他国家承诺为新发明与新发现的知识产权付费。政府有能力保护企业免遭破产的命运，垄断抵御其他国家进攻的武装力量。这些职能不会随着金融、市场和生产体系的国际化而消失或减弱。

1993年《财富》100强中的大企业都是先前或现在的美国计算机、半导体和电子行业的领军企业，都从享受优惠政策的防务合同中得到了大量的好处。另外，所有主要电信企业都依赖于政府采购和颁发许可证以及政府与国际财团之间的讨价还价。国家决策对大企业的作用由此可见一斑。

不论政府如何在意识形态上承诺奉行新自由主义政策、将经济置于市场的支配之下，但它们都不可避免地要做出影响市场的决策。大型跨国公司也不能不影响这一决策和受这一决策的影响。

美国：霸权、军事力量与第二次冷战

全球化趋势开始于美国遭受20世纪最严重的军事挫折期间，即越南战争期间。战争结束后美国不得不放弃布雷顿森林体系，开始削减军费开支。

美国将中国变成制衡苏联的砝码，使用武力妨碍阿拉伯人在1973年与以色列的战争中取胜，将埃及纳入美国的阵营，帮助镇压智利和阿根廷的左翼，与欧洲社民党合作遏制1974年的葡萄牙革命。但美国霸权此后经历了三大震荡：1979年爆发了伊朗伊斯兰革命，美国外交官被扣留为人质；桑地诺解放阵线推翻了尼加拉瓜亲美独裁政权，建立了反帝政权，鼓舞了邻国萨尔瓦多和危地马拉的游击运动；苏联军队入侵阿富汗，扶植亲苏政权。此前，另一次为期5年的国际经济衰退增加了日本立足本土、挑战美国资本主义的能力。日本汽车企业开始挤占美国福特、通用汽车公司的销售份额，美国第三大汽车企业克莱斯勒在政府的援助之下才免于破产的命运。

这些事件使美国在越战中的失败雪上加霜，不能重振，这推动美国领导人拥抱一种新的战略。它标志着向与苏联对抗的"冷战帝国主义"战略回归。这种战略的内容有：扭转10年来军费开支下降的局面，部署巡航导弹和潘兴导弹；为阿富汗抵抗力量提供高水平的军备、后勤支援和招募军队方面的帮助；组织恐怖主义力量破坏尼加拉瓜桑地诺解放阵线政府；向右翼政府军提供军事基金和培训，以镇压萨尔瓦多和危地马拉的游击队；利用增加的冷战紧张迫使欧洲各国政府接受新一代的美国武器，支持美国的战略和经济目的；利用石油价格波动造成的金融动荡和新兴工业国家陷入债务危机给世界银行体系造成的威胁，重新确定美国在世界金融体系中的主导地位。

"新冷战"是军事资本主义的新阶段。它不仅为对外投资或贸易的利润所驱动，也不只是为它给予军火承包商的红利所驱动。不同的因素形成了一种循环：经济为军费开支推动而呈现出总体增长，大公司开发为军事所资助的新技术，打开新市场、并增加对海外经济资产的控制，操纵国际金融体系为美国利益服务。

这使美国经济自1982年起开始增长，并在联邦储备银行削减利率的帮助下持续增长，甚至是在1987年10月世界股票市场全面下跌之后也保持着增长的势头。随着工业的重组和实际工资的下降，利润率得到了恢复。美国经济的进步伴随着战略方面的胜利。赶超美国的代价使苏联分崩离析。面对群众的骚乱，它不得不于1989年放弃对东欧的控制，自身也于1991年解体。美国看起来已经赢得了冷战的胜利，经济也得以重新振兴。

《美国新世纪计划》

新保守主义者通过美国新世纪计划和传统基金会等思想库及其报纸《旗帜周刊》等来影响美国的政治、经济和军事机构。其出发点是：在大规模增加防务开支的基础上回归里根时期的政策，建立导弹防御系统，应对中国、塞尔维亚、伊朗、伊拉克、朝鲜"独裁政权"的威胁，这是防止美国权力衰落的唯一途径。美国在领导西方赢得冷战的胜利后，面临着失去机遇、输掉挑战的危险。

拉姆斯菲尔德、沃尔福威茨、切尼等新保守主义分子在美国2000年选举中起了主导性作用。由于经济的衰退和"9·11"后恐怖主义恐慌,他们的主张得以在国会和政府中推行而没有遇到任何抵制。他们推动军费开支的增加、新的星球大战计划的实施,发动对阿富汗的战争,同时削减富人的税负。他们主张显示美国的力量规模、左右美国公众关于战争的舆论、增加美国在中亚的战略影响。这导致了美国政策的急剧转向。这与克林顿执政的第二任期政策保持着连续性,但"9·11"事件使其由量变转为质变。

新帝国主义与美国今天的经济

当2001年经济衰退来临时,国外资金仍然在流入美国,股票价格跌落了一半左右。在"9·11"事件、阿富汗战争、伊拉克战争所带来的国际动荡时期,美国似乎成为投资最为安全的地方,尽管它的利润率很低。但是,在四分之一世纪里,金融、投资、贸易和生产的国际流动使美国资本主义易受国外发生的事件的影响。大型跨国公司需要美国制订某种政策以控制这些事件的态势。新保守主义阴谋集团的新帝国主义就是要提供这种政策。

不仅如此,美国的军费开支在2002年达到了3960亿美元,比欧洲、日本和俄罗斯的总和还多。但它远远小于每年国外的流入资金量即大约5000亿美元。马丁·沃尔夫在《金融时报》中说:"美国经常项目账户赤字比其防务开支高出50%……世界其他国家间接地为美国动用武力支付费用。"

在流入美国的资金中亚洲资本最多,占了大约40%(其中一半的资金来源于日本);其次是欧洲,占了五分之一强(其中不到一半的资金来源于欧元区）。亚洲和欧洲并不知晓正是自己借给美国的钱使美国得以保持全球军事优势。这种优势使美国成为危机期间东亚及其他地方投资者的安全避风港，鼓励它们的政府大量持有美元，美国企业和个人以之从世界其他地方买进更多的东西。正是这种恶性循环使美国资本主义得以延续。

新保守主义增强军力政策的目的是使这个循环更加有利于美国。增加军费开支和削减富人的税负旨在将美国从经济衰退中拉出来，如同20年前里根的"军事凯恩斯主义"的做法。而且，增强军事能力将确保世界其他国家接受有利于美国公司的政策，包括：接受对于美国软件公司、药品公司十分重要的有关专利和知识产权的规定，代表美国利益的全球石油定价，继续进行由美国企业主导的国际军火贸易和对美国产品开放市场。美国文件《2020年远景》将美国的军事努力和"几个世纪以前各国建立海军以保护和增强商业"相类比。

单是贸易收益将不会使美国统治阶级增加军费开支。军费开支增加还能够使美国从经济衰退之中恢复过来，军事支出又能刺激计算机、软件和航空公司的技术进步，增强美国对其他国家发号施令的能力。所有这一切都会展示美国无与伦比的实力，导致更多投资流入美国。这个战略使美国相信：使用军事力量可以获得丰厚的报酬，远远不只是弥补自身在市场竞争中领先地位的缺失。打击伊拉克的战争就提供了一个美国炫耀武力的机会，也增强了它对于世界头号燃料产地的控制。

战争是美国借用军事力量以弥补经济衰落的大战略的组成部分，其目的是强化美国的全球霸权，迫使其他国家接受美国通过IMF、世界银行和WTO推行的政策，迫使其他国家的统治阶级支付美国的赤字、包括因高额军费开支而造成的赤字。但新保守主义阴谋集团处于一个两难的境地：美国资本需要控制世界，同时单凭军事力量又难以奏效。

竞争的帝国主义

长期以来，美国政策的基础是认识到不同国家的资本有着相互的分歧与矛盾。资本越是进行国际化运作和试图控制国境线以外的事物，它们之间的分歧与冲突就会变得越发重要。90年前，考茨基由于没有看到这点而提出了"超帝国主义论"。今天，那些声称自由贸易和新自由主义消灭了冲突的人、那些谈论"帝国"（empire）而不是帝国主义（imperialism）的人，也没有看清这一问题。

当繁荣突然出现时，不同利益集团之间的冲突容易被人们模糊化；当全球市场增长放慢、利润率下降时，以民族国家为基础的跨国公司集团试图以国家来保护自身的国际利益，与采取同一策略的其他集团相互冲突。

战争、剥削与第三世界

如果说资本主义大国之间的矛盾表现为它们在第三世界发动战争，那么，它们对那里的人民所实施的经济政策也是灭绝人性的。自从20世纪70年代中期以来，第三世界的国家政府放弃了"独立的"经济发展的目标。原来支持共产党和左翼民族主义的发展中国家向外资开放了本国经济，拥抱了新自由主义的"华盛顿共识"。

那些曾经呼吁国内各个阶级团结起来实现国家独立发展的国家现在转而成为与跨国公司、世界金融体系合作的热情拥护者。合作可以使这些国家的一部分资本加入多国联盟，使一部分人成为发达国家的股东和证券持有者。

其结果从今天的拉美、中东和撒哈拉以南非洲就可以看出来。在20世纪80年代，拉美的人均国民收入急转直下；今天的中东，人均国民收入比20年前还低；在撒哈拉以南非洲，绝对贫困在蔓延。

在第三世界和新兴工业化国家，民族主义日益成为一把"双刃剑"。那些饱尝剥削、压迫和腐败之苦的人开始以民族主义反对他们最为痛恨的本国统治阶级。本国统治阶级被看作民族主义的叛徒，大众生活条件的下降是他们屈从帝国主义压力的结果。左翼民族主义成为一股潮流，它认为国家可以并应该得到改革以消除外国的影响，重新确立能够代表民族利益的共同体。

美帝国主义在伊拉克战争之后看起来很强大，但是其核心问题一个也没有解决。变本加厉的剥削和第三世界的贫困化克服不了美国资本主义利润率和竞争力所面临的压力。

（王宏伟 摘译）

图书在版编目(CIP)数据

马克思主义经济理论研究Ⅱ／李百玲主编．
—北京：中央编译出版社，2013.12
（马克思主义研究资料／杨金海主编；18）
ISBN 978-7-5117-1986-7

Ⅰ．①马…
Ⅱ．①李…
Ⅲ．①马克思主义政治经济学-文集
Ⅳ．①F0-0

中国版本图书馆 CIP 数据核字（2013）第 309104 号

马克思主义经济理论研究Ⅱ

出 版 人：	刘明清
出版统筹：	薛晓源
责任编辑：	苗永姝
责任印制：	尹 珺
装帧设计：	田晗工作室
排版制作：	北京宏章文化发展中心
出版发行：	中央编译出版社
地　　址：	北京西城区车公庄大街乙5号鸿儒大厦B座（100044）
电　　话：	（010）52612345（总编室） （010）52612335（编辑室）
	（010）52612316（发行部） （010）52612315（网络销售）
	（010）52612346（馆配部） （010）66509618（读者服务部）
传　　真：	（010）66515838
经　　销：	全国新华书店
印　　刷：	北京尚唐印刷包装有限公司
开　　本：	787 毫米×1092 毫米　1/16
字　　数：	300 千字
印　　张：	24
版　　次：	2013 年 12 月第 1 版第 1 次印刷
定　　价：	150.00 元

网　　址：	www.cctphome.com	邮　　箱：	cctp@cctphome.com
新浪微博：	@中央编译出版社	微　　信：	中央编译出版社（ID：cctphome）

本社常年法律顾问：北京市吴栾赵阎律师事务所律师　闫军　梁勤
凡有印装质量问题，本社负责调换。电话：010-66509618